國家古籍整理出版資助項目

江淮運河歷史文獻叢刊

揚州水道記

清·劉文淇 著
劉濤 校注

南京師範大學出版社

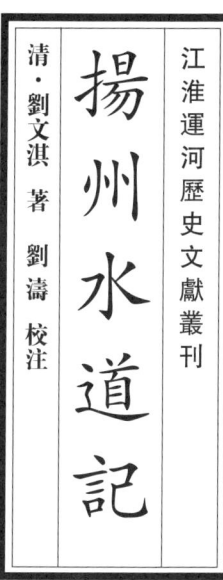

圖書在版編目(CIP)數據

江淮運河歷史文獻叢刊・揚州水道記 / (清) 劉文淇著；劉濤校注. — 南京：南京師範大學出版社，2016.12
(江淮運河歷史文獻叢刊)
ISBN 978-7-5651-2772-4

Ⅰ. ①揚… Ⅱ. ①劉… ②劉… Ⅲ. ①古水道—揚州市 Ⅳ. ①K878.4

中國版本圖書館 CIP 數據核字(2016)第 128024 號

書　　名　江淮運河歷史文獻叢刊・揚州水道記
著　　者　(清)劉文淇
校　　注　劉　濤
策劃編輯　鄭海燕
責任編輯　鄭海燕
出版發行　南京師範大學出版社
地　　址　江蘇省南京市寧海路 122 號(郵編:210097)
電　　話　(025)83598712(編輯部)　83598919(總編辦)
　　　　　83598412(營銷部)　83598297(郵購部)
網　　址　http://www.njnup.com
電子信箱　nspzbb@163.com
照　　排　南京理工大學資產經營有限公司
印　　刷　上海雅昌藝術印刷有限公司
開　　本　880 毫米×1230 毫米　1/32
印　　張　12.25
字　　數　278 千
版　　次　2016 年 12 月第 1 版　2016 年 12 月第 1 次印刷
書　　號　ISBN 978-7-5651-2772-4
定　　價　68.00 元

出 版 人　彭志斌

目録

圖版

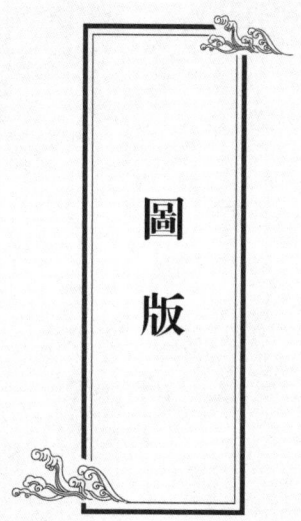

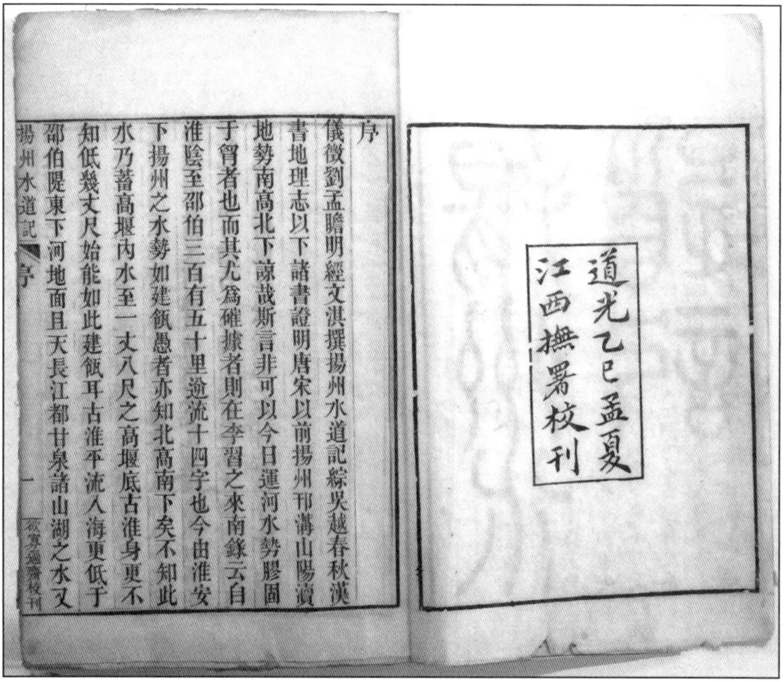

道光乙巳孟夏
江西撫署校刊

序
儀徵劉孟瞻明經文淇撰揚州水道記綜吳越春秋漢
書地理志以下諸書證明唐宋以前揚州邗溝山陽瀆
地勢南高北下諒哉斯言非可以今日運河水勢膠固
于胸者也而其尤爲確據者則在李習之來南錄云自
淮陰至邵伯三百有五十里逆流十四字也今由淮安
下揚州之水勢如建瓴愚者亦知北高南下矣不知此
水乃蓄高堰內水至一丈八尺之高堰底古淮身更不
知低幾丈尺始能如此建瓴耳古淮平流入海更低于
邵伯隄東下河地面且天長江都甘泉諸山湖之水又

揚州水道記 序 一 欲寡過齋校刊

《揚州水道記》道光本書影一

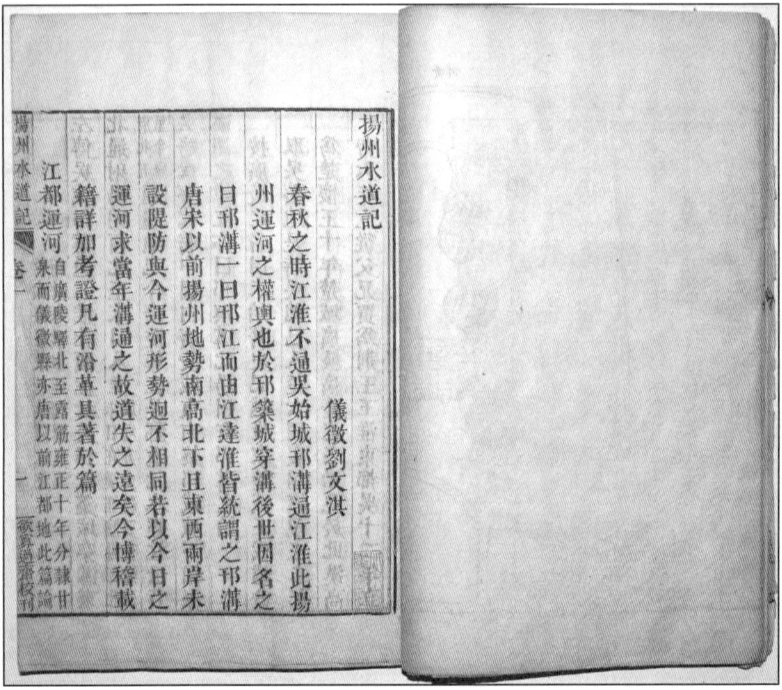

揚州水道記

儀徵劉文淇

春秋之時江淮不通吳始城邗溝通江淮此揚州運河之權輿也於邗築城穿溝後世因名之曰邗溝一曰邗江而由江達淮皆統謂之邗溝唐宋以前揚州地勢南高北下且東西兩岸未設隄防與今運河形勢迥不相同若以今日之運河求當年溝通之故道失之遠矣今博稽載籍詳加考證凡有沿革具著於篇

江都運河 自廣陵驛北至露筋雍正十年分隸甘泉而儀徵縣亦唐以前江都地此篇論

揚州水道記 卷一 一

《揚州水道記》道光本書影二

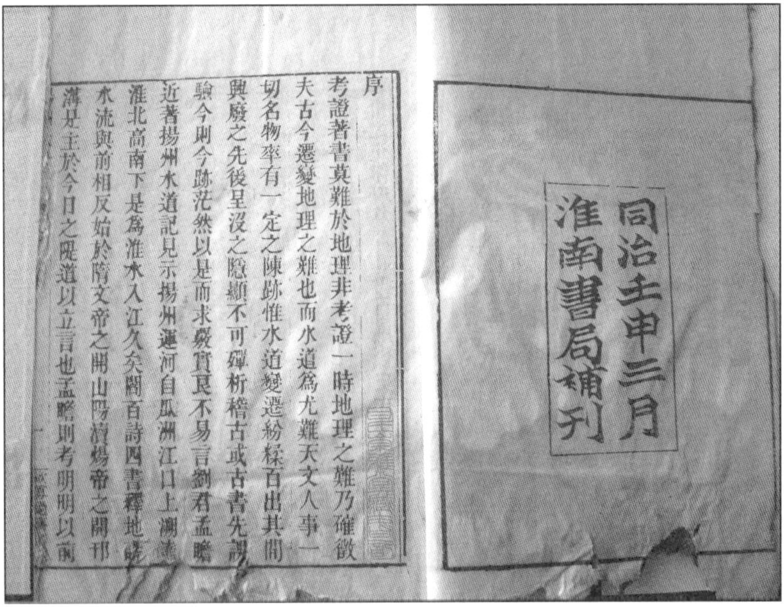
同治壬申三月
淮南書局補刊

序
考證著書莫難於地理非考證一時地理之難乃確徵
夫古今遷變地理之難也而水道爲尤難天文人事一
切名物率有一定之陳跡惟水道變遷紛糅百出其間
興廢之先後呈沒之隱顯不可殫析稽古或古書先謂
驗今則今跡茫然以是而求㝡實良不易言劉君孟瞻
近著揚州水道記見示揚州運河自瓜洲江口上溯達
淮北高南下是爲淮水入江久矣閻百詩四書釋地[illegible]
水流與前相反始於隋文帝之開山陽瀆煬帝之開邗
溝見主於今日之隄道以立言也孟瞻則考明明以前

《揚州水道記》同治本書影一

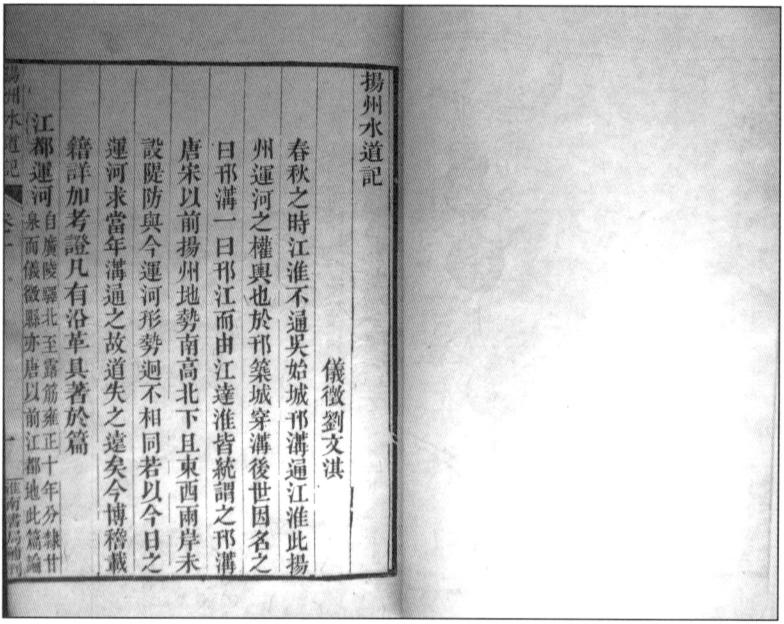

揚州水道記

儀徵劉文淇

春秋之時江淮不通吳始城邗溝通江淮此揚州運河之權輿也於邗築城穿溝後世因名之曰邗溝一曰邗江而由江達淮皆統謂之邗溝唐宋以前揚州地勢南高北下且東西兩岸未設隄防與今運河形勢迥不相同若以今日之運河求當年溝通之故道失之遠矣今博稽載籍詳加考證凡有沿革具著於篇

江都運河自廣陵驛北至露筋雍正十年分隸甘泉而儀徵縣亦唐以前江都地此篇論

揚州水道記 卷一 一 淮南書局刊

《揚州水道記》同治本書影二

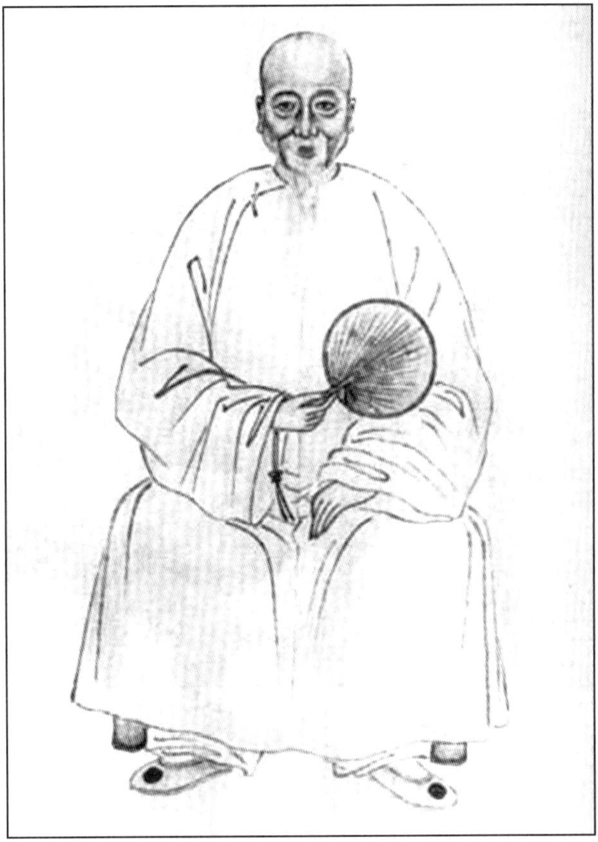

劉文淇像

揚州市内的劉文淇故居

今高郵邵伯鎮内的邵伯閘

位於淮安市區的清漕運總督衙門遺址

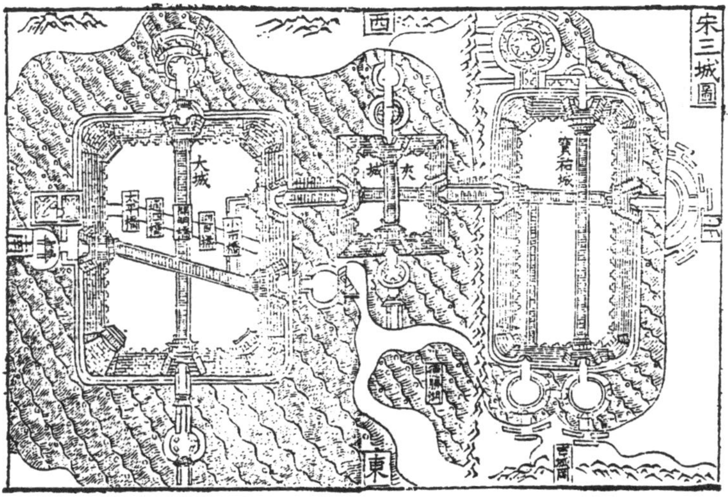

《嘉靖維揚志》宋三城圖

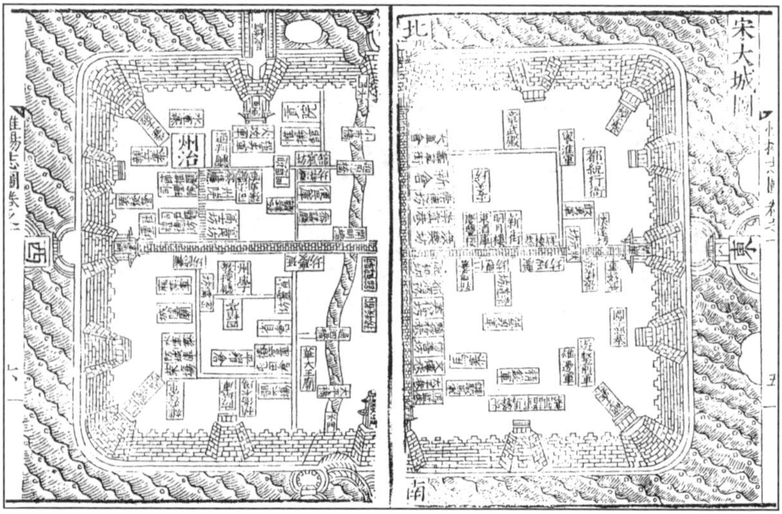

《嘉靖維揚志》宋大城圖

叢書總序

叢書總序

鄒逸麟

在二〇一四年卡塔爾首都多哈舉辦的第三十八届世界遺産大會上，中國大運河文化遺産項目被正式批準列入《世界遺産名録》，成爲中國第四十六處世界文化遺産。大運河縱貫在中國最富饒的東南沿海和華北大平原上，跨越地球十多個緯度，通達黄河、淮河、長江、錢塘江、海河五大水系，是中國古代南北交通的大動脈，也是世界上開鑿最早、規模最大的運河，是中國古代勞動人民創造的一項偉大的水利建築。在其兩千五百餘年的歷史中，對中華多民族大一統國家的形成、鞏固和發展，對加强各地區之間的經濟和文化的交流，産生過無可替代的作用。

依據歷史上的分段和命名習慣，大運河包括十大河段，其中以連接長江和淮河的江淮運河歷史最爲悠久。據《左傳》記載，公元前四百八十六年，吳王夫差爲了争霸中原，在今揚州市北蜀岡上沿江築邗城，在城下開溝引江水，北流入淮水，溝通江淮，史稱邗溝。這是中國最早明確見於記載的運河，也是至今仍有航運之利的大運河中歷時最爲久遠的一段。在以後的歷史時期裏，邗溝又有渠水、韓江、中瀆水、裏運河等名稱。由於其在溝通南北社會經濟文化方面的重大作用，前人爲我們留下了大量彌足珍貴的歷史文獻資料，内涵極爲豐富、全面，涵蓋了運河河道變遷、歷代河工水利、黄淮運水利關係、運河社會歷史地理文化等方方面面，不僅展示了當時水利技術的最高成就，同時也反映了江淮地區人們在運用自然、發展經濟方面的高度智慧和才能。

江淮運河開鑿和運行的同時，也孕育了一系列運河城市：揚州、高郵、寶應、淮安、清河，其中最突出的是揚州。邗溝被視爲揚州的文明「源頭」，亦是大運河的前身及開端。由於水運的便捷和廉價，邗溝及後來興建的大運河，便成了歷代王朝溝通南北的主要交通綫，而地處黄金水道長江與運河交會處的揚州，則成爲大運河上的一顆明珠。在唐代，揚州成爲全國漕運的中心，商賈如雲，極盡繁華，獲得「維揚雄富冠天下」的美名，故有「揚一益二」之譽。延至清代，千年運河文化的傳承與兩淮鹽業的繁榮更是孕育了著名的「揚州學派」，揚州成了全國文化精英的薈萃之地。

除了揚州之外，高郵、寶應、山陽（淮安）、清河都是江淮運河沿綫的重要都市，如淮安，爲清代漕運總督駐地，各省漕船均在此盤驗，商販輻輳，百貨山列，是南北商品流經之地，經濟十分繁榮。其附近的清江浦在清代曾是南河總督駐地，爲南北交通的孔道。

爲發揚中華民族優秀的傳統文化，展示古代人民在長期歷史實踐中産生和發展的獨具特色的水利河工技術和維護治理理念，讓後人瞭解我國古代勞動人民的智慧和創造性，我們努力搜集與江淮運河有關的歷史文獻，對其進行系統整理，以期對深入發掘運河文化的内涵和科學保護、合理利用運河文化遺産提供全新的智力支持，具有極其重要的現實意義。於是《江淮運河歷史文獻叢刊》的設想和計劃應運而生。

先人們爲我們留下的有關江淮運河的文獻資料十分豐富，卷帙浩繁，因此這項工作不可能一蹴而就。我們擬選擇基礎較好的《揚州水道記》、《寶應圖經》、《南河志》、

《南河全考》、《淮郡文渠志》、《江北運程》、《邗記》、《北湖小志》等文獻，先行整理出版，奉獻給讀者，不獨可彰顯其學術價值，更可資當世治水者參考。

限於整理者的水平，工作中不免有不當或錯誤之處，敬乞讀者們提出批評，以便使我們下一步工作有所提高。

前言

前言

一、劉文淇生平與家學

《揚州水道記》四卷，清劉文淇撰。劉文淇（一七八九—一八五四），字孟瞻，江蘇儀徵人，清代著名經學家。《清史稿》有傳：

劉文淇，字孟瞻，儀徵人，嘉慶二十四年優貢生。父錫瑜，以醫名世。文淇稍長，即研精古籍，貫串群經。於毛、鄭、賈、孔之書及宋、元以來通經解誼，博覽冥搜，折衷一是。尤肆力《春秋左氏傳》，嘗謂：「左氏之義，爲杜注剥蝕已久，其稍可觀覽者，皆係襲取舊説。爰輯《左傳舊注疏證》一書，先取賈、服、鄭三君之注，疏通證明。

凡杜氏所排擊者糾正之，所剿襲者表明之。其沿用韋氏《國語注》者，亦一一疏記。他如《五經異義》所載左氏説，皆本左氏先師；《説文》所引《左傳》，亦是古文家説；《漢書·五行志》所載劉子駿説，實左氏一家之學；經疏、史注、《御覽》等書所引《左傳》注不載姓名而與杜注異者，皆賈、服舊説。凡若此者，皆稱爲舊注，而加以疏證。其顧、惠補注及近人專釋《左氏》之書，説有可采，咸與登列。末始下以己意，定其從違。上稽先秦諸子，下考唐以前史書，旁及雜家筆記、文集，皆取爲證佐。期於實事求是，俾《左氏》之大義炳然著明。草創四十年，長編已具，然後依次排比成書，爲《左氏舊注疏證》。」又謂：「《左傳義疏》多襲劉光伯《述議》，《隋經籍志》及《孝經疏》，云述議者，述其義，疏議之。然則光伯本載舊疏，議其得失，其引舊疏，必當録其姓名。孔穎達《左傳疏序》祇云據以爲本，初非故襲其説。至永徽中諸臣詳定，乃將舊注姓氏削去，襲爲己語。」因細加剖析，成《左傳舊疏考正》八卷。

又據《史記·秦楚之際月表》，知項羽曾都江都。核其時勢，推見割據之迹，成《楚漢諸侯疆域志》三卷。據《左傳》、《吴越春秋》、《水經注》等書，謂唐、宋以前揚州地勢南高北下，且東西兩岸未設隄防，與今運河形勢迥不相同，成《揚州水道記》四卷。又《讀書隨筆》二十卷，《文集》十卷，《詩》一卷。

文淇事親純孝，父年篤老，目眚，侍起居，朝夕扶掖，寒夜足凍，侍親以溫其足。舅氏凌曙極貧，遺孤毓瑞，文淇收育之。延同里方申爲其師，並補諸生。申通虞氏《易》，皆其教也。卒，年六十有六。

劉氏先世居江南溧水，高祖春和爲監生，始占籍揚州，以次子守備起寅貴，贈明威將軍；曾祖起泰，監生；祖瞰，始隸儀徵籍，補諸生；父錫瑜，以醫名世，壽逾九秩。早年從舅氏凌曙學，嘉慶十二年（一八〇七）秀才，嘉慶二十四年（一八一九）成優貢生，道光十一年（一八三一），第十一次應江南鄉試不第，賦《別號舍》詩並序云：「辛卯秋賦，與楚楨同寓金陵，計前後省試已十一次，與楚楨同寓亦五次矣。相約此後閉户著書，不復應舉，因仿陳亦韓先生作《別號舍》詩，索楚楨同作，以堅其約。」他命名文集並題署門楣「青溪舊屋」，取義南齊劉子圭家青溪，聚徒授書，不期榮進。其終以課徒校書，遊幕一生，雖清貧自守，但仍秉承家學，專治《左傳》，終成一代學人，大名於當時。

劉文淇幼年父母督學甚嚴，不允富户之媒，不求早日訓蒙，必欲文淇學有所成。誠如梅植之所言，劉文淇「植學敦品之由，皆效於其親者然也」。及嘉慶己卯（一八一九）科與劉寶楠一同拔取優貢生，獲得「二劉」稱號，與劉寶楠等相約，爲諸經各作新疏。劉文淇治《左傳》，劉寶楠治《論語》。此後，劉文淇撰《春秋左氏傳舊注疏證》，作長編數十巨册，晚年編輯成疏，僅得一卷而歿。抉剔孔穎達《義疏》所襲取劉炫《述義》，别爲表著，成《左傳舊疏考正》八卷。又據《史記·秦楚之際月表》作《楚漢諸侯疆域志》，據《左傳》、《吳越春秋》、《水經注》作《揚州水道記》，尚有《青溪舊屋文集》十二卷，《讀書隨筆》二十卷。

劉文淇著《左傳舊疏考正》及《左傳舊注疏證》，闡發漢儒賈逵、服虔經説，考訂《左傳》杜預注及孔穎達疏的缺失，是儀徵劉氏學的創始者。劉氏一門四世薪火相傳，刻苦治學，乃書香門第之模範。自劉文淇始，子劉毓崧、孫劉壽曾、曾孫劉師培均治經學，專攻《左傳》，發奮繼撰《左傳舊注疏證》，定本止襄公四年（前五六六），但劉氏數代治左之總成果，也是清人《左》疏之最善者。

提及儀徵劉氏，學界多以其能世代相傳、共治《左傳》一經而贊歎不絕，常與吳門惠氏三傳、揚州二王，甚或嘉定九錢相比。

劉氏家學傳統爲當時學界首肯，著名學者孫詒讓對此評價道：「國家以文德化成海内，百年來尤重經術。江淮間推儀徵劉氏，自孟瞻先生以經學純德，師表儒術，余同年伯山繼之，其良子恭甫又繼之，三世通經精博，學者企若吳門惠氏。」「三世通經」是從劉文淇算起，不僅父子相承不絕，而且確立規範，誠如李詳所言：「吾郡學術之正盛於乾隆中葉，先有任、顧、賈、汪、王、劉之學，後即有焦、阮、鍾、李、江、黄之學，再後則有凌、劉之學。劉氏……爲吾揚學術之大殿。其前於劉氏者得之而愈彰焉。劉自孟瞻先生《青溪舊屋集》出，精蘊内斂，若弓之受擏，田之有畔，謹守師法者宗之。」

劉氏家族以經學名家，同時在史學方面亦有傳統。劉文淇著述大抵考訂經史及闡幽之文爲多，史學方面究心司馬光《資治通鑑》，鈎稽正史地理之沿革、水道之變遷，尤所諳悉。劉文淇子劉毓崧旁通經史諸子百家之書，著有《史乘通義》四卷，校勘宋元《鎮江府志》、《舊唐書》、《輿地紀勝》等書。劉文淇孫劉壽曾有《南史校義集評》，嘗總修《江都縣志》，分纂《江寧府志》、《上元江寧縣志》。劉文淇孫劉貴曾著有《春秋曆譜》傳世。劉文淇孫劉富曾編訂《宋會要初編》二百九十一卷，編七十五卷；又曾爲南陵徐積餘先生延纂《南陵縣志》，編輯山川人物，指畫曲引，推爲名作；己丑科會試挑取謄錄，簽分國史館。劉文淇曾孫劉師蒼藝無不精，尤熟《元秘史》，有著作《國語注補輯》、《元代帝王世系表》，於歷代西域地圖瞭如指掌。曾孫劉師慎少治《元史》，尤精西北地理，推治邊徼古今沿革，披圖按史，無不該宗。曾孫劉師培經常與他通信討論《元史》。日後劉師培寫成《重刊洪氏元史西北地理附錄釋地序》（收入《左盦外集》）、《元史西北地附錄補釋》二卷即受其影響。

二、劉文淇與揚州學派方志研究

劉氏治學，實出於舅父凌曙。劉文淇少年家貧，跟隨舅父凌曙學習；稍長，即精研古籍，貫串群經，於毛、鄭、賈、孔之書及宋、元以來學説，博覽冥搜，實事求是。《清史稿》有言：

曙有甥儀徵劉文淇，貧而穎悟，愛而課之，遂知名，其學實自曙出云。

凌曙，清代揚州學人。《清史稿》有傳：

凌曙，字曉樓，江都人，國子監生。曙好學根性，家貧，讀四子書未畢，即去鄉，雜作傭保，而績學不倦。年二十爲童子師，問所當治業於涇包世臣，世臣曰：「治經必守家法，專法一家，以立其基，則諸家漸通。」乃示以武進張惠言所輯四子書漢説數十事。曙乃稽典禮、考古訓，爲《四書典故覈》六卷，歙洪梧甚稱之。既治鄭氏學，得要領；又從吴沈欽韓問疑義，益貫穿精審。後聞武進劉逢禄論何氏《公羊春秋》而好之。及入都，爲儀徵阮元校輯《經郛》，盡見魏、晉以來諸家《春秋》説。深念《春秋》之義，存於《公羊》，而《公羊》之學，傳自董子。董子《春秋繁露》，識禮義之宗，達經權之用。行仁爲本，正名爲先。測陰陽五行之變，明制禮作樂之原。體大思精，推見至隱，可謂善發微言大義者。然旨奥詞賾，未易得其會通，淺嘗之夫，横生訾議，經心聖符，不絶如綫。乃博稽旁討，承意儀志，梳其章，櫛其句，爲注十七卷。又病宋、元以來學者空言無補，惟實事求是，庶幾近之，而事之切實無過於禮，著《公羊禮疏》十一卷、《公羊禮説》一卷、《公羊問答》二卷。家居讀《禮》，以喪服爲人倫大經，後儒舛議，是非頗謬，作《禮論》百篇，引申鄭義。阮元延曙入粤課諸子，曙書與元商榷，乃删合三十九篇爲一卷。道光九年，卒，年五十五。

由此可見，凌曙所學，實源於包世臣，達於阮元，入於揚州學派。尤其是後期阮元督粤期間，延聘凌曙「入粤課諸子」。凌曙閒暇之餘，得以與阮元論道，形成了自己獨到的認識和見解。劉文淇從其學，亦得揚州學派之精華，並發揚之。

「揚州學派」一直是清代學術史研究中不可或缺的重要組成部分。揚州學派，指形成於乾嘉時期，以治經兼及小學的學術流派。隸屬於這個學術流派的學人都具有學術觀點比較接近、治學方法比較一致且成就卓著等共同特點。這些學人或祖籍揚州，或客寓揚州，充分利用揚州自古以來「淮左名都」、「人文薈萃」的地理條件和深厚的文化積澱，並且相互砥礪切磋，相得益彰，從而成爲一代學術菁華。揚州學派的代表性人物，主要包括王念孫、江藩、汪中、焦循、阮元、劉文淇、劉台拱等。

揚州學派是繼吴、皖兩派之後，活躍於乾隆後期至嘉慶、道光年間的一個重要學術流派。揚州學派在學術上繼承了吴、皖兩派之長，又克服其短，將乾嘉以來的漢學研究推向頂峰並加以總結，是乾嘉學派中集學術大成的殿軍。在乾嘉漢學發展的歷史進程中，揚州學派以自己的學術特徵和卓越成就占據了一個重要的位置，爲清代學術發展做出了重大貢獻，並對清末的學術研究産生了深遠影響。晚清的經學大師，從俞樾、孫詒讓到章太炎、劉師培、王國維等，都曾經從揚州學派的治學思想和方法中受過啟發。而其中最爲人稱道的是揚州學派通經致用、注重實際的學術特徵，這又集中體現在揚州學派的地方志研究中。

清代揚州學派中的著名代表人物，無論是其先導王念孫、汪中、劉台拱、朱彬，還是後續者江藩、焦循、阮元、王引之、劉文淇、劉寶楠，或是其殿軍劉師培等，都直接從事過地方志書編修方面的實踐活動。據考證，由著名的揚州學者主修、主纂或自撰的官私綜合性地方志書有近二十種，省志、府志、州志、縣志、鎮志、區域志俱有，大至鴻篇巨製，小至獨卷另册，頗多佳構，至今仍爲志家學者引爲典範。如阮元在封疆大吏任上曾主修過《嘉慶浙江通志》、《道光雲南通志》等，特别是他主修的《道光重修廣東通志》，凡三百三十卷，以采録廣博、體例淵雅、考覈精詳爲世人稱譽。梁啟超曾論道：「大約省志中嘉、道之廣西謝志，浙江、廣東阮志，其價值久爲學界所公認。」嘉慶十四年（一八〇九），江藩與焦循一起應知府伊秉綬之聘，參纂《揚州府志》，所成《嘉慶重修揚州府志》成爲清代名志，後人對該志有口皆碑。江藩亦曾應阮元之請，參加了《道光重修廣東通志》的總纂工作。經學名家劉文淇爲本邑知縣延爲總纂，其子毓崧任分纂，於道光二十八年（一八四八）開始重纂《儀徵縣志》，前後歷時四十三年，至光緒十六年

（一八九〇）才由其孫劉壽曾等重刻刊行。該志以體例編排得法、内容搜集鴻富、記述詳略得當博得世人贊譽。《續修四庫全書提要》稱：「近代邑乘之完美精善者，莫此若矣！」光緒年間，劉壽曾被江都知縣聘爲總纂，纂修成《江都縣續志》，因其體例精當，亦爲後人稱允。

揚州學者把他們嚴謹縝密而又實事求是的治學態度運用到方志的編纂實踐和理論研究中，不僅修成了一系列佳志，而且發展了方志編撰的理論。劉文淇以布衣儒士客居阮元署内時，二人曾專門討論修志中的問題。後阮元又就志書中的疑問專門致函就教於劉文淇，劉在回札中亦毫不謙抑，一一闡答。身爲寒士的焦循曾就府志編纂有關理論問題，先後與知府伊秉綬、翰林院修撰姚文田書信往復，陳辭辯難，直抒胸臆。不以位尊而卑人，不爲位下而屈己；不以己蔽人，不因人蔽己，這種優良的學風，推動了方志理論研討的廣泛深入。揚州學者着重對「志書編纂理論」進行深入探討和研究，並提出了一系列論見，極大地豐富了清代地方志編纂和研究的内容。而其中最爲稱道的就是史地並重、經世致用的編纂理念。

就方志的源流、性質而言，清代争論較多，理論發展得也較爲完備，主要形成了歷史派和地理派兩個派别。從方志源流来看，歷史派重人與地之記載，史之源爲《周禮》；地理派重物與地之叙述，地之源爲《禹貢》。主張地之源的地理派在當時仍占據重要地位。揚州學派的代表性人物阮元，其地方志編纂思路就屬於地理派。作爲乾嘉考據學者，阮元没有一味囿於考古，也並未如錢大昕、洪亮吉等學者過於偏重方志中地理沿革的部分。阮元言「《周禮》小史掌邦國之志，是地志之源，出於史官」，亦謂「山經、地志，史家之書也」。但同時，他亦秉持兼容并包、融會貫通的原則，未受門派所限，不遵一家之言，以致在方志編纂中逐漸形成「人事與地理相爲經緯」的方志思想。阮元認爲，善志應該「序述賅備，體例謹嚴，兼史家之三長，考地理於千古」。這一思想在其參與纂修的《儀徵縣志》、《揚州府圖經》、《廣東通志》、《雲南通志》等志書中得到充分體現：在編纂手法上，既重「論贊」，亦重「考證」。在内容上，既重視圖標、天野、地理沿革、山川，亦重視事略、人物、藝文。既在編寫方式上提倡志書應合於史法，如阮元參修的嘉慶、道光《儀徵縣志》皆合史法，各自特點是「續舊史而各自爲編」、「聚舊史而總輯爲帙」；亦在體例上凸顯地理的重要性，如《道光雲南通志》凡例言：「總目首天文；志書天文而外，地理最重，故次之；天文地理本於天成，若人事則以建置爲首，故又次之。」

劉文淇本人也多次參與地方志的編纂，其中深受阮元的影響。正如劉壽曾於《漚宧夜集記》中所論：「蓋乾、嘉、道、咸之朝，揚州經學之盛，自蘇、常外，東南郡邑無能與比焉。學術之興也，有倡導之者，必有左右翼贊之者，乃能師師相傳，賡續於無窮，而不爲異説奪言所奪。文達早膺通顯，年又老壽，爲魁碩所歸仰，其學蓋衣被天下矣。」阮元作爲地方名流，集學政一身，而又老壽，影響多方；晚年居於揚州，劉氏曾親從問故。道光丁酉（一八三七）秋，劉文淇撰《揚州水道記》四卷。寄書阮雲臺，論古地志。九月，阮元爲《揚州水道記》作序。阮氏於次年回籍，劉文淇父子於道光二十一年（一八四一）、二十二年（一八四二）間，替阮元校勘宋元本《鎮江府志》，成《校勘記》四卷，並且館於阮元福壽第，先後代阮元撰《校刻宋元鎮江府志序》、《重刻舊唐書序》、《江甘貞孝節烈總坊録序》、《廣烈女傳序》、《誥授中憲大夫道銜懷慶府知府汪君墓表》。道光戊申（一八四八）夏，知縣王檢心開局重修《儀徵縣志》，延劉文淇爲總纂，其中體例多得阮元授意。從這個角度看，劉文淇編纂《揚州水道記》這樣一部以考證「古今遷變地理」而「水道爲尤難」的著作，是有着充分學術積累的。

三、《揚州水道記》成書

《揚州水道記》的編纂始於清道光十六年（一八三六）。劉文淇在《揚州水道記·後序》中明言本書的編寫緣由等：

丙申之春，李蘭卿先生陞任山東都轉，晋揚候代。邀余與吴君熙載至榷署，纂《揚州水道記》。余與吴君商訂凡例：先運河，次兩岸工程，次兩岸諸湖。余分任運河及兩岸工程，吴君分任兩岸諸湖。都轉盡出藏書及河工官牘，有涉于揚州河事者，皆筆記之。凡三閱月，檢書幾及萬卷，方事編輯。而都轉遽歸道山，斯事遂寢。

李蘭卿，卽李彦章（一七九四—一八三六），字蘭卿。福建侯官（今閩侯）人。嘉慶進士，先是任文淵閣檢閲、國史館分校、撰進奉文字、協辦侍讀等；而後外放，先後任過廣西思恩知府、慶遠知府、潯州知府等；後轉至江蘇，任常鎮通海河務兵備道，署江蘇按察使。道光十六年（一八三六）正月，陞任山東鹽運使；五月，未赴任病逝。李彦章任職江蘇期間，曾主持編著《江南催耕課稻編》，刊發江蘇全省，勸課農桑；撰寫《江南勸種早稻説》、《江南勸種再熟稻説》，大力推廣種植雙季稻，各郡縣奉行其法，取得農業增産。尤其值得注意的是，李彦章在江蘇任上編纂《劉河志》、《練湖志》、《三十六湖志》、《焦山志》、《芍藥志》、《蘇亭小志》等書，積極修志，昌達文明。劉文淇的《後序》清楚表明，《揚州水道記》的編纂，不僅由李彦章而起，而且是李彦章力主之事。

李彦章力主編纂《揚州水道記》，劉文淇明言其旨趣「先運河，次兩岸工程，次兩岸諸湖」，其内容不僅涵蓋運河水道，更要對運河兩岸河工設置、建造乃至兩岸河湖的水情、水文變化等作全面的考訂。這一龐大的規劃，交由劉文淇和吴熙載二人共同擔綱。對此，李彦章不僅提供了宏大的計劃和細緻的思路，更「盡出藏書及河工官牘，有涉于揚州河事者」，提供了充分的資料。只因李彦章突然離世，這一編纂計劃未及完成。劉文淇四卷本的《揚州水道記》衹是這一編纂計劃的部分成果。

李彦章之所以提出要編纂《揚州水道記》，與其一直以來重視文教、昌明地志的爲官爲學理念息息相關；也是其任江蘇常鎮通海道和即將陞任山東鹽運使的職責所在。李彦章在江蘇任常鎮通海道期間，兼河道、關務事宜。因此，從其本職出發，先後主持或實際編纂了《劉河志》、《練湖志》、《三十六湖志》、《焦山志》、《蘇亭小志》等志書，對江蘇地區的部分河道水利資料進行了系統的整理。而李彦章接下來履職的山東鹽運使，是清代與駐在揚州的兩淮鹽運使齊名的全國七大（清代末年增設河南鹽運使）鹽運使之一。

清代中前期，鹽税收入是國家的重要經濟來源。據不同史料記述，鹽税約占同期國家賦税總額的四至五成。由此，國家對鹽業的管理實行鹽引制，在册鹽商到運使衙門購買鹽引，繳納相應税款，然後憑證提鹽、運鹽、銷鹽，完成供銷一條龍的體系。而「運使掌督察場民生計，商民行息，水陸輓運，計道里，時往來，平貴賤，以聽於鹽政」

（《清史稿·職官志》），執掌鹽政大權。從任常鎮通海道期間，兼河道、關務事宜兼署理按察使，「掌振揚風紀，澄清吏治」，到執掌鹽政，李彦章必然在先前關注江蘇地區河湖自然水文、水情的基礎上，更要對鹽務所涉的河工、漕運等給予充分的瞭解與關注。這或許是李彦章提出編纂《揚州水道記》的直接原因。

李彦章有此想法之後，將《揚州水道記》的編纂交由劉文淇和吴熙載二人分擔完成。而劉文淇與李彦章的相識、交往，也是始於包世臣。道光十四年（一八三四），李彦章經包世臣介紹，與劉文淇等揚州學人熟識。之後，李彦章與劉文淇等人多次會文研學，並由此對劉文淇的學識、學養有了充分的瞭解。

《青溪舊屋文集》卷十一《和新城王文簡公冶春詞》自注：「是年，李彦章訪士於包慎伯，慎伯以孟瞻及楚楨、藴生、吴熙載、王西御、王句生對。」

《儀徵劉孟瞻年譜》載：「（道光）十五年乙未三月上巳，李蘭卿招同桃花庵修禊。」

《青溪舊屋文集》卷七云：「道光乙未，李蘭卿都轉官常鎮通海道榷署在揚與紳士寓公唱和，幾無虚月。」

包世臣《管情三義》卷八云：「（道光十五年）六月十三日，余自都赴江西，取道揚州，同年李蘭卿彦章兵備招儀徵劉孟瞻文淇、吴熙載廷颺、王西御僧保、句生翼鳳、江都梅蘊生植之，集鈔關署，爲餞。」此事《青溪舊屋文集》卷十一曰：「六月十三日，李蘭卿招，集嵐漪書屋，餞包慎伯之官江西，先生題其捧檄圖。」

因此，當李彦章提出編纂《揚州水道記》的時候，劉文淇、吴熙載擔綱其事，也便是水到渠成了。另一位編纂者吴熙載，初名廷颺，以字行，江蘇儀徵人，諸生，師事涇包慎伯，極書法秘奥，篆隸行草皆臻妙品，又工詩畫，生卒未詳。從其生平可見，吴熙載也是從學於包世臣，但以書法爲善。所以，《揚州水道記》的編纂，雖然是劉文淇、吴熙載二人分擔，但可能是以劉文淇爲主的。李彦章辭世後，劉文淇仍能以前期積累的資料爲基礎，獨立完成四卷本《揚州水道記》的編纂，而吴熙載所分擔的「兩岸諸湖」部分，則没有下文。這一現實情况，也大約反映出了劉、吴二人在《水道記》編纂過程中的高下之别。

李彦章病逝之後，劉文淇繼續進行編纂工作，並於道光十七年（一八三七）最終完成了自己所承擔部分的工作，編成四卷本的《運河考》，修訂後以《揚州水道記》爲名，也就是現在看到的《揚州水道記》[一]。

而促使劉文淇繼續完成《水道記》編纂的一個直接原因就是劉寶楠《寶應圖經》的編寫。劉文淇在《揚州水道記·後序》中明言：

去歲，閒居多暇，乃發篋檢舊稾閱之。時吾友劉君楚楨所著《寶應圖經》久經脱稾，其間叙邗溝變遷，至爲詳晰。因師其意，先爲《運河考》四卷。凡八閲月而書始成。

這充分表明，劉文淇繼續編寫《揚州水道記》是受到劉寶楠編寫《寶應圖經》的影響。

劉寶楠，揚州寶應人，清代揚州學派代表人物之一，生前撰有多種學術著作，如《論

[一] 劉文淇完成的《運河考》卷數，有八卷和四卷兩種記載。道光本《揚州水道記·劉文淇後序》中明言「四卷」，但同治本《揚州水道記·劉文淇後序》中對此記載則爲「八卷」。此外，日本人小澤文一郎所編《儀徵劉孟瞻年譜》，對此記載也爲「八卷」。對此，不能以道光本早於同治本則從道光本作「四卷」。但考諸劉文淇編纂《揚州水道記》前後之由，及《揚州水道記》體例、篇幅，似初定的《運河考》以「四卷」爲宜，此處權從。

語正義》二十四卷、《釋穀》四卷、《漢石例》六卷、《寶應圖經》六卷、《勝朝殉揚録》三卷、《文安隄工録》六卷、學術筆記《愈愚録》七卷，另外還有詩文集《念樓集》十卷。劉寶楠與劉文淇交厚，時人目爲「揚州二劉」。

劉寶楠私撰的六卷本《寶應圖經》不同於一般的地方志。《寶應圖經》全書衹分爲城邑、疆域、河渠、水利、封建、人物六個門類，不設置以往縣志記載比較多的賦役、物産等門類。其中第三卷《河渠門》、《水利門》在書中所占比例超過全書的五分之一；而其中記述當時河渠、湖泊、池塘狀況的文字，僅占全文不足五分之一，却用大量的文字揭示、考證邗溝入淮水道演變的歷史過程，具有重要的歷史價值。據劉寶楠之子劉恭冕《寶應圖經・書後》説：「家君著《寶應圖經》六卷，始於嘉慶己巳（嘉慶十四年），成於道光癸未（道光三年）。……宦况多艱，未得付梓，今年夏四月，屬姐夫王君輿三（國賓）復寫一部，而命冕司校字之役。……戊申（道光二十八年）冬十月朔。」由此可知，《寶應圖經》的編纂始於嘉慶十四年（一八〇九）至道光三年（一八二三），歷經十四年方才修改完成。而道光十六年（一八三六）至十七年（一八三七）劉文淇編纂《揚州水道記》時，劉寶楠的《寶應圖經》已「久經脱稿」。劉文淇在編纂《揚州水道記》的過程中，已經參考了劉寶楠的《寶應圖經》，學習了劉寶楠《寶應圖經》的寫作方法，吸收了其中對邗溝演變過程研究的成果。《揚州水道記》的行文之中，也多次引用劉寶楠《寶應圖經》的内容，並且對劉寶楠的觀點表示贊成。據不完全統計，《揚州水道記》引用劉寶楠《寶應圖經》的文字共有十七條，基本上都是説明出處並且作爲正面依據來引用的。劉文淇正是受到劉寶楠編著《寶應圖經》並重點關注邗溝入淮水道的影響，在李彦章組織編纂《揚州水道記》未竟的基礎上，分卷詳説。

四、《揚州水道記》的出版與再版

道光十七年（一八三七），劉文淇在完成《揚州水道記》後，將書稿寄給在京師的阮元審閱。《儀徵劉孟瞻年譜》載：「是年，撰《揚州水道記》四卷；寄書阮雲臺，論古地志。」

《青溪舊屋文集》卷三《上阮相國書》云：「文淇所撰《揚州水道記》現又錄一清本，作爲十圖，已托友人繪畫，先將書稿四本附呈鈞覽，並希削定是幸。」

作爲揚州學派的中堅人物、乾嘉漢學的殿軍，阮元對於劉文淇這位同籍後學，也是支持有加。在得到劉文淇所寄《揚州水道記》書稿並通讀後，他欣然作序，認爲該書「綜《吳越春秋》、《漢書・地理志》以下諸書，證明唐宋以前揚州邗溝、山陽瀆地勢南高北下」、「博覽而又有識，故皆精覈矣」，對該書的價值進行了高度評價。在《序》中，阮元提出「凡地理書須以圖明之，此記當分繪古今多圖，孟瞻其更爲之而付諸梓」，囑咐劉文淇需依書中旨趣，補充地圖，才可出版。劉文淇也按照阮元的要求，「作爲十圖，已托友人繪畫」，將書稿補充完整，方始出版。

另一位揚州學派的著名學者黄承吉也收到劉文淇《揚州水道記》書稿，並爲之作序。黄承吉（一七七一—一八四二），原名萼棣，字謙牧，號春谷。其先本歙縣人，係名學者黄生族孫。生於揚州，占江都籍。黄承吉少時聰穎，嘉慶三年（一七九八）以江蘇鄉試第一名中舉人，翌年赴京應會試報罷，其後宦海跌宕，祇做過郡縣小官。後見禮於阮元，與同里焦循、江藩、鍾懷、李鍾泗齊名，人稱「江焦黄李」，或稱「鍾焦黄李」，同爲揚州學派著名學人。道光二十二年（一八四二），黄承吉死後，阮元爲其撰墓誌銘，總結其一生功績和成就。

雖然劉文淇至遲在道光十八年（一八三八）四月就已經完成了《揚州水道記》全書的編纂，也收到了阮元、黄承吉的序，自己也完成了後序，但《揚州水道記》的出版，則遲至道光二十五年（一八四五），由江西撫署刊刻。這也是《揚州水道記》的初刻本，亦即道光本。

道光本《揚州水道記》，書名爲小篆，題牌頁爲「道光乙巳孟夏江西撫署校刊」戳印，頁寬十七點四厘米、頁長二十五厘米，每頁十行，滿行二十一字，版心衹有上魚尾，書口皆爲「欲寡過齋校刊」。全書共四卷，由阮元序、黄承吉序、吳文鎔書、地圖十幅、正文及劉文淇後序組成。

《揚州水道記》之所以由江西撫署刊刻，是緣於時任江西巡撫的吳文鎔籍貫揚州，且與劉文淇同爲儀徵人。

吴文鎔（一七九二—一八五四），字甄甫，江蘇儀徵人。嘉慶二十四年（一八一九）進士，選庶吉士，授編修。屢膺文衡，稱得士。吴文鎔於道光二十一年（一八四一）至道光二十八年（一八四八），任江西巡撫。在江西數年，舉廉懲貪，吏治清明，捕教匪戴理劍等，及南安、贛州會匪，並置諸法。《清史稿・吴文鎔傳》贊曰「吴文鎔由卿貳出膺疆寄，凡十餘年，風采嚴峻，時推其治行亞於林則徐。……二人晚任艱危，並受事於岌岌之日，守正不阿，盡瘁完節」，將其與林則徐並稱，可見其官聲之盛。

劉文淇《揚州水道記》成書之後不久的道光十九年（一八三九），吴文鎔即將赴任福建巡撫，可謂封疆大吏，位高權重。四卷本《揚州水道記》收録了吴文鎔寫給劉文淇的書：「大著珍篋衍者數載矣。南北匆遽，未遑校刊。今夏稍閒，始得檢付梓人。」由此可知，劉文淇在完成《揚州水道記》後，即以同鄉的身份，將書稿交與吴文鎔，以期有助於刊刻。但吴文鎔在「數載」之後，才將書稿的刊刻提上議事日程。書中明言「今夏稍閒，始得檢付梓人」，書末問候劉文淇道「嚴寒伏惟，爲道自重」，而道光本在扉頁明確標明「道光乙巳（一八四五）孟夏江西撫署校刊」。由此觀之，則書中所謂「今夏」，恐爲道光二十四年（一八四四）夏天，而吴文鎔書作成於道光二十四年（一八四四）底或二十五年（一八四五）初。因此，吴文鎔書中所謂「數載」，可能自道光十八年（一八三八）到道光二十四年（一八四四），計約六年有奇。而劉文淇將吴文鎔書收于「揚州水道記」中，也是因爲吴文鎔「或即以此書付刊册末，用當跋尾」，含蓄地表達了希望劉文淇能將其書收於成書中的願望。

劉文淇與吴文鎔爲揚州同鄉，年齡相仿，祇長吴文鎔三歲，但二人生平經歷迥然不同，且二人之間文字酬答也不多見，然則何以劉文淇將《揚州水道記》托於吴文鎔協助刊刻，個中緣由，恐非同鄉之誼所能解釋。

道光本《揚州水道記》刊行後不足十年，吴文鎔以咸豐四年（一八五四）正月與太平天國軍戰，死於湖北黄州戰場，而劉文淇也於同年九月病逝揚州。太平天國起義的戰火，對《揚州水道記》的流傳、刻版造成了巨大的破壞。

同治八年（一八六九），方濬頤授兩淮鹽運使，積極重修遭戰火破壞的揚州城市，主持重修了平山堂、鹽宗廟、天寧寺等諸多名勝古迹。更爲重要的是，方濬頤設「（淮南）

書局整理舊存、鹽法志及各種官書殘板，刊布江淮間耆舊著述」(《光緒江都縣續志》)，振興文化，重新刊刻了劉文淇的《揚州水道記》，是爲同治本。

同治本《揚州水道記》，全書四卷，書名爲隸書，題牌頁爲「同治壬申三月淮南書局補刊」戳印，頁寬十八厘米、頁長二十七點四厘米，每頁十行，滿行二十一字，版心衹有上魚尾，書口爲「欲寡過齋校刊」和「淮南書局補刊」。全書共四卷，由阮元序、黄承吉序、吴文鎔書、方濬頤序、地圖十幅、正文及劉文淇後序組成。需要説明的是，同治本《揚州水道記》並非重刻，而是在道光本的基礎上，補齊所散失的部分刊刻而成。其中補刊的頁數，超過全書的半數。而補刊的頁數書口，標有「淮南書局補刊」，與道光本書口「欲寡過齋校刊」明顯有别。對此，董其事者方濬頤在《揚州水道記》序中寫道：「劉君著《揚州水道記》，援證詳覈。舊已鋟板，兵燹後乃更散佚。余亟付書局爲補成之。」

同治本《揚州水道記》並非簡單將道光本散失的部分補齊，也對道光本中的部分錯誤加以糾正。如卷一中部分胡三省《資治通鑑》注文，道光本中誤作正文，以大字行；而同治本則訂正爲注文，以小字行。但同治本補刻部分，也新增不少錯誤。如將卷一敘邗溝時「太平寰宇記」誤作「太平寰宇記」；卷一敘建安以前邗溝故道時，「邗，國也」誤作「刊，國也」；卷一敘隋開山陽瀆時，「非謂淮水」，以上文有「廣」字，誤作「廣謂淮水」等，不一而足。總體而言，道光本《揚州水道記》因是初刻，且劉文淇基本成書後曾「又錄一清本」專呈阮元審閱，加之江西撫署刊刻時，有時任巡撫吴文鎔之子吴養源校字，訛誤之處，當能及時校出修改，其質量優於淮南書局補刻的同治本。

五、《揚州水道記》的成就與價值

《揚州水道記》是一部關於揚州境内運河河道水系變遷沿革的重要歷史地理著作，比較完整地記録了揚州一帶運河的水道工程。全書四卷，卷一、卷二爲「江都運河」，卷三爲「高郵運河」，卷四爲「寶應運河」，對整個揚州境内運道的沿革進行了詳盡分析。

卷首爲古今沿革圖十幅，把從「吴溝通江淮」到明代開康濟、宏濟河及清道光運河的歷史變遷以圖示的形式呈現出來。全書共計十一萬多字，引書一百七十餘種，糾正引書謬誤七十多處，對重大歷史訛傳考辨甚詳。作爲一部專門著作，《揚州水道記》以時代爲序，以歷代有關揚州運河的重大事件爲節點，遍搜歷史文獻與時文，詳細考證了邗溝的水道、漕運、治河、水源等水文資料及埭堰、堤岸、閘壩等各類河工設施及古運河演變，動態地描述了揚州運河兩千餘年的歷史變遷，具有極高的歷史文獻價值。從某種意義上説，《揚州水道記》就是一部揚州古運河的發展史，不僅保存了豐富的歷史資料，爲當時及後來的治水者提供了重要的歷史借鑒，也對歷史文化研究和旅遊事業發展具有重要參考價值。

《揚州水道記》成書以來，受到歷代學者的高度評價。當時，阮元、黄承吉、吴文鎔、方濬頤等人先後都爲此寫了序、書，熱情贊揚劉文淇在揚州古代水道和歷史地理研究方面取得的成就。

阮元在序文中説道：

《揚州水道記》，綜《吴越春秋》、《漢書·地理志》以下諸書，證明唐宋以前揚州邗溝、山陽瀆地勢，南高北下，……其尤爲確據者，則在李習之《來南錄》云「自淮陰至邵伯，三百有五十里逆流」十四字也。……又其辨證永和、寶歷等年運道通塞，及瓜洲、瓜步水陸變遷，博覽而又有識，故皆精覈矣。

黄承吉的序中説：

劉君孟瞻，近著《揚州水道記》見示。揚州運河自瓜洲江口上溯達淮，北高南下，是爲淮水入江久矣。閻百詩《四書釋地》謂「水流與前相反」，始於隋文帝之開山陽瀆、煬帝之開邗溝，是主於今日之隄道以立言也。孟瞻則考明，明以前，不獨淮水不能達江，江亦不能徑達於淮，中間數百里濟運，乃由高郵、寶應諸湖迤邐入淮。至淮水建瓴入江，則在黄水奪淮身高之後，竝非自隋已然。……又考明，建安以前，運道由射陽湖西北達淮；建安以後，運道由白馬湖東北達淮。……又謂，唐時揚州水利，止患水少，不患水多，高、寶皆由湖運，無事隄防。以《志》、《書》謂「揚州運隄卽李吉甫之平津堰」爲非。

方濬頤在序中論道：

今之運河非古運河，今河自明臣白昂後，地始定。大抵昔之運由湖，今之運由河。……昔之水南高北下，以陂塘撙節之，而常不足；今北高南下，以瓜埠、茱萸灣、芒稻河宣洩之，而患有餘，蓋地勢之遷變使然哉。然能辨之者寡矣。辨之，自儀徵劉君孟瞻始。

吴文鎔則在他致劉文淇的書信中評論道：

尊著援據之博洽，剖析之精覈，阮、黄兩叙盡之，……地有定，而水無常。今之黄、淮分流之不同於昔，猶夫昔之南高北下不同於今。有事者得悉其本末，不狃於目見，乃可以通其變而宜之。然則是書之裨益後人者，豈徒輿地之學已哉？

《清史稿·劉文淇傳》中也提及劉文淇：

據《左傳》、《吴越春秋》、《水經注》等書，謂唐、宋以前揚州地勢南高北下，且東西兩岸未設隄防，與今運河形勢迥然不相同，成《揚州水道記》四卷。

梁啟超在《清代學者整理舊學之總成績·方志學》中，盛贊當年揚州學者在方志學領域的貢獻。當時，揚州學者編撰了不少私家著述，「此類作品，體制較爲自由，故良著往往間出」。劉文淇的《揚州水道記》爲其中之一，評語爲「不作全部志，而摘取志中成有之一篇，爲己所研究有得而特别泐成者」，肯定劉文淇此書的自創體例獨具一格。

綜上所述，劉文淇《揚州水道記》的主要價值包括：

（一）全面系統地記述了揚州境内運河的變遷。

揚州運河，即江淮運河，古稱邗溝，開鑿於春秋晚期，是中國古代開鑿最早的人工河道。春秋末年，吴王夫差北上争霸，在公元前四百八十六年築邗城（今揚州市），開通邗溝。最初南端自長江始，向北繞經一系列湖泊，以較短的人工渠道相連接，航道彎曲，到末口入淮河。魏晉南北朝時期，由於自然條件的變化，江水已不能引入運河，於上游開支河從今儀徵引江水通航，並在運河口建堰埭、水門節水，河上也建有多處堰埭。隋代兩次重開此河，成爲南北大運河中的重要一段。

唐代，長江中的沙洲擴大，並與北岸相連。開元二十二年（七三四），在揚子鎮以南接開伊婁河，經瓜洲入江。從此，瓜洲運口與儀徵運口並用。北宋時期，在邗溝上建有數十處閘、壩、涵等建築物，並且出現了世界上最早的船閘——復閘。元代，京杭運河開通，邗溝成爲其中一段，南口在瓜洲和儀徵，北口仍在淮安北。延至明、清時期，運河多壅塞，雖海運較前發達，但於江南財富的仰仗，遠逾先前。因此，雖靡費巨資，明、清兩代仍對運河加以疏浚利用。但由於黃河奪淮、淮水入江，運河淤塞，河身抬高，形成黃、淮、運錯綜複雜的水文和水利形勢。

正因爲江淮運河開鑿最久、沿用最長，必爲正史所敘，也爲學者所關注。如二十四史的《河渠志》、《地理志》中，多有關於江淮運河的記載。明末碩儒顧祖禹在《讀史方輿紀要》、顧炎武在《天下郡國利病書》中都有專門篇章對揚州運河進行研究。但先前關於運河，尤其是關於揚州運河河道水利的記載，多散見於正史中，相關研究也多以經世濟用之策言漕運、言治漕，缺乏對運河尤其是江淮運河系統的論述，更缺乏對揚州運河河道變遷的系統論述。

劉文淇的《揚州水道記》以時代爲序，把重點放在對整個揚州地區水道沿革過程的分析、解釋方面，以歷代有關揚州運河變遷與治理過程中標誌性事件爲節點，遍搜歷史文獻與時文，以大字爲正文，以小字爲注文，不僅能够「博稽載籍，詳加考證」，而且能够「凡有沿革，具著於篇」，詳細考證了邗溝的水道、漕運、治河、水源等水文資料及埭堰、堤岸、閘等各類河工設施及古運河演變，動態地描述了揚州運河兩千餘年的歷史變遷。如《揚州水道記》中記述：

《左傳》：「吴城邗，溝通江淮。」……此揚州有邗溝之始。

《寰宇記》云：「《晉書》太元十年，太傅謝安鎮廣陵，於城東北二十里築壘，名曰新城；城北二十里築堰，名邵伯埭。……」此邵伯立埭之始。

《新唐書·地理志》云：「江都有愛敬陂水門，貞元四年，節度使杜亞，自江都西循蜀岡之右，引陂趨城隅，以通漕，……」此邗溝運河借塘水濟運之始。

《宋史·河渠志》：「……築揚州江都縣至楚州淮陰縣三百六十里。」此揚州運河邵伯以北湖東有堤之始。

《明會典》：「……隆慶六年，題准……建瓜洲通江閘二座。自此，漕艘始免車盤之苦。」此揚州瓜洲廢壩爲閘之始。

這樣總結出了揚州運河發展變遷的一個個里程碑，使人對運河約兩千五百年的歷史變遷一目瞭然，具有重要的歷史文獻價值。

在《揚州水道記》中，除了考察河道水系的變化外，還保留了大量歷代運河河道修築、維護等水利工程資料，尤其是對唐代平津堰的修築、明清時期運河西堤的設置變遷等情況，進行了系統、詳細、完備的記述，大大增加了該書的資料性。更爲重要的是，作者並不限於對河工水利的記述，而是能結合當時的河道水文資料、自然環境的變化等背景，對水利工程的設置進行較爲科學的分析，具有極高的學術價值與資料價值。

（二）對諸多歷史事件和認識進行深入闡發和辨析，形成了新論點。

江淮間運河，不僅開鑿早，時代久遠，又因其地處江淮間河網水系密集地區，運河運道多藉由自然水面，以人工開鑿的溝渠溝通串聯而成，河道變遷複雜，使得對於運河河道，尤其是早期河道的綫路、走向、變遷等衆説紛紜，莫衷一是。

劉文淇在書中詳叙江淮運河運道、水利變遷，並首次提出了唐宋以前揚州地勢南高北下、東西兩岸不設堤防、與清朝當時的運河河道水利情勢迥然不同的新認識。

在書中，劉文淇考明山陽瀆即邗溝，是江淮運河的統稱，並非邗溝專屬江都，山陽瀆專屬淮安，糾正了前人對此問題的錯誤理解。

又如，劉文淇對東漢時期的運河河道變遷做了細緻的考證，提出了運河運道在東漢建安以前由射陽湖西北達淮、建安以後由白馬湖東北入淮的新認識。

這些關於江淮運河河道變遷、河工水利的新認識和新看法，代表了當時江淮運河歷史地理研究的最高水平。尤爲可貴的是，作者動態地考辨出因古今地勢的不同，江淮運河的河道水利於明代前後有一重大轉變，而這一轉變不僅是古今地勢變遷使然，更是黄河奪淮、淮水入江等自然地理變化的影響所致。這種動態的考察，發前人所未見，具有極高的科學性。

劉文淇此書之所以能取得如此多的新發現，究其原因主要在於其細緻的研究和考據。如《揚州水道記》卷三論述「陳登穿溝」一事時，劉文淇以考據學的方法，花費近五千字的篇幅，仔細分析了胡渭等人産生錯誤看法的原因，提出了《水經注》中「永和」年號或爲「太安」或「永興」之誤的看法，指出其中主要是由於《水經注》不同版本的文字差異、《水經注》自身文字表述的缺陷，以及讀者自己理解的不同和疏忽，這充分地展現出劉文淇和揚州學派扎實的歷史文獻學功底和考據學功力。

（三）體例方面，開創了專門地志的新體例。

清代的揚州，學術昌明，學人輩出，碩果纍纍，形成了獨具特色的「揚州學派」。揚州學派因其學術研究融會貫通、獨樹新幟，加之學人互相砥礪，所以取得了巨大的學術成就，學術成果遍及各個領域。揚州學派對於地方志尤其是揚州地方志的編纂和研究，不僅有所作爲、成績斐然，更是揚州學派一個鮮明的學術特點。揚州學派的代表人物，如焦循、阮元、劉文淇、劉寶楠等，積極參加志書的編輯實踐，編撰出了一批各具特色的名志，不僅包括諸多揚州學派學者參與的《嘉慶重修揚州府志》以及在揚州所屬各州縣主持編撰的《高郵州志》、《寶應圖經》、《儀徵縣志》，還有大量私人撰寫的獨具特色的鄉土志，如《北湖小志》、《北湖續志》、《揚州畫舫錄》等。而劉文淇所編纂的《揚州水道記》，則以其獨特的體例和内容，在揚州學派專門志的編纂中享有極高的贊譽。

劉文淇曾經論道「修志一事，先定體例。而體例之定，須將所有舊志參與考覈，擇善而從」，但又不可完全拘泥於善體舊志。在編纂《儀徵新志》時，劉文淇首先對人皆稱道的《嘉慶揚州府志》的方法，「分門别類，略仿其例，誠爲盡善矣，然亦由當議變通者」，明確表示既要吸取衆家之所長，又要結合實際情况加以創新，使志書體例更加完善；又强調「不可掩蔽前人」，「擬推廣其意，而變通其法」，來創構新志。對《揚州水道記》來説，在受李彦章之邀編纂之初，劉文淇就先與吴熙載「商訂凡例：先運河，次兩岸工程，次兩岸諸湖」，確定了該書的體例内容。而後，劉文淇利用李彦章的「藏書及河工官牘」，全面檢閱與揚州運河有關的資料，「有涉於揚州河事者，皆筆記之。凡三閲月，檢書幾及萬卷，方事編輯」。正因爲劉文淇在《揚州水道記》編纂之初，先確定了編纂體例，而後又能詳盡占有相關的資料，才能在書中提出諸多新見解，從而使得《揚州水道記》成爲一部佳志，在清代揚州學派的地方志尤其是專門志的編纂中，占有重要的地位。

《揚州水道記》在體例上的另一個特色是圖表體裁的運用。劉文淇在《揚州水道記》卷首專門列有歷代運河圖十幅，並且將該時期與運河有關的重要歷史事件旁列叙述。這些圖，繪畫技巧高、圖面容量大，標識點位準確，注明詳細，較爲直觀地描述出了不同時間段運河河道的變遷和與此有關的歷史事件，使人一目瞭然。對此，阮元在《序》中明確指出「凡地理書須以圖明之，此記當分繪古今多圖」。在志書中設置圖表是揚州學派志書編撰的重要思想。阮元曾專門論道：「古人不曰志，而曰圖經，故圖重最。」在《揚州水道記》的姊妹篇《寶應圖經》中，劉寶楠也在卷首列圖十四幅，以直觀反映漢代以來的歷代寶應歷史地理演變大勢。阮元在《嘉慶重修揚州府志》中，專設「圖説」一門，分圖説明揚州四鄉諸邑的境域，但這些都是在鄉土志或通志中的做法，劉文淇則將這一用圖表示内容的做法創造性地運用到專門地志的編纂中。因此，卷首列圖、圖内爲説的編輯體例，也成爲《揚州水道記》有别於其他鄉土志、專志的一大特色。

當然，劉文淇的《揚州水道記》中，也或多或少地存在一些錯誤和不足。如南宋時賈似道所築寶祐城並不外包平山堂，延至李庭芝修築揚州城防時，才在寶祐城西增築「平山堂城」，將平山堂包於城内，以增加寶祐城的城防，但劉文淇則因《名勝志》中「包平山而瞰雷堂」一句，誤以爲賈似道修築寶祐城時已「包平山」。此外，劉文淇在《揚州水道記》卷首列圖十幅，以説明歷代運河變遷大勢，但圖中對於影響揚州古城及運河入江口變遷的一個重要因素——長江河道變遷的情勢未能標出，由此導致對邗城、漢江都縣城等地望標識的混亂。另外，在《揚州水道記》的行文中，劉文淇也多有拖沓、繁瑣。

但瑕不掩瑜，劉文淇以其深厚的小學功底，憑藉揚州學派養成的志書編纂傳統，對揚州地區運河的河道水情、河工設施、歷代治河理念與紛争等，做了系統的梳理和研究，形成了具有重要歷史文獻價值的《揚州水道記》。

主要參考文獻：

[一]（日）小澤文四郎：《儀徵劉孟瞻年譜》，北平文思樓刊，民國二十八年（一九三九）版。
[二]北京大學地質地理系經濟地理專業一九五五級：《中國河運地理》，商務印書館一九六二年版。
[三]鮑彦榜：《明代漕運研究》，暨南大學出版社一九九六年版。
[四]支偉成：《清代樸學大師列傳》，岳麓書社一九九八年版。
[五]梁啟超：《清代學者整理舊學之總成績》，商務印書館一九九九年版。
[六]郭院林：《清代儀徵劉氏〈左傳〉家學研究》，中華書局二〇〇一年版。
[七]李廷先：《唐代揚州史考》，江蘇古籍出版社二〇〇二年版。
[八]房仲甫、李二和：《中國水運史（古代部分）》，新華出版社二〇〇三年版。
[九]趙航：《揚州學派概論》，廣陵書社二〇〇三年版。

［十］張舜徽：《清代揚州學記》，廣陵書社二〇〇四年版。
［十一］鄭曉霞、吳平：《揚州學派年譜合刊》，廣陵書社二〇〇八年版。
［十二］孫金珠：《近代以來淮揚史學的發展》，揚州大學碩士學位論文，二〇一四年。
［十三］王麗嬌：《晚清疆臣吳文鎔》，東北師範大學碩士學位論文，二〇一四年。
［十四］揚州師院學報編輯部、古籍整理研究室：《揚州學派研究（内部交流）》，一九八七年印。
［十五］黄保萬：《論林則徐與李彦章》，《福建學刊》一九八九年第三期。
［十六］張連生：《論清代揚州學派的揚州地方史研究》，《揚州大學學報（人文社會科學版）》二〇〇二年第六期。
［十七］王俊義：《關於揚州學派的幾個問題》，《中國社會科學院研究生院學報》二〇〇二年第三期。
［十八］張連生：《〈揚州水道記〉與〈寶應圖經〉》，《揚州大學學報（人文社會科學

版）》二〇〇三年第五期。
［十九］徐衛平：《略論揚州的私志》，《揚州大學學報（人文社會科學版）》二〇〇四年第一期。
［二十］劉建臻：《劉師培與焦循——劉師培與揚州學派間關係的個案分析》，《福建省社會主義學院學報》二〇〇四年第二期。
［二十一］王興亮、趙宗強：《劉師培與地方志》，《中國地方志》二〇〇五年第三期。
［二十二］郭院林、焦霓：《清代學風與世風關係——以劉師培家族爲例》，《社會科學論壇》二〇一一年第三期。
［二十三］孫錫芳：《劉文淇〈春秋左傳舊注疏證〉探析》，《西安石油大學學報（社會科學版）》二〇一一年第四期。
［二十四］毛麗娟：《阮元的方志思想》，《中國地方志》二〇一四年第六期。

點校説明

點校説明

一、版本

本次點校出版的《揚州水道記》，是以北京圖書館所藏清「道光乙巳孟夏江西撫署校刊」、「欲寡過齋校刊」的道光本爲底本，並與揚州大學圖書館所藏道光本、「同治壬申三月淮南書局補刊」的同治本校勘後排印而成。北京圖書館所藏《揚州水道記》品相較好，内容無遺漏，作爲底本是最好的選擇。

二、校勘

《揚州水道記》成書於道光十七年（一八三七），初刻於道光二十五年（一八四五），同治十一年（一八七二）淮南書局補刊。其成書既晚，版本流傳也較爲簡單，兩種版本之間，訛誤、差異之處也不多。書中所用史書、古代地理著作、類書、詩文集等，均采用已整理出版的著述與本書校勘。對其中較明顯的文字訛誤均予以改正，對兩種版本之間的不同也做了相應改正和標明。對原書中所避清諱，如「玄」作「元」、「弘」作「宏」等，均依原書面貌不改，也不再出校記。此外，原書中的同音異體字，如「歴」與「歷」、「厯」與「曆」、「稿」與「稾」、「視」與「眎」、「堤」與「隄」、「磚」與「甎」、「氷」與「冰」、「逕」與「徑」、「浚」與「濬」、「閙」與「鬧」、「筴」與「策」、「弦」與「絃」、「衽」與「袵」、「邵」與「召」等，依原書不改，也不再出校記，僅對個別易引起歧義的異體字出校。

爲了最大限度地保留原書面貌，也爲了給學術研究提供相對客觀的資料，本書仍采用與原書一致的繁體直排方式排版。

三、校記

除異體字、避諱字與訛誤外，《揚州水道記》道光本與同治本之間差異不多。本次點校，對兩版本之間的差異之處，出校記以正之。對於底本所引用之歷代文獻，以引文原文爲準，對不當之處出以校記。凡底本有據而同治本訛誤的，出校記說明，以底本爲準。對於底本與同治本有異，或底本引文與原書不同，一時不能斷其是非的，也出校記加以説明。

四、標點

本書所用標點，依二十四史點校本體例。需要説明的是，因本書所引古代文獻，並不嚴格遵照現在的體例，多爲節錄，有時又是引其大意。本次點校，雖對其中引用文字加引號以標注，但也祇是照錄原文，並非對其所用與原文異同的認定。如有轉引者，敬請查錄原文爲是。

限於學力，本書中錯誤及不足之處，敬請讀者諸君海涵。

原書序

序一

阮　元

儀徵劉孟瞻明經文淇撰《揚州水道記》，綜《吳越春秋》、《漢書·地理志》以下諸書，證明唐宋以前揚州邗溝、山陽瀆地勢，南高北下，諒哉斯言！非可以今日運河水勢膠固於胷者也。而其尤爲確據者，則在李習之《來南錄》云「自淮陰至邵伯，三百有五十里逆流」十四字也。今由淮安下揚州之水，勢如建瓴，愚者亦知北高南下矣。不知此水乃蓄高堰内水至一丈八尺之高，堰底古淮身更不知低幾丈尺，始能如此建瓴耳。古淮平流入海，更低于邵伯隄東下河地面，且天長、江都、甘泉諸山湖之水又加入，邵伯之水挾江潮而趨邵伯、高、寶、射陽，安得不南高北下？所以《漢志》云：「江都，渠水首受江，北至射陽入湖。」云「受江」，非「入江」也；云「北至射陽」，可見唐時南高北下也。又其辨證永和、寶歷等年運道通塞，及瓜洲、瓜步水陸變遷，博覽而又有識，故皆精覈矣。凡地理書須以圖明之，此記當分繪古今多圖，孟瞻其更爲之而付諸梓。

丁酉九月儀徵阮元識於京邸之節性齋，時年七十有四。

序 二

黄承吉

考證著書，莫難於地理，非考證一時地理之難，乃確徵夫古今遷變地理之難也，而水道爲尤難。天文、人事、一切名物，率有一定之陳跡，惟水道變遷，紛糅百出，其間興廢之先後、呈沒之隱顯，不可殫析。稽古，或古書先誤；驗今，則今跡茫然。以是而求覈實，良不易言。

劉君孟瞻，近著《揚州水道記》見示。揚州運河自瓜洲江口上溯達淮，北高南下，是爲淮水入江久矣。閻百詩《四書釋地》謂「水流與前相反」，始於隋文帝之開山陽瀆、煬帝之開邗溝，是主於今日之隄道以立言也。孟瞻則考明，明以前，不獨淮水不能達江，江亦不能徑達於淮，中間數百里濟運，乃由高郵、寶應諸湖迤邐入淮。至淮水建瓴入江，則在黄水奪淮身高之後，竝非自隋已然。又考明，山陽瀆即邗溝，於淮、揚兩郡爲統名，竝非邗溝專屬江都，山陽瀆專屬淮安。又考明，建安以前，運道由射陽湖西北達淮；建安以後，運道由白馬湖東北達淮。據《四庫書提要》證，桑欽爲三國時人，故《水經》與《地理志》運濟一東一西，判然不合。又謂，唐時揚州水利，止患水少，不患水多，高、寶皆由湖運，無事隄防，以《志》、《書》謂「揚州運隄即李吉甫之平津堰」爲非。

其書自歷代史志、地乘、雜説，以及關涉一語之詩、賦、序、題，皆所採擇，於通中辨其所以歧，於棼中得其所以貫，極求是之心，具獨照之識，可謂難矣。抑吾謂孟子「排淮注江」一語，千古致疑。閻氏乃云：「至隋時淮水入江，九百餘歲而言始驗，殊涉誕異。」不知諦觀孟子之辭，主於行文協句，蓋水道非當日情事，必須鍼縫之，旨以淮流入海之地，距江朝宗不遠，遂易「海」字爲「江」。對文則使音辭俱適，而無害於立言之意，是有何疑而訟護之？憶自塾讀時蓄有此見，質之孟瞻，倘不以爲謬否？

江都黄承吉序。

序　三[一]

方濬頤

江去淮三百六十里，溝於春秋，渠於漢，水斷於晉，瀆於隋，河於唐，皆運河也。而今之運河非古運河，今河自明臣白昂後，地始定。大抵昔之運由湖，今之運由河。昔由高郵州治東委折北上，今則由州治西湖東長渠徑達。昔之水南高北下，以陂塘撙節之，而常不足；今北高南下，以瓜埠、茱萸灣、芒稻河宣洩之，而患有餘，蓋地勢之變遷使然哉。然能辨之者寡矣。辨之，自儀徵劉君孟瞻始。劉君著《揚州水道記》，援證詳覈。舊已鋟板，兵燹後乃更散佚。余亟

[一] 該序爲同治本補刊時新增，道光本無。

付書局爲補成之，而并撮其大旨如此。俾世之考輿地者，知水道之遷變爲難恃，而今之治河，固非可以古人之軌轍膠執而株守之也。

定遠方濬頤撰。

書

吳文鎔

大著〔一〕珍篋衍者數載矣。南北匆遽，未遑校刊。今夏稍閒，始得檢付梓人。承示，令作叙言。尊著〔二〕援據之博洽，剖析之精覈，阮、黃兩敍盡之，奚取僕言？竊以南高北下，自是河與淮獨行入海以前事。自河南徙而奪淮，而借淮刷黃，變遷淤墊之故，歷數百年於茲。頃歲漕運，用灌塘法，河與淮不相見，河獨入海，淮則入江以入海，又情事之稍異矣。地有定，而水無常。今之黃、淮分流之不同於昔，猶夫昔之南高北下之不同於今。有事者得悉其本末，不狃於目見，乃可以通其變而宜之。然則是書之裨益後人者，豈徒輿地之學已哉？欽味悅服，不盡區

〔一〕「著」，道光本與同治本皆作「箸」，今據上下文意改。

〔二〕同「一」。

區。倘先生未斥其説，或卽以此書附刊冊末，用當跋尾，誌傾向之私而已，敍固未敢僭作也。

嚴寒伏惟，爲道自重，不宣。

愚弟吴文鎔頓啓。

原書圖

圖一　吳溝通江淮圖

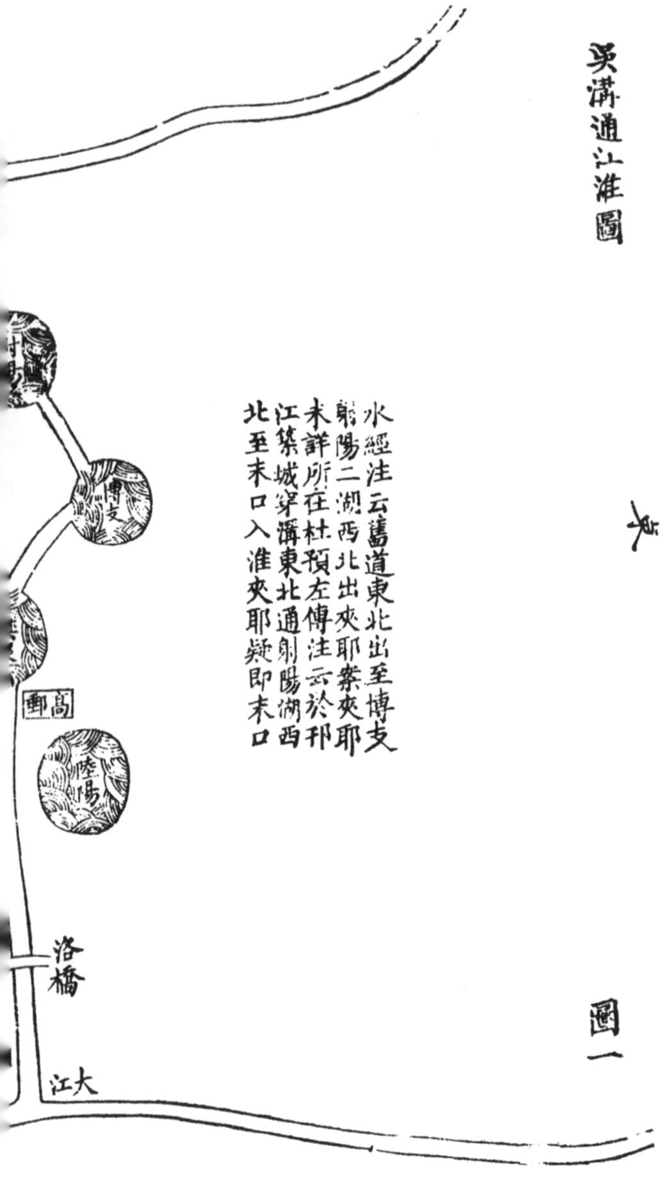
吳溝通江淮圖
圖一
水經注云舊道東北出至博支射陽二湖西北出夾耶案夾耶未詳所在杜預左傳注云於邗江築城穿溝東北通射陽湖西北至末口入淮夾耶疑即末口
博支
高郵
陸陽
洛橋
大江

郡國利病書末口即北神堰在淮安府北五里今廢

寶應在漢爲平安梁爲安宜今寶應西南六十里有安宜溪梁始立縣

水經注云中瀆水自廣陵北出武廣湖東陸陽湖西二湖東西相值五里水出其間下注樊良湖

元和郡縣志廣陵在江都縣北四里州城正直其上水經注云城東水上有梁謂之洛橋

新唐書地理志云江都東十一里有雷塘寰宇記雷塘在縣東北十里元和郡縣志合瀆渠在縣東二里又案寰宇記隋開皇九年揚州置總管府煬帝改爲江都郡移於坊內疑唐之江都因隋之舊治也

水經注吳自廣陵城東南築邗城城下掘深溝謂之韓江亦曰邗溟溝又江都縣城臨江據寰宇記知漢江都故城在唐江都縣治東南四十六里即吳之邗城也說詳後

圖二　漢建安改道圖

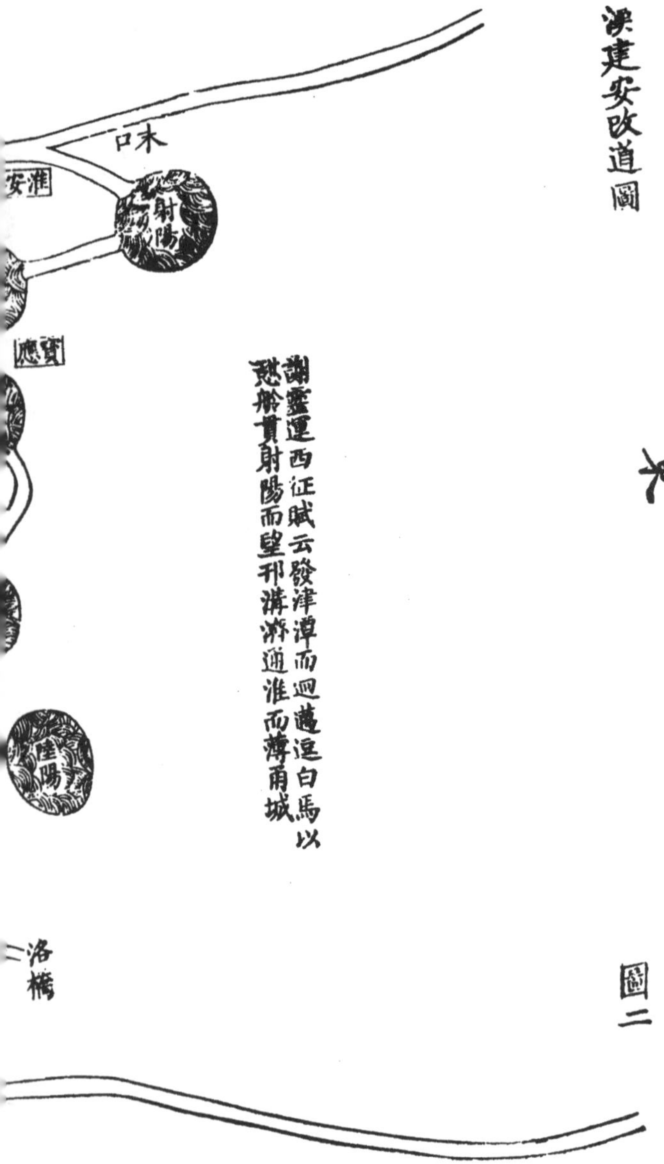

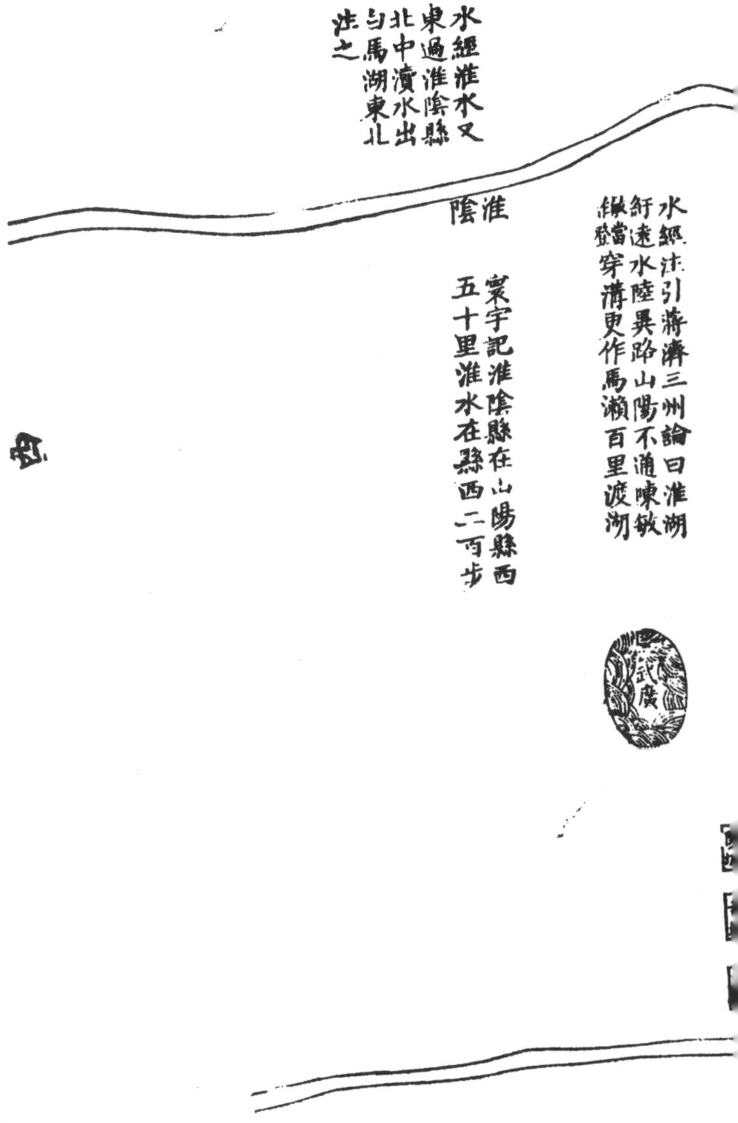
水經淮水又
東過淮陰縣
北中瀆水出
白馬湖東北
注之
淮陰
寰宇記淮陰縣在山陽縣西
五十里淮水在縣西二百步
水經注引蔣濟三州論曰淮湖
紆遠水陸異路山陽不通陳敏
穿溝更作馬瀨百里渡湖

圖三　晉永和引江入歐陽埭圖

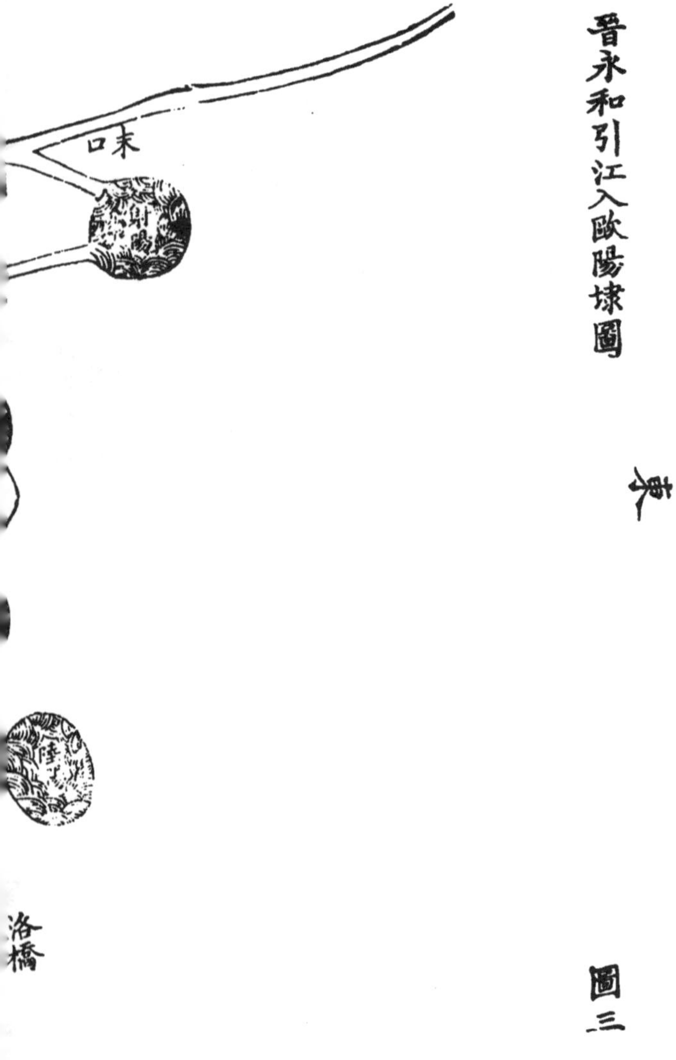

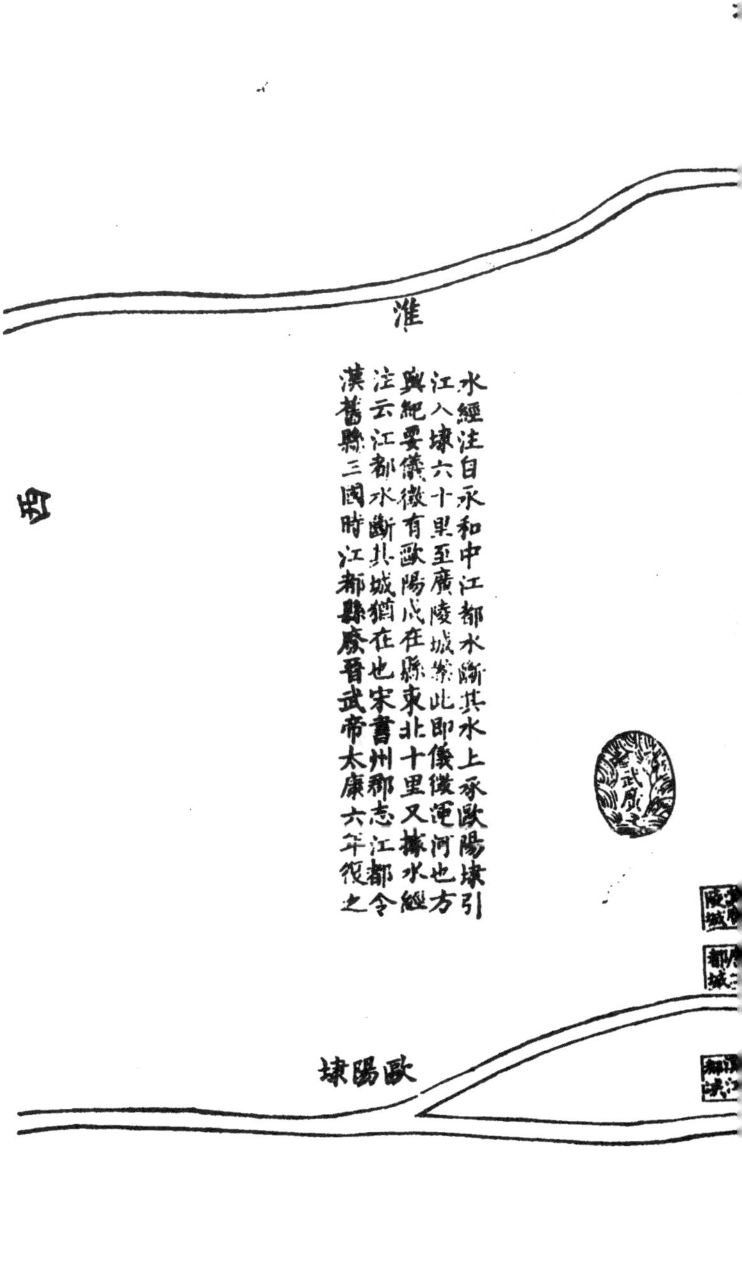
淮
水經注自永和中江都水斷其水上承歐陽埭引
江入埭六十里至廣陵城案此即儀徵運河也方
輿紀要儀徵有歐陽戍在縣東北十里又據水經
注云江都水斷其城猶在也宋書州郡志江都令
漢舊縣三國時江都縣廢晉武帝太康六年復之
西
歐陽埭

圖四　晉興寧沿津湖東穿渠圖

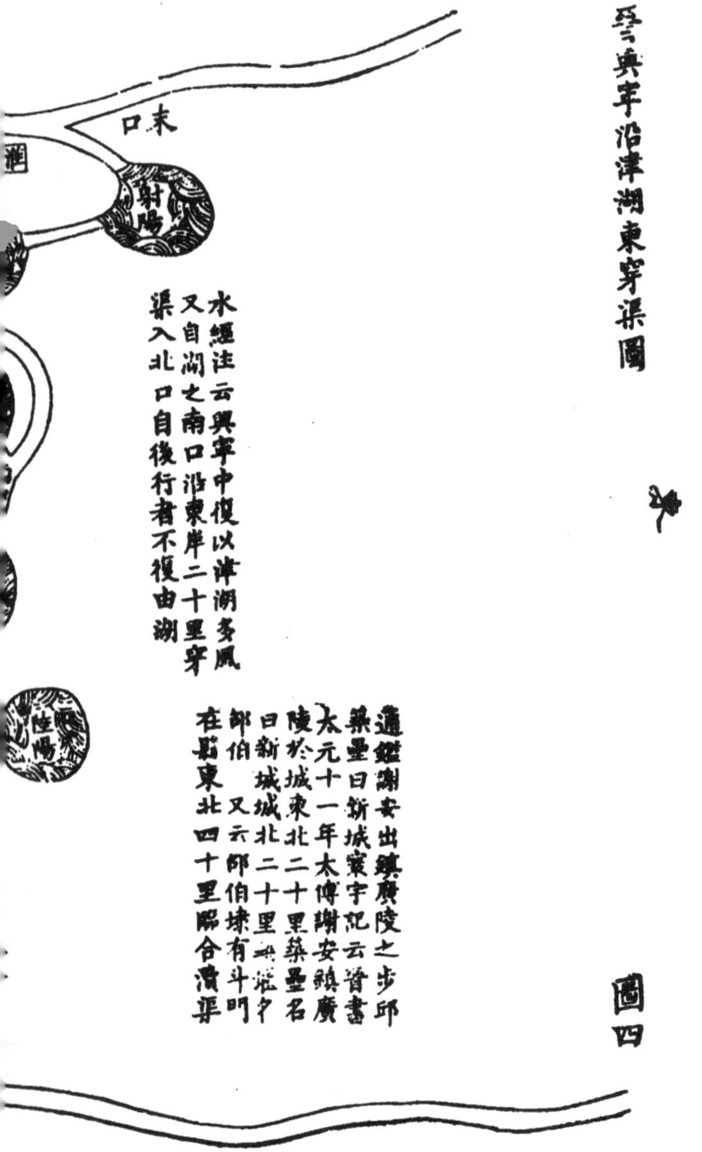
晉興寧沿津湖東穿渠圖
東口
射陽
水經注云興寧中復以津湖多風
又自湖之南口沿東岸二十里穿
渠入北口自後行者不復由湖
通鑑謝安出鎮廣陵之步邱
築壘曰新城寰宇記云晉書
太元十一年太傅謝安鎮廣
陵於城東北二十里築壘名
曰新城城北二十里
邵伯　又云邵伯埭有斗門
在縣東北四十里臨合瀆渠
圖四

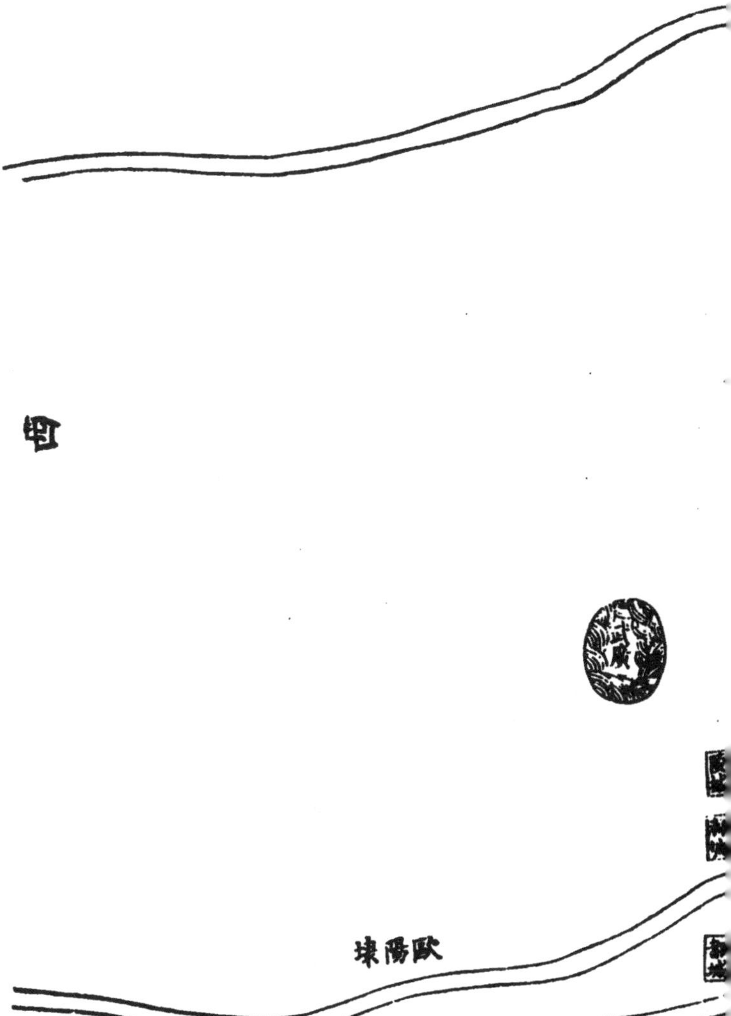
西
武威
歐陽埭

圖五　隋開皇改道圖

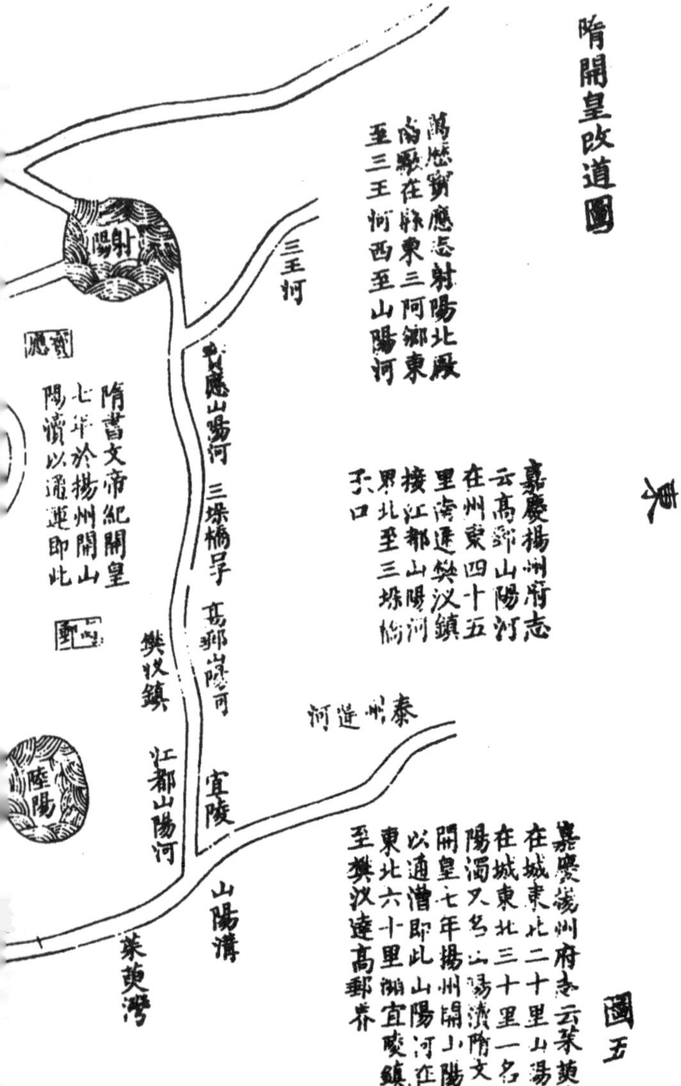
隋開皇改道圖
萬歷寶應志射陽北廠南驛在縣東三阿鄉東至三王河西至山陽河
射陽
三王河
寶應
寶應山陽河
三垛橋
隋書文帝紀開皇七年於揚州開山陽瀆以通運即此
嘉慶揚州府志云高郵山陽河在州東四十五里南達樊汊鎮接江都山陽河界北至三垛橋入口
東
高郵
樊汊鎮
高郵山陽河
泰州運河
江都山陽河
宜陵
山陽瀆
茱萸灣
嘉慶揚州府志云茱萸灣在城東北二十里山陽瀆在城東北三十里一名山陽瀆又名山陽瀆隋文帝開皇七年揚州開山陽瀆以通漕即此山陽河在城東北六十里湖宜陵鎮北至樊汊達高郵界
圖五

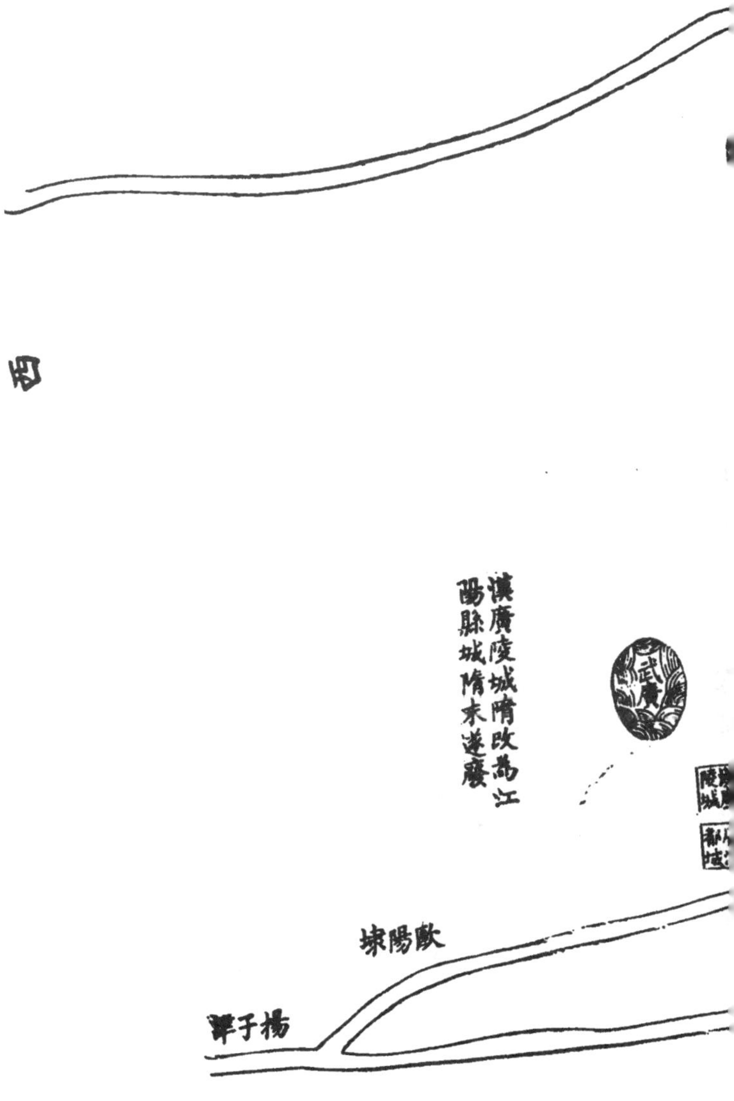
漢廣陵城隋改爲江陽縣城隋末遂廢
武廣
歐陽埭
揚子驛

圖六　唐開元開伊婁河圖

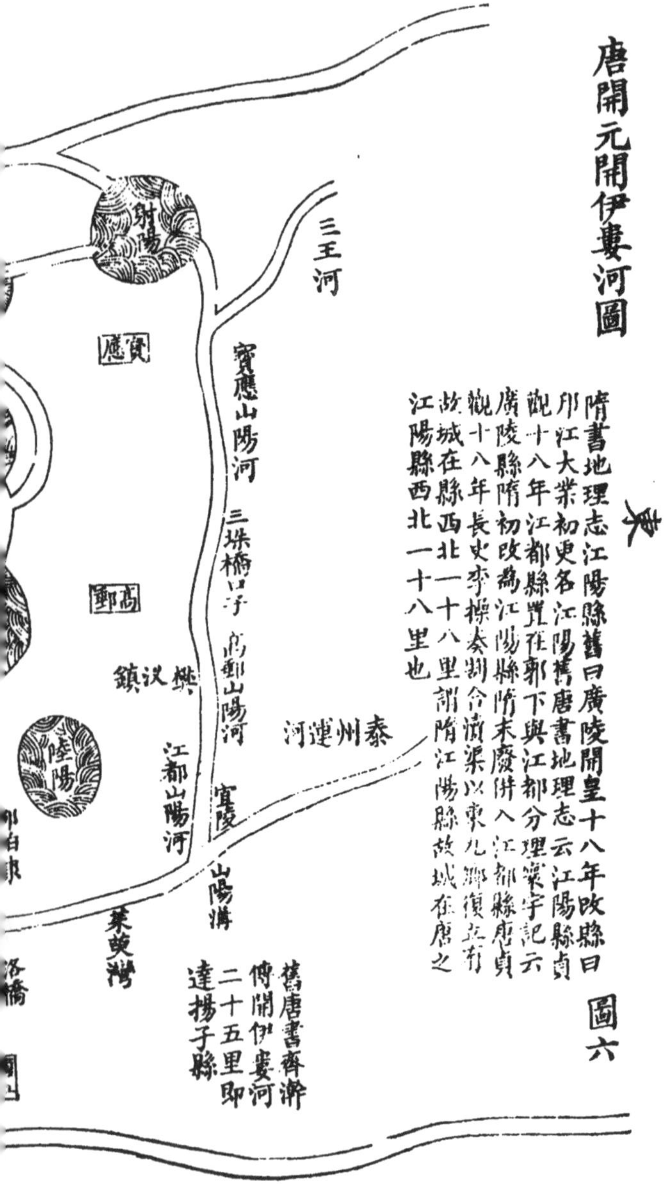
唐開元開伊婁河圖
東
隋書地理志江陽縣舊曰廣陵開皇十八年改縣曰邗江大業初更名江陽舊唐書地理志云江陽縣貞觀十八年江都縣置在郭下與江都分理寰宇記云廣陵縣隋初改爲江陽縣隋末廢併入江都縣唐貞觀十八年長史李襲譽奏割合瀆渠以東九鄉復立前故城在縣西北一十八里謂隋江陽縣故城在唐之江陽縣西北一十八里也
圖六
舊唐書齊澣傳開伊婁河二十五里即達揚子縣
三王河
射陽
寶應
寶應山陽河
三垛橋口子
高郵
高郵山陽河
樊汊鎮
泰州運河
江都山陽河
宜陵
山陽瀆
茱萸灣

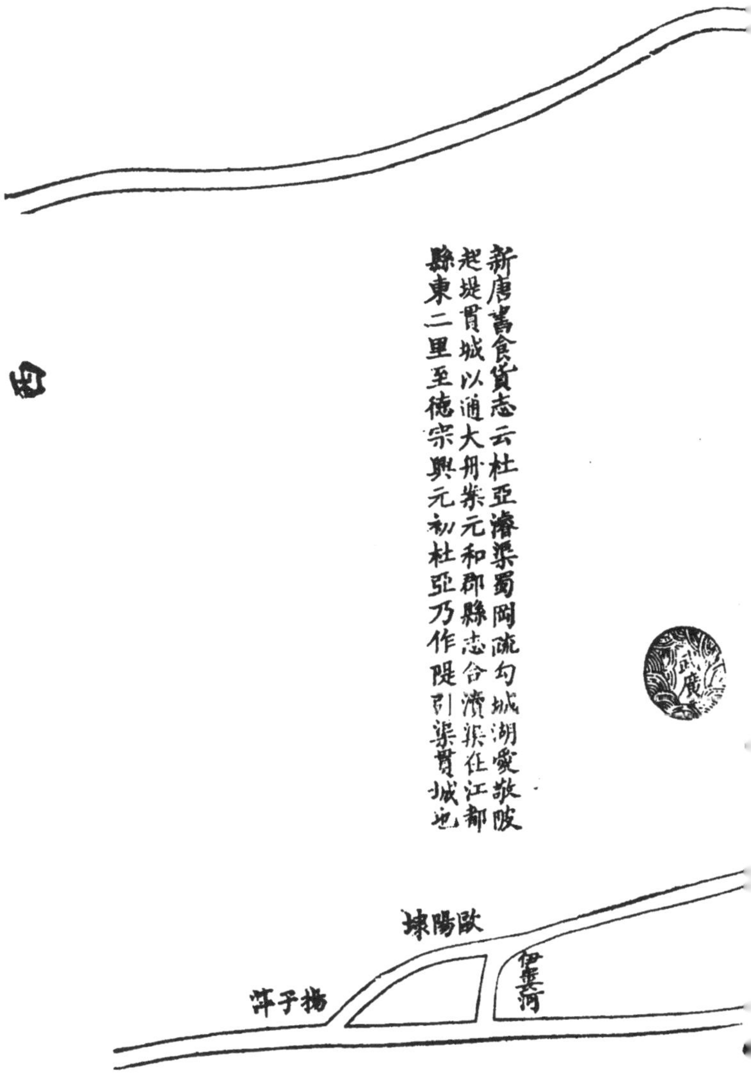
新唐書食貨志云杜亞濬渠蜀岡疏勾城湖愛敬陂起堤貫城以通大舟案元和郡縣志合瀆渠在江都縣東二里至德宗興元初杜亞乃作隄引渠貫城也
歐陽埭
揚子津
伊婁河

圖七　唐寶歷開七里港河圖

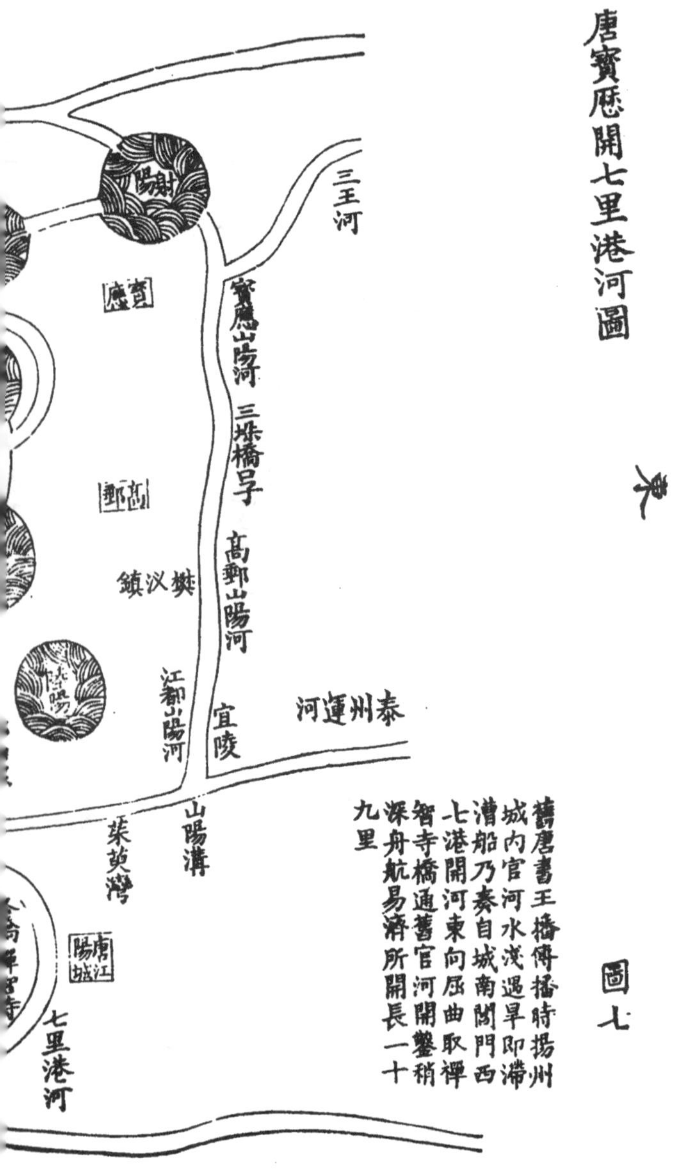

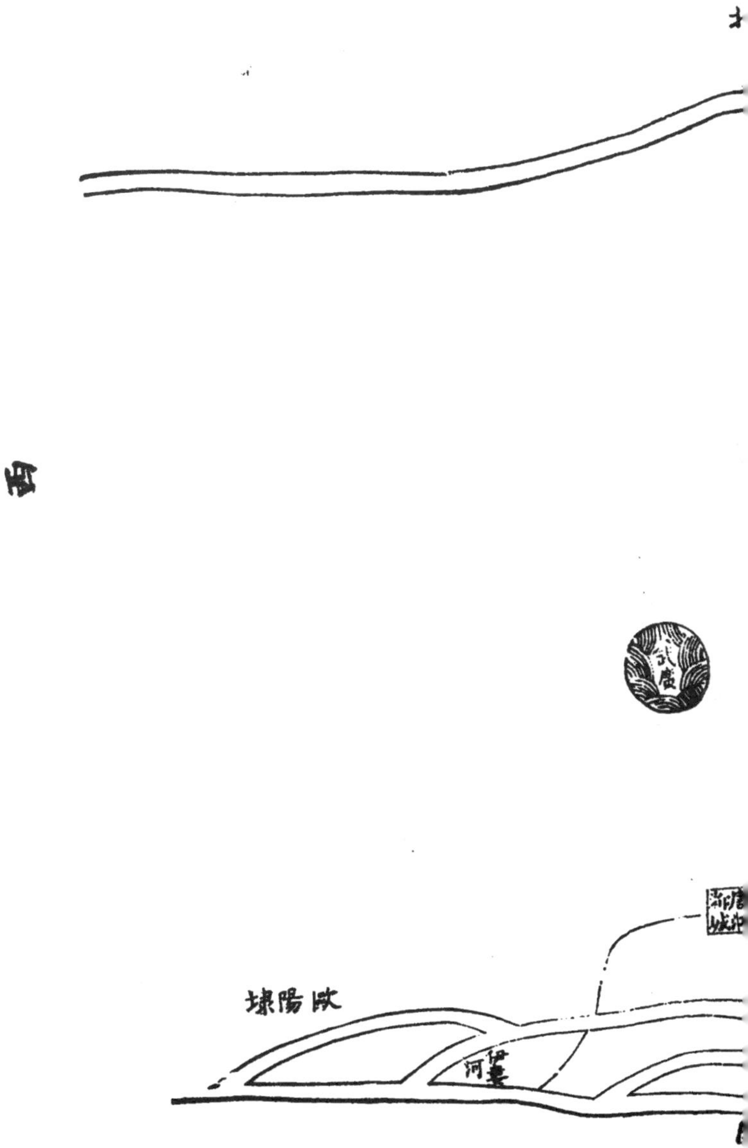
武慶
歐陽埭
伊婁河

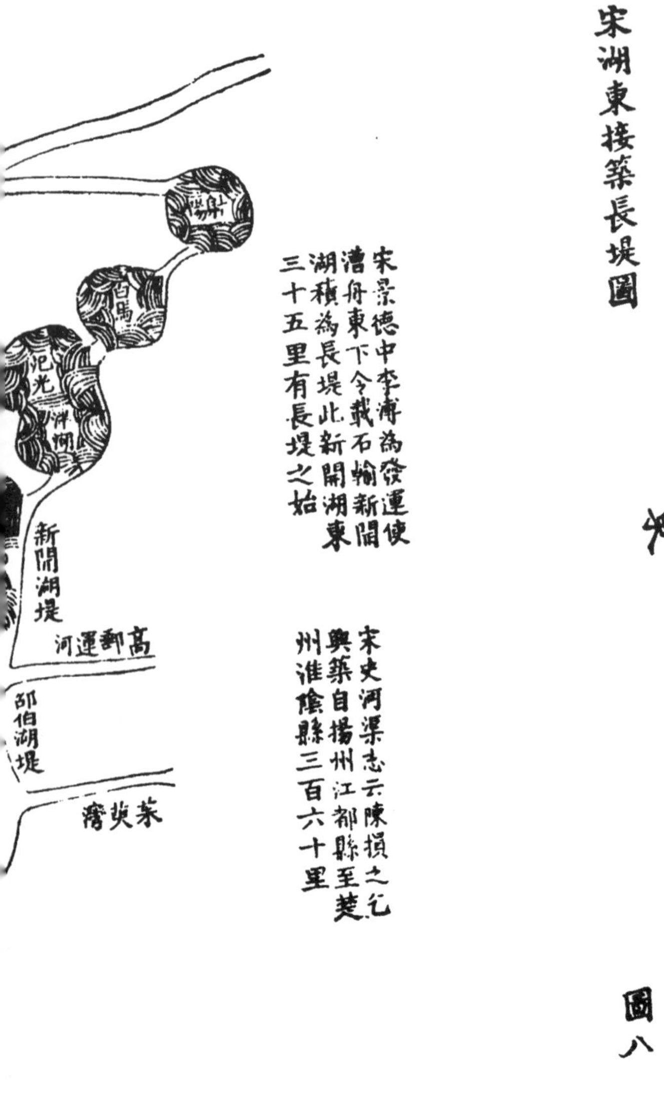
宋湖東接築長堤圖
東
圖八
宋景德中李溥為發運使漕舟東下令載石輸新開湖東湖積為長堤此新開湖長堤之始
宋史河渠志云陳損之乞興築自揚州江都縣至楚州淮陰縣三百六十里
白馬
氾光
新開湖堤
高郵運河
邵伯湖堤
茱萸灣

圖八　宋湖東接築長堤圖

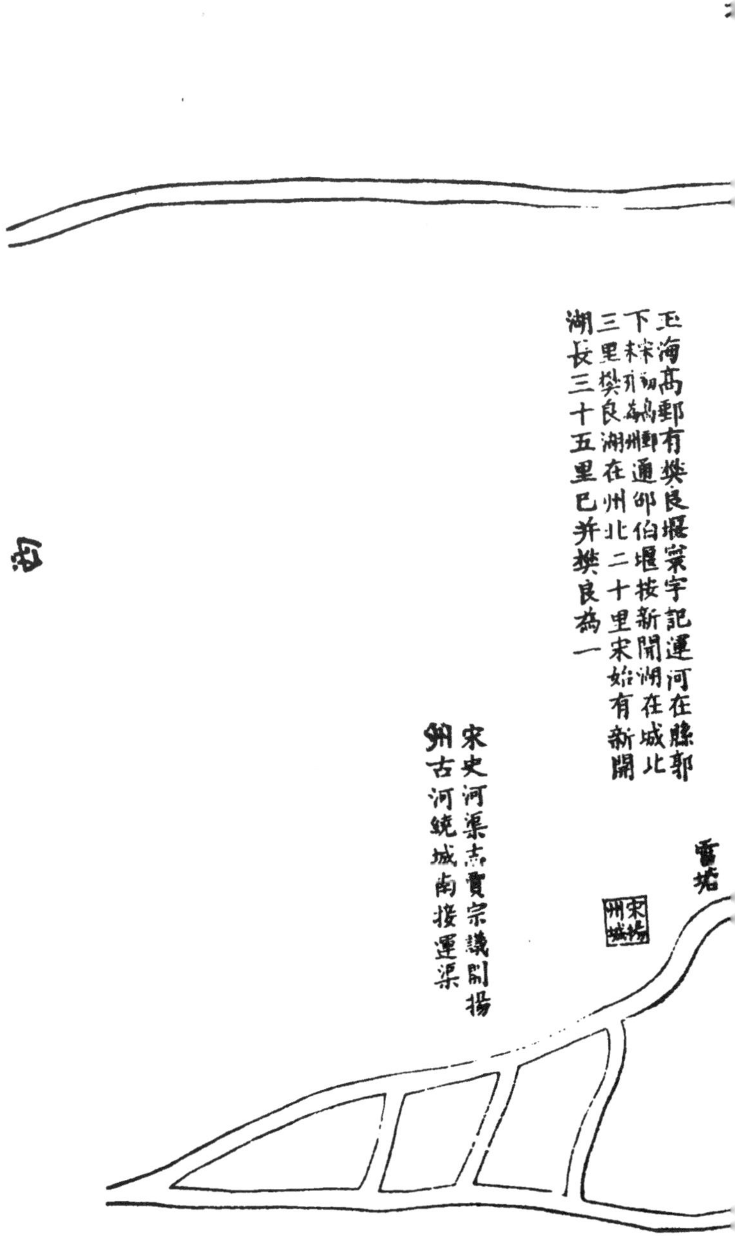
玉海高郵有樊良堰宋宇記運河在縣郭
下宋初高郵梁开爲州通邵伯堰接新開湖在城北
三里樊良湖在州北二十里宋始有新開
湖長三十五里巳并樊良為一
宋史河渠志賈宗議開揚
州古河繞城南接運渠
雷塘
宋揚州城

圖九　明開康濟、宏濟河圖

明開康濟宏濟河圖

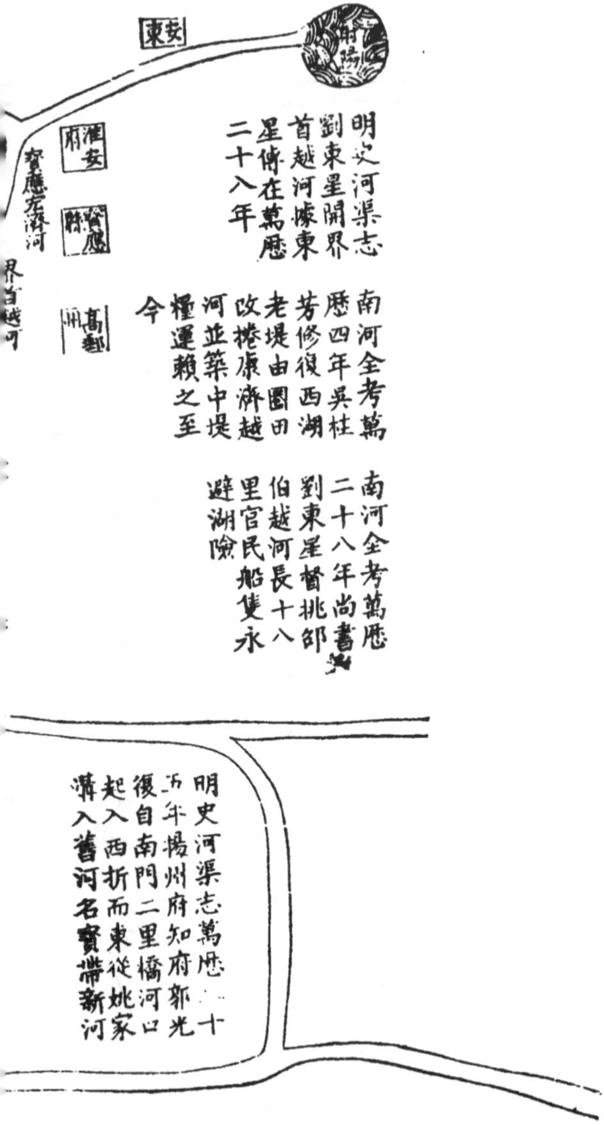

圖九

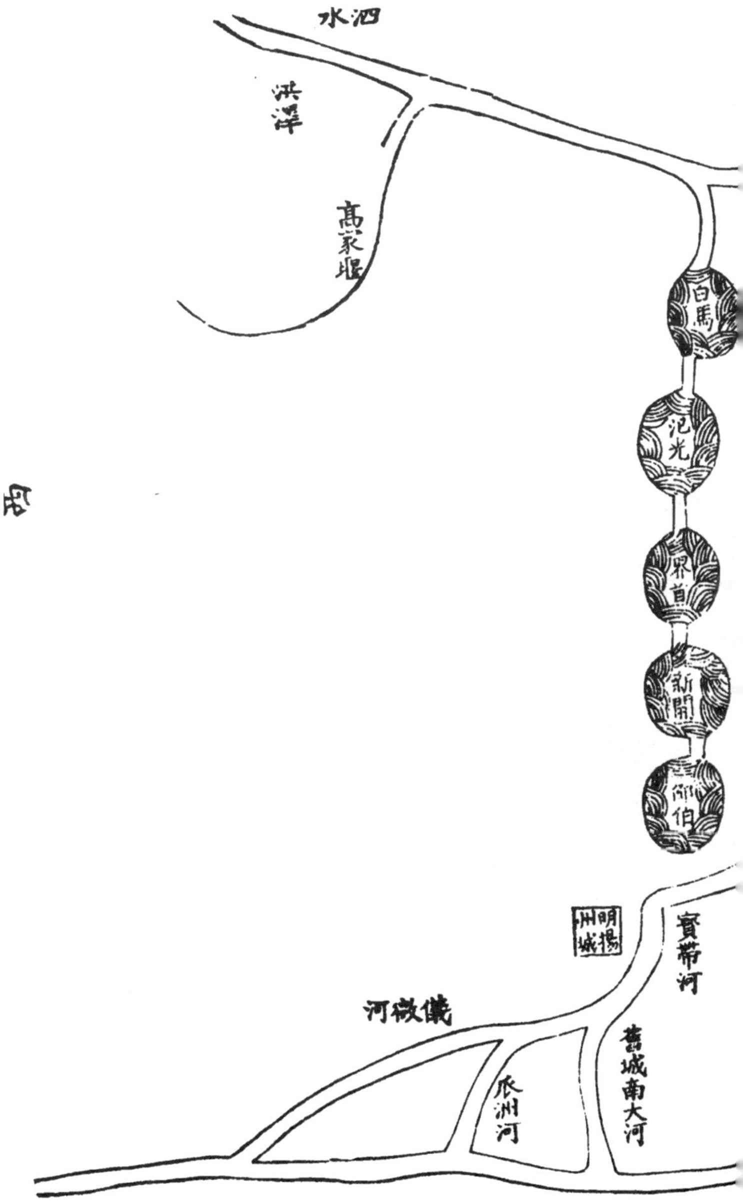
泗水
洪澤
高家堰
白馬
氾光
界首
新開
邵伯
明揚州城
寳帶河
儀徵河
舊城南大河
洲河

圖十 運河圖

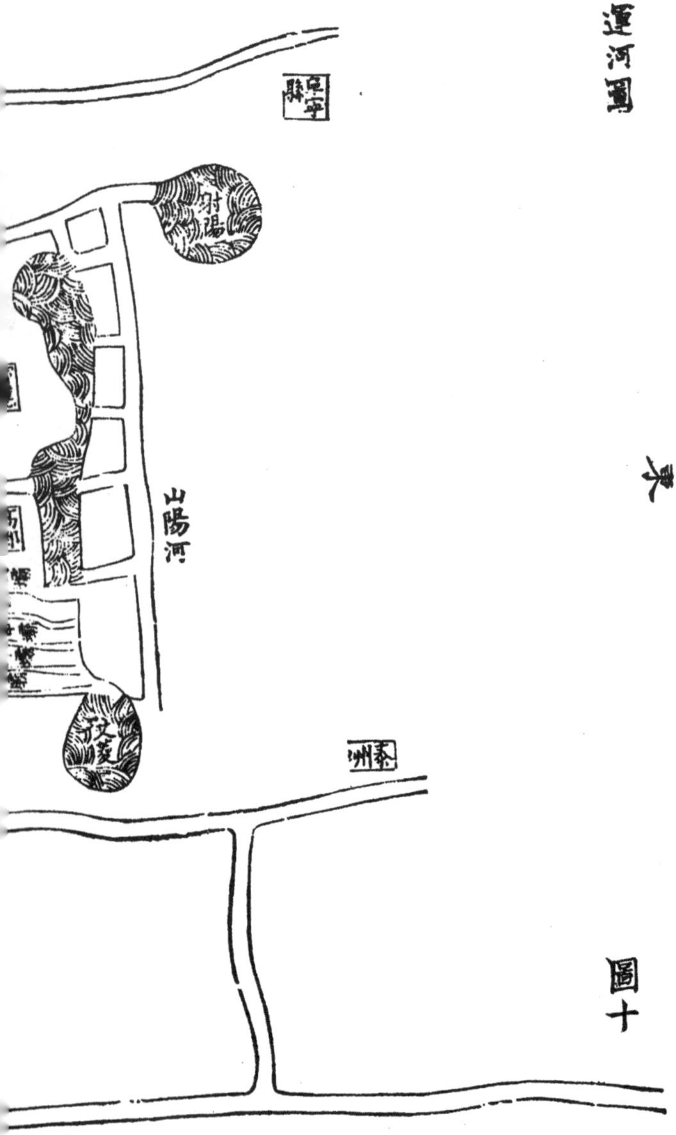

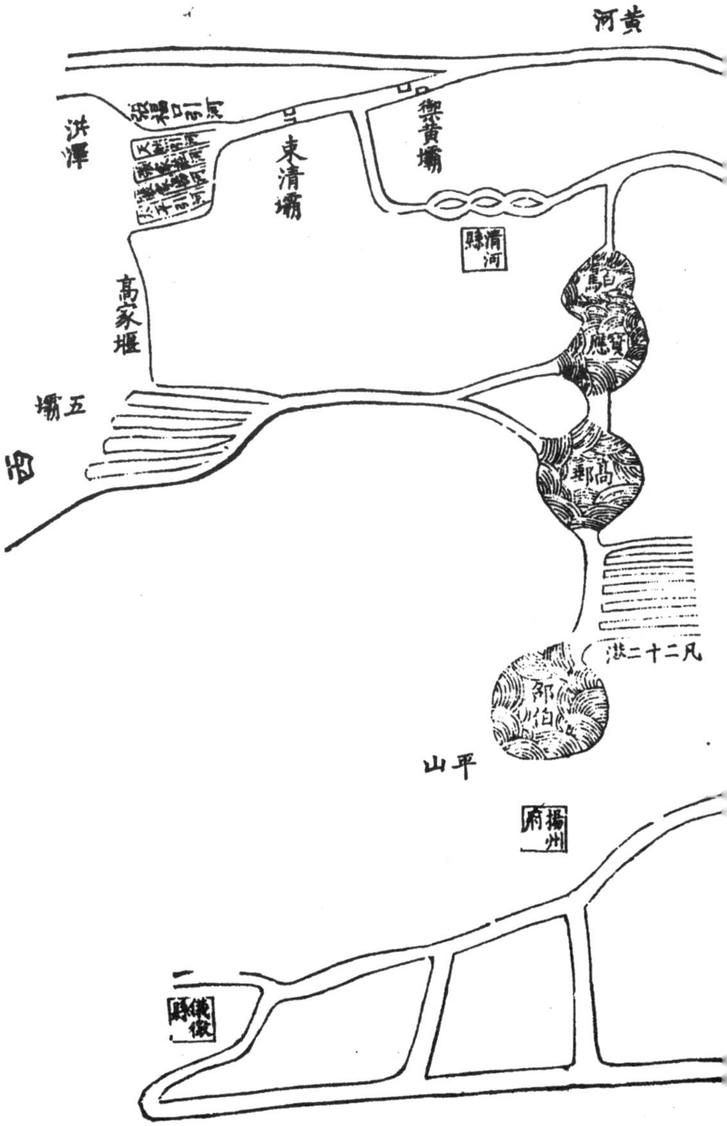
黄河
洪澤
東清壩
禦黄壩
清河縣
高家堰
五壩
湖
白馬
寶應
高郵
凡二十二壩
邵伯
平山
揚州府
儀徵縣

原書正文

卷一

江都運河

春秋之時，江淮不通。吴始城邗，溝通江淮，此揚州運河之權輿也。於邗築城、穿溝，後世因名之曰「邗溝」，一曰「邗江」。而由江達淮，皆統謂之「邗溝」。唐宋以前，揚州地勢南高北下，且東西兩岸未設隄防，與今運河形勢迥不相同。若以今日之運河，求當年溝通之故道，失之遠矣。今博稽載籍，詳加考證，凡有沿革，具著於篇。

江都運河

自廣陵驛北至露筋。雍正十年，分隸甘泉，而儀徵縣亦唐以前江都地。此篇論前代事多，故統系以江都，而甘泉、儀徵運河附見焉。

《左傳》：「吴城邗，溝通江淮。」杜預注云：「於邗江築城、穿溝，東北通射陽湖，西北至末口入淮，末口，在漢淮陰縣，卽北神堰。《方輿紀要》：在淮安府北五里，今廢。通糧道也。今廣陵韓江是。」酈道元《水經注》云：「昔吴將伐齊，北霸中國，自廣陵城東南築邗城，城下掘深溝，謂之韓江，亦曰邗溟溝。」此揚州有邗溝之始。

按，廣陵之名，周末始著。《史記·越世家》：楚威王伐越，「盡取吴舊地」。是時，吴地已入楚。《六國表》：周慎靚王二年，爲楚懷王十年，「楚城廣陵」。廣陵之名，始見於此。漢高帝六年，立從父兄賈爲荆王，王淮東，都吴。十二年，立兄子濞爲吴王，改荆爲吴國。見《史記·荆燕世家》及《漢興以來諸侯年表》。《漢書·江都王非傳》云：「徙王江都，治吴故國。」師古曰：「治，謂都之，濞所居也。」《地理志》「廣陵國廣陵」自注云：「江都易王非、廣陵厲王胥，皆都此。」則濞都廣陵可知。景帝三年，徙汝南王非爲江都王，改吴爲江都國。武帝元狩六年，立子胥爲廣陵王，改江都爲廣陵国。《地理志》：廣陵國領縣四，廣陵、江都、高郵、平安是也。

《後漢書·郡國志》注云：「廣陵，吴王濞所都，城周十四里半。」《太平寰宇記》又引《郡國志》云：廣陵城「置在陵上」。陸朝璣《江都縣志》謂：「古廣陵，蜀岡上，邗溝城東北，濞乃更築城於蜀岡之下，城自爲二。」按，陸謂古廣陵城在「邗溝城東北」，是也；謂吴王濞城在蜀岡下，與古廣陵城爲二，誤。《爾雅》云：「大阜曰陵，一名阜岡，一名崑崙岡。」故鮑照《蕪城賦》云：「柂〔一〕以漕渠，軸以崑岡〔二〕。」《河圖括地志》曰：「崑崙山橫爲地軸，此陵交帶崑崙，故曰廣陵。」據此，則廣陵城在蜀岡上。

王應麟《通鑑地理通釋》引《郡縣志》卽《元和郡縣志》。云：「廣陵在江都縣北四里，州城正直其上。」按，《元和郡縣志》爲唐李吉甫所作。《新唐書·地理志》：「江都東十一里有雷塘。」則唐江都縣在雷塘西十一里。《元和志》云：「廣陵城在江都縣北四里。」據唐江都縣治言之也。至漢江都故城，《水經注》云：「縣城臨江。」應劭《地理風俗記》云：「縣爲一都之會，故曰江都。」《寰宇記》「江都縣」下云：「江都故城，在縣西南四十六里，城臨江水。今爲水所侵，無復餘地。」樂史，宋太宗時人。其時江都縣仍唐舊治，在雷塘西十一里，亦在蜀岡。可知《寰宇記》所云「江都故城，在縣西南四十六里」者，卽據唐時之江都去江都故城而言。《府志》以爲在今江都縣西南四十六里，非也。

〔一〕「柂」，道光本與同治本皆誤作「拖」，今據《昭明文選》本《蕪城賦》原文改。
〔二〕「岡」，道光本與同治本皆誤作「崙」，今據《昭明文選》本《蕪城賦》原文改。

《水經注》説廣陵云：「城東水上有梁，謂之洛橋。按，《宋書》：竟陵王誕反於廣陵，「帝使沈慶之討之，慮其北奔，使慶之斷其走路。慶之移營白土，去城十八里，夕進新亭逼之。又進營洛橋西，焚其東門」。則洛橋在廣陵城東門外也。中瀆水自廣陵北出武廣湖東、陸陽湖西。」二湖在邵伯北。蓋古邗溝水由廣陵城東洛橋下北出，以達於邵伯。其云「自廣陵城東南築邗城」，則邗城在廣陵城東南，瀕江，今不知其處。《太平寰宇〔一〕記》謂「蕪城卽州城，古爲邗溝城」，非也。《説文》：「邗〔二〕，國也，今屬臨淮。从邑，干聲。一曰邗本屬吴。」錢氏大昕云：「許前後兩説，後説似卽用《左氏》『吴城邗，溝通江、淮』之文。」寶應劉寶楠《愈愚錄》云：「《呂氏春秋》：『荆有佽飛，得劍于干越。』高誘注：『干，吴邑。』以干爲吴邑，當是以『干』爲『邗』，《左傳》『吴城邗』，是也。」按，邗爲吴邑，雖不能的知在何處，然《水經注》云「自廣陵城東南築邗城」，則邗必在廣陵矣。

〔一〕「宇」，同治本誤作「字」，今據道光本改。
〔二〕「邗」，同治本誤作「刊」，今據道光本改。

邗溝，一名渠水，一名中瀆水，一名合瀆渠，一名山陽濁。

按，《左傳》：「吴城邗，溝通江、淮。」《國語》、《吴越春秋》皆言，夫差既退於黄池，使告勞於周，曰：「余沿江泝淮。」江從南來，順流爲沿，故曰「沿」；淮從北來，逆流爲泝，故曰「泝」。吴引江入邗溝，從邗溝入淮，故曰「沿江泝淮」，卽指「溝通江、淮」事。《漢書》以邗溝爲渠水。《地理志》云：「江都有江水祠。渠水首受江，北至射陽入湖。」《水經・淮水》：「又東過淮陰縣北，中瀆水出白馬湖，東北注之。」酈《注》：《地理志》所謂「渠水」也。宋祝穆《方輿勝覽》引《元和郡縣志》云：「合瀆渠，在江都縣東二里。昔吴王夫差將伐齊，北霸中國，自廣陵城東南築邗城，下掘深溝，謂之邗江，亦曰邗溝。自江東北通射陽湖，今謂之官河，亦謂之山陽濁。」「濁」卽「瀆」也。山南曰「陽」，邗溝在蜀岡之陽，故曰「山陽瀆」。《説文》：「溝，瀆也。」「瀆，水溝也。」二字互訓。故邗溝亦名「山陽瀆」。又云：「漕河貫城中，卽邗溝也。」《元和郡縣志》，李吉甫作。吉甫，唐憲宗時人。其云「合瀆渠，在縣東二里」者，据唐之江都縣而言。官河卽漕河，云

「貫城中」，必非今之運河矣。

按，邗溝以廣陵邗江得名，而由江達淮皆謂之邗溝。《寰宇記》「山陽縣」下云：「邗溝水，南自安宜縣界流入。」安宜，今寶應縣。「淮陰縣」下云：「濁水，今謂之山陽濁，東南自州郭下，西北流經縣北，流入於淮，即古之邗溝。」謝靈運《西征賦》云：「發津潭而迴邁，逗白馬以憩舲，貫射陽而望邗溝，濟通淮而薄甬城。」時靈運由揚至淮，既至射陽，乃望邗溝，則知邗溝之名不專屬之江都矣。《文苑英華》載《楚州新修伍相神廟記》，其文云：「相與立祠邗溝上。」廟在淮安，而云「邗溝」，尤爲確證。

至山陽瀆，亦以揚州境内之地得名。江都、高郵、寶應皆有山陽河，後人或以山陽瀆專屬之淮安山陽縣者，非也。考漢之山陽郡在兖州；今之淮安山陽，東晉義熙時始立郡縣。《寰宇記》：「山陽縣，本漢射陽縣，地在射水之陽，故曰射陽。晉義熙元年，**當作九年**。省射陽縣，置山陽郡，屬徐州；又立山陽縣以隸焉，以境内有地名山陽，因名郡。」戴延之《西征記》云：「山陽，津名。」《通典》：「吴王濞反，山陽王率衆于此拒之，因名。」閻若璩《潛邱劄記》云：「濞反時，漢無山陽王。」又按，《水經注·淮水篇》：

射陽，「漢高祖六年，封楚左令尹爲侯國，王莽更之曰監淮亭。世祖建武十五年，封子荆爲山陽公，治此。十七年，爲王國」。時淮安未立山陽郡、縣，荆所封不在此地，乃兗州之山陽郡耳。至顯宗永平元年，徙山陽王荆爲廣陵王，遣就國，治廣陵，亦不治射陽也。《水經注》誤。《後漢書》注：「射陽故城，在今楚州安宜縣東。」至晉義熙九年，省安宜之射陽，置山陽郡，又立縣以隸。是晉時山陽郡治在今寶應縣射陽故城，卽謂郡以境内地名山陽得名，亦當在寶應境内。今之山陽縣，初無此津。戴延之第云「山陽」爲津名，初不云山陽郡有此津也。《宋書》：「晉安帝分廣陵立海陵郡，統縣五：建陵、臨江、如皋、寧海、蒲濤。」《晉書》：「安帝分廣陵郡之建陵、臨江、如皋、寧海、蒲濤五縣，置山陽郡。」是安帝初置山陽時，竝不治射陽，亦不以境内地名山陽得名也。惟山陽瀆之水自江都至山陽入淮，故統謂之山陽瀆，亦猶邗溝爲揚州、淮安兩郡之統名也。《寰宇記》以山陽瀆屬之淮陰，而不屬之山陽，則山陽不得專有此名也。後人不知山陽瀆爲統名，俱指爲淮安之山陽，於史事多有窒礙難通者。說詳「隋開山陽瀆」下。今故於「邗溝」條下詳敍山陽瀆卽邗溝，俾後之覽者無致惑焉。

《漢書·地理志》云：「江都有江水祠，渠水首受江，北至射陽入湖。」此春秋時吴國及後漢建安以前，邗溝通淮之故道也。

按，《寰宇記》：「廣陵縣邵伯埭有斗門，在縣東北四十里，臨合瀆渠有小渠，闊六步五尺，東去七里，入艾陵湖。」《水經注》：「中瀆水自廣陵北出武廣湖東，卽武安湖。陸陽湖西，卽淥洋湖。《府志》：「淥洋湖西南接艾陵湖，半屬甘泉。」二湖東西相直五里，水出其間，中瀆水也。下注樊良湖。舊道東北出博芝、射陽二湖，言「舊道」者，以别于建安後由白馬湖之道也。西北出夾耶，乃至山陽矣。」

按，艾陵湖在邵伯東七里，武安湖在高郵州西南三十里，淥洋湖在高郵州南三十里，樊良湖在高郵州北二十里，博芝湖在寶應縣東南九十里，射阳湖在寶應縣東六十里，夾耶未詳所在。或以夾耶卽黄浦溪。按，《淮安府志》：「黄浦溪在涇河閘南十里，爲山陽、寶應交界，舊無溪。明時，高家堰潰決，此地當其衝，屢塞屢決，若有神物憑焉，溪口莫測。」是明中葉，黄浦始有溪，以前未有也，則不得謂夾耶卽黄浦溪矣。然則建安以前，邗溝運道由邵伯入艾陵湖，出高郵武廣、淥洋二湖之間，下注樊良湖。焦氏循以中瀆水出武廣、淥洋二湖之間爲永和改道，誤。說詳《高郵運河》。又由樊良湖東北出，至寶應博支、射陽二湖，西北出夾耶入淮。其時隄岸未〔一〕設，邗溝水由今東岸以東諸湖，不由西也。胡氏渭《禹貢錐指・溝通江淮圖》謂，吳邗溝水道，由邗城北出武廣、陸陽二湖之間，注樊良湖，入博芝、射陽二湖，是也。惟謂「邗溝水又由射陽達白馬湖」，是誤合《漢志》、《水經》而一之。辨見後。

《水經・淮水篇》：淮水「又東，過淮陰縣北，中瀆水出白馬湖，東北注之」。此漢建安後邗溝達淮之故道也。

按，建安以前，運道由射陽湖西北達淮；建安以後，運道由白馬湖東北達淮。《水

〔一〕「未」，同治本誤作「朱」，今據道光本改。

經》與《漢書·地理志》判然不同，一由東，一由西也。

《四庫書提要》云：「《水經》作者，《唐書》題曰『桑欽』。然班固嘗引欽説，與此經文異。道元《注》亦引欽所作《地理志》〔一〕，不曰《水經》。觀其『涪水』條中稱『廣漢』已爲『廣魏』，則決非漢時；『鍾水』條中〔二〕稱『晉寧』仍曰『魏寧』，則未及晉代。推尋文句，大抵三國時人。」據此，則《水經》決非漢人作；《淮水篇》所敍「中瀆水出白馬湖」，決非漢以前之運道。

《水經注》引蔣濟《三州論》曰「三州」卽三洲，言淮水淺也。「淮湖紆遠，邗溝水自樊良湖不能直達射陽，先東北至博支，又由博支西北至射陽，其道紆曲太甚，所謂『淮湖紆遠』也。水陸異路，山陽不通，陳登穿溝，更鑿馬瀨，百里渡湖」，與《水經》合。此據《水經注》舊本。近趙一清本云「陳敏穿溝」，誤矣。陳敏乃晉惠帝太安時人，上距黄初八十

〔一〕「志」，道光本與同治本皆脱漏，今據《四庫全書總目》補。
〔二〕「『鍾水』條中」，道光本與同治本皆脱漏，今據《四庫全書總目》補。

年，在蔣濟之後，《三州論》不當引之，當作「陳登」。劉寶楠《寶應圖經》云「《蔣濟傳》：作《三州論》以諷帝」，「帝」謂魏文帝，其時不得有陳敏，是也。《郡國利病書》云：「馬瀨，白馬湖也。」按，漢建安二年，陳登爲廣陵太守。是時，射陽以南之路不通，所謂「淮湖紆遠，水陸異路，山陽不通」者，指此。陳登時，未立山陽郡縣，足知此所謂「山陽」，卽統指射陽以南之山陽瀆而言。緣東道不通，故陳登更於西别通運道也。其曰「更鑿馬瀨，百里渡湖」者，《説文》：「瀨，水流沙上也。」凡瀕江、瀕湖之地，皆謂之沙。登於白馬湖濱開鑿水道，使白馬、津湖相通，遂由白馬湖達津湖，而入樊良湖也。津湖卽界首湖，過津湖卽入高郵境。自登鑿馬瀨之後，凡由北而南者，入夾耶，貫射陽，西至白馬湖，渡津湖，入樊良。樊良與津湖通，陳登時已然。説詳《高郵運河》。其由南而北者，出樊良湖，西北入津湖，達白馬湖，東貫射陽湖，西北出夾耶。謝靈運《西征賦》其敍由江達淮之道云：「發津潭而迴邁，逗白馬以憩舲，貫射陽而望邗溝，濟通淮而薄甬城。」此「邗溝」卽指淮安之山陽瀆。「濟通淮」，謂由淮陰至盱眙入淮也。甬城卽埇口。李翱《來南錄》云：「甲寅至埇口，丙辰次泗州，見刺史，假舟轉淮，上河如揚州。」「津潭」卽津湖，既至白馬，不能徑達於淮，又必東貫射陽，乃至夾耶。若白馬可直達於淮，靈運既至白馬，不應更東貫射陽矣。足知魏晉以前，白馬不能徑達於淮也。蓋建安以前，由東道者出博芝、射陽，逕達夾耶，不由白馬；建安以後，由西道者出津湖、白馬，又東貫射陽，乃至夾耶。由白馬至樊良，不過百里，蔣濟《論》所謂「百里渡湖」者也。較諸東道，爲徑捷矣。《禹貢錐指・溝通江淮圖》謂邗溝水入博芝、射陽湖，達白馬湖，由不知《水經》與《地理志》所言中瀆水入淮之道迥不相同，致有此誤。

《水經注》：「自永和中，江都水斷，其水上承歐陽埭，引江入埭，六十里至廣陵城。」此邗溝引歐陽埭江水入運之始。即今儀徵運河。《方輿紀要》：「儀徵有歐陽戍，在縣東北十里。」

按，晉穆帝永和以前，邗溝水由江都故城，在唐蜀岡，江都縣西南四十六里。首受江。《水經注》云：「縣城臨江。應劭《地理風俗記》曰：縣爲一都之會，故曰江都也。

縣有江水祠，俗謂之伍相廟也，子胥但配食耳，歲三祭，與五岳同。舊江水道也。」漢魏以前，江水皆由此入邗溝。自永和中，江都水斷，乃引江入埭，至廣陵城。自後，由江達淮，皆由此河。《通鑑》：宋大明三年，竟陵王誕舉兵廣陵，詔沈慶之討之，慶之進至歐陽。齊延興元年，蕭鸞使王廣之襲南兗州刺史南兗州時僑寄廣陵。安陸王子敬，廣之至歐陽，遣部將陳伯之先驅入廣陵。自是，歐陽爲城守要地，故又置歐陽戍焉。

《寰宇記》云：「《晉書》太元十年，太傅謝安鎮廣陵。於城東北二十里築壘，名曰新城；城北二十里築堰，名邵伯埭。蓋安新築，後人追思安德，比于邵伯，因以立名。」此邵伯立埭之始。《太平御覽》引《晉中興書》曰：「謝安築埭於新城北，百姓賴之，故名召伯埭。」

按，《通鑑》：安「出鎮廣陵之步邱，築壘曰新城」，是新城即步邱也。謝靈運之祖元爲太傅兄子，其撰《西征賦》云：「造步邱而長想，欽太傅之遺武。步邱，各本訛作「步兵」，今訂正。思嘉遯之餘風，紹素履之落緒。民志應而願税，國屯難而思撫。」按，安於新城北設埭，埭卽堰也。安築埭以堰水，兼收其入。此《賦》正敍築壘設埭之事。蓋自穆帝永和中，江都水斷，其水上承歐陽埭，引江入埭。地勢南高北下，水易下洩，故安又于步邱之北築埭以蓄水也。《夢溪筆談》謂：「淮南漕渠築埭以蓄水，不知始何時。舊傳召伯埭謝安所爲。」按，李翺《來南錄》：「唐時猶是流水，不應謝公時已作此埭。」案，沈説誤矣。据靈運《賦》知，埭爲謝安所作無疑。習之《來南錄》明言：「邵伯以北逆流，過邵伯水乃平。」是明有埭以蓄水。《御覽》引《述征記》曰：「秦梁埭到召伯埭二十里，召伯埭到三救埭十五里，三救埭到鏡梁埭十五里。」是召伯上下置埭非一處矣。顔眞卿《與蔡明遠帖》云：「竟達命於秦淮之上，又隨我於邗溝之東，追攀不疲，以至邵伯南埭。」梁肅《通愛敬陂水門記》：「過茱萸灣，北至邵伯堰，湯湯渙渙，無隘滯之患。」《宋史·王臻傳》：眞宗時爲淮南轉運副使，時發運使賈宗建議，濬淮南漕渠，廢諸堰。臻言：「揚州召伯堰，實謝安爲之，人思其功，以比召伯，不可廢也。濬渠亦無所益。」召爲三司度支判官，而發運司卒濬渠以通漕。是時，雖濬漕渠，尚未廢召伯堰。《鍾離瑾傳》：「神宗熙寧中，爲江淮制置發運使。殿直王乙者，請自揚州召伯埭東至瓜洲，浚河百二十里，以廢二埭。」邵伯去瓜洲九十里，言「百二十里」，誤。詔瑾規度，以工大不可就，止置牐召伯埭旁，人以爲利。」此廢埭爲牐之始。是年，又浚淮南運河，自召伯至儀徵十四節。王乙本欲廢二埭，謂廢召伯、瓜州二埭，改爲二閘也。以閘功大，僅改召伯埭爲閘，瓜州埭未廢。云「置閘埭旁」，則閘立而埭廢矣。蓋閘能啓閉，與埭不同。既已置閘，必不用埭。焦循《北湖小志》泥于埭旁置閘，謂「雖置閘而埭在」，非也。《明史》：「永樂十四年五月，脩揚州府邵伯鎮上下二牐。」是明初召伯猶有牐也。《甘泉縣續志》：「邵伯上下閘，洪武初建。邵伯小壩、邵伯壩在邵伯下閘口西岸，洪武七年，壩官成景仁建。」正統二年，揚州府奏：「邵伯鎮二閘一壩，各設官吏、人夫，以防高郵湖水泛溢。今湖水既平，往來無虞，乞裁其半。」十一年，巡按御史奏：「揚州邵伯閘壩，舊以築隄恐洩水利而設，今隄已完，其閘、壩亦皆不用，其所設官吏、人夫皆冗濫，乞減省之。」自是，邵伯始廢牐不用矣。

焦氏循《北湖小志》云：「今之召伯鎮，非古之召伯埭。王乙言召埭東濬河百二十里至瓜洲，則當時埭在運河之西，横隔水中，故有剝卸之煩。且今召伯鎮至瓜洲止九十里，乙云一百二十里，則召埭必非召鎮。鎮當新城湖〔二〕之東，而召伯湖在鎮北二十里，湖名召伯，必召埭之所在。竊疑湯家絆横亘東西，實界南北，古之召埭或設於此。」按，焦氏以王乙謂召伯至瓜洲一百二十里，遂謂召埭必非今之召鎮，其説非也。李習之《來南録》云：「壬戌至楚州，丁卯至揚州。」下又云：「自洛州下黄河、汴梁，過淮至淮陰，一千八百有三十里，順流。**由洛入淮皆北高南下，故言順流。**自淮陰至邵伯，三百有五十里，逆流。**由淮陰至邵伯皆南高北下，故言逆流。**自邵伯至江九十里，自潤州至杭州八百里，渠有高下，水皆不流。」謂自邵伯至瓜洲，**渡江至杭州，水皆不流。邵伯至瓜洲亦南高北下，言不流者，有埭以堰水也。**習之，唐人，其《來南録》中皆身所親歷，而言自邵伯至江九十里，與今邵伯至瓜洲之里數適合，不得謂今之召鎮非古之邵埭矣。

〔二〕「湖」，道光本與同治本皆脱漏，今據《北湖小志》補。

《隋書・文帝紀》：開皇七年夏四月，「於揚州開山陽瀆以通運」。《通鑑》：煬帝大業元年，「發淮南民十餘萬，開邗溝，自山陽至揚子入江。胡三省《注》：『揚子，今眞州。』渠廣四十步，渠旁皆築御道，樹以柳」。此邗溝由江都茱萸灣入高郵樊汊，以達於淮之始。

按，晉、宋以及隋開皇前，由淮達江皆由寶應白馬湖、高郵樊良湖，至廣陵入江。陳宣帝太建五年北伐，太建十三年，隋已受周禪，改元開皇。太建五年，下距開皇七年纔十五年。徐敬成爲都督，乘金翅自歐〔一〕陽引埭上派，由廣陵自樊良湖下淮。是開皇以前，尚由廣陵自樊良湖下淮也。開皇七年，於揚州開山陽瀆以通運，則不復由樊良湖矣。《嘉慶揚州志》於「江都茱萸灣」卽灣頭。云：「在城東北二十里。」於「山陽溝」云：「在城東北三十里，一名山洋瀆，又名山陽瀆。隋文帝開皇七年，揚州開山陽瀆以

〔一〕「歐」，道光本與同治本均誤作「毆」，今據《通鑑》改。

通漕，即此。」於「山洋河」云：「在城東北六十里，瀕宜陵鎮，一名山陽河，南接江潮，北至樊汊，達高郵界。」於「高郵山陽河」云：「在州東四十五里，南通樊汊鎮，接江都山陽河界，北至三垛橋子口，入射陽湖。」**按，射陽湖在寶應縣東六十里，高郵山陽河不能徑達射陽湖也。《志》言其略耳。**

《萬曆寶應志》：「射陽北廠、南廠，在縣東三阿鄉，東至三王河，**即三王溝。**西至山陽河。」是寶應亦有山陽河矣。三王溝在縣東六十里，西北通廣洋湖，東北入射陽湖。山陽河在三王河之東，去射陽不甚遠。高郵山陽河，北至三垛橋口，必由寶應之山陽河而後達射陽也。隋文帝於揚州開山陽瀆，蓋由茱萸灣至宜陵鎮，達樊汊，入高郵、寶應山陽河，以達於射陽。先是，邗溝運道由灣頭至邵伯，故必由高郵之樊良湖。隋文開山陽瀆，由灣頭至宜陵、樊汊，則不復由召伯、樊良矣。自陳太建五年，以至開皇七年，爲時甚近，其由樊良達白馬之道，未應遽塞，而隋文帝必開宜陵之山陽河者，隋未平陳以前，與陳畫江而守。開皇元年，文帝陰有并江南之志，以賀若弼爲吴州總管，**吴州總管治廣陵。**委以平陳之事。弼獻取陳十策，史稱「弼以老馬多買陳船而匿之，買弊船五六十艘，置于瀆內。陳人覘之，以爲中國無船」，卽秘策之一。其開宜陵之山陽河，由裏河以達射陽，不復由從前之運道，亦恐陳人覘之也。

然宜陵之山陽河，亦不自隋始。《寰宇記》云：「廣陵茱萸溝，卽茱萸灣。在縣東北一十里。」《府志》云：「在城東北二十里。」《寰宇記》云「十里」，据廣陵舊縣而言。西從合瀆渠，東過茱萸埭七十里，卽宜陵之山陽河。《府志》云：「在城東北六十里。」至岱石湖入西四里，對張綱溝，入海陵縣界。阮昇之記云：『吳王濞開此溝通運，至海陵倉。』」是宜陵之山陽河，吳王濞時已開通，專以運鹽，非南北通行之路。隋文帝始由此道入樊汊，以通往來。煬帝又開廣之。胡三省於《通鑑》「開皇開山陽瀆」注云：「春秋吳城邗，溝通江、淮，山陽瀆通于廣陵尚矣，隋特開而深廣之耳。」於「大業開邗溝」注云：「春秋吳城邗，溝通江、淮，此亦因故道也。」《寰宇記》：「淮陰縣山陽瀆，卽古之邗溝，舊水道屈曲，多設梁埭。隋文帝重加脩掘，通利焉。」是皆謂隋所開之山陽瀆爲吳邗溝之故道。然自隋以前，皆由灣頭徑至召伯，不由宜陵、樊汊，則不得謂隋所開之道與舊道無殊也。惟所開之渠易淤，開皇七年既開茱萸灣矣，仁壽四年復開此以通漕，《方輿紀要》引《元和郡縣志》。則是旋開旋淤也。《江都縣續志》引費錫璜《山陽河記》云：「宜陵直北有河達于淮陰之山陽，隋皇甫議所開也。河干有渦潮廟，海潮至此每反流，故名渦潮也。」《隋書》謂「於揚州開山陽瀆」，則山陽瀆在揚州可知。《通鑑》謂「開邗溝，自山陽至揚子」，則自山陽以至揚子，皆謂之邗溝可知。蓋運道雖有改易，而其首受邗溝之水則同。邗溝之名，其來既久。即山陽瀆之名，亦不起於隋代。

《通鑑》：黄初六年，「帝以舟師自譙循渦入淮。尚書蔣濟表言水道難通。濟作《三州論》以諷帝，即在此時。帝不從。冬十月，如廣陵故城，臨江觀兵」，「吳人嚴兵固守。時天寒，冰，舟不得入江。帝見波濤洶湧，歎曰：『嗟乎！固天所以限南北也。』遂歸。孫韶遣將高壽等帥敢死之士五百人，於徑路夜要帝。帝大驚。壽等獲副車、羽蓋以還。於是戰船數千，皆滯不得行。議者欲就留兵屯田。蔣濟以爲東近湖，北臨淮，若水盛時，賊易爲寇，不可安屯」，「車駕即發，還到精湖，水稍盡，盡留船付濟，船連延在數百里中。濟更鑿地作四五道，蹴船令聚，豫作土豚，胡《注》：「《目錄》作『土牖』，《廣韻》作『土埏』」。《注》云：「以草裹土築城及鎮水也。」遏斷湖水，皆引後船，一時開遏，入淮中，乃得還」。七年春，「帝還洛陽，謂蔣濟曰：『事不可不曉。吾前決謂分半燒船於山陽湖中，《蔣濟傳》作「山陽池」。卿於後致之，略與吾俱至譙。』」按，「山陽池」即山陽瀆也。「精湖」即津湖，在寶應縣南六十里，《方輿紀要》：「津湖在寶應縣南六十里，即精湖，魏文帝滯船處。」一名界首湖，接高郵界。魏文帝自廣陵還至精湖，滯不得行。是由南而北，非由北而南也。云「水稍盡，盡留船付濟」者，謂車駕先發，船盡付濟。云「吾前決謂分半燒船於山陽湖中」者，此既到洛陽之後，追敘精湖未發以前，謂水淺難行，恐舟不能盡還，留船恐資敵用，故欲分半燒船於山陽湖中也。此山陽湖總在津湖以南，高郵、邵伯一路。其時，山陽郡、縣未立，不得謂山陽湖在今之山陽縣也。精湖在寶應縣南六十里，若山陽湖在今之山陽縣，《通鑑》明言「還到津湖，水稍盡」，既渡津湖，又何必燒船於山陽湖耶？

胡三省《注》謂「精湖在山陽，即今楚州山陽縣」，非也。按，楚州有山陽浦、山陽口。《水經注》言：「中瀆水逕山陽城西，即射陽故城。」下文又云：「又東，過山陽浦；又東，過山陽口。」《淮安府志》：「柳浦灣即古山陽灣，一名山陽渡，一名山陽津，勢最湍急。府東北四十里。」此地去淮甚近，若魏船已到山陽浦，更不必燒船矣。且精湖在寶應，山陽縣又無精湖。胡氏望文生訓，未足據也。

顧炎武《郡國利病書》卷二十六：「魏與吳戰，不克而還。帝到精湖，卽山陽湖也，又名精湖，又名津湖。」又云：「山陽縣津湖卽西湖，在西城。」是又以精湖卽山陽湖。閻若璩亦同其説，則又沿胡注之誤而又甚焉者也。劉寶楠《寶應圖經》云：「《潛邱劄記》謂山陽池卽精湖。按，《蔣濟傳》上言『精湖』，下言『山陽池』，異地殊名，大書區別。《通鑑》改『池』爲『湖』，池、湖一也。船半在精湖，半在山陽池，故魏文欲分半燒船。濟蹴船令聚，若是一地，何言分半？何言蹴聚？《水經注》：『永和中，陳敏穿樊良湖北口，下注精湖。』《方輿紀要》：『樊良湖在高郵州西北五十里，津湖在寶應縣南六十里。』若津湖遠在山陽，去樊良湖百數十里，何由注之？《郡國利病書》卷二十六：『帝與吳戰，不克而還。帝到精湖，卽山陽湖也。』又云：『自白馬湖而北，穿河行舟，至淮城之西南，泛津湖，抵板閘。』卷二十八：『寶應縣津湖，縣治南六十里，《魏書》作津湖，文帝伐吳滯舟處。』顧氏雜錄方志以成斯書，精駁互見，卽一津湖，一在山陽，一在寶應，迄無定説。且其言云：『自白馬湖而北，至淮城之西南，泛津湖。』案，《水經注》：『穿樊良湖北口，下注津湖。』津湖與樊良湖相連，則近在白馬湖南。而顧氏謂遠在白馬湖北，直以山陽城西之管家湖當之，其誤不可勝言。」《通鑑》上文云「還至津湖」，下文云「欲分半燒船於山陽湖中」，則津湖與山陽湖判然不同。

顧氏又謂：「自白馬湖而北，穿河行舟，至淮城之西南，泛津湖，至板閘。」按，陳登鑿白馬湖之後，由南至北之路，既至白馬，必貫射陽，不能徑達今之山陽縣也。且平江伯未開新河之前，運道皆繞淮城以東，不經淮城以西。《淮安府志》：「山陽縣北五里之北神堰，卽古末口。故時漕運皆由此入，今由淮安城西，而城東入淮之故道廢。明陳瑄開管家湖，新河與清河口相直，卽今日由城西入淮之道也。」何論漢魏以前之水道與今迥不相同耶？且地志各書，亦無以淮安之西湖爲津湖者，顧氏誤以山陽湖在今之山陽，遂至一誤再誤耳。山陽郡、縣，義熙始立。建安二年，陳登爲廣陵太守；五年，登移治射陽，其時以山陽不通，鑿白馬瀨，此山陽指射陽湖以南。魏文帝還至津湖，水淺不得渡，欲焚舟於山陽池中，此山陽指津湖以南。建安二年下距義熙九年，凡二百十五年，而已有山陽之名，則建安、黄初之山陽斷不在今之山陽縣可知。

蓋「邗溝」與「山陽瀆」俱爲大名，自廣陵至淮皆得稱之，其來已久。建安、黄初已有山陽之號，亦不以隋文開山陽瀆，而邗溝始亦號山陽也。程大昌云：「邗溝南起江而北通射陽湖，以抵末口入淮者，吳故渠也。隋開皇七年，開山陽瀆以通漕運，比射陽末口則爲西矣。」按，末口，即北神堰。至明平江伯改新河，而北神堰始廢。程氏謂隋開山陽瀆比末口則爲西，其説殊無據。閻氏若璩《四書釋地》云：「《左傳》『吳城邗，溝通江、淮』，杜注明謂于邗江築城穿溝，東北通射陽湖，西北至末口入淮，乃引江達淮，與孟子『排淮入江』者不合。直至隋文帝開山陽瀆，煬帝開邗溝，皆自山陽至揚子入江，水流與前相反。蓋孟子後九百餘歲，其言始驗。」按，隋開山陽瀆、邗溝，亦不過開使深廣，非〔一〕謂淮水可以入江。《淮安府志》云：宋向子諲言「運河高江、淮數丈」，則知明以前不獨江不能直達淮，淮亦不能直達江也。中間數百里，藉以濟運者，在揚乃太子港、勾

〔一〕「非」，同治本誤作「廣」，今據道光本改。

城湖、愛敬陂、七里港、高郵湖之水，在淮乃射陽湖、白馬湖、射陽、白馬二湖，《淮安府志》以爲在山陽、寶應二縣界。管家湖諸水。故歷代皆有堰、牐蓄水。堰、牐廢則走水乾涸。至黄奪淮後，湖身淤墊，淮始高而運河卑，淮乃入江。昔人多謂隋大業開邗溝通入江，其實不然，是已知閻説之謬矣。

《舊唐書・齊澣傳》：「開元二十五年，遷潤州刺史，充江南東道採訪處置使。潤州北界隔吴，吴指揚州，後周改南兖州爲吴州，隋改吴州爲揚州。《全唐文》載澣請開伊婁河原奏云：「潤州北界，隔江爲限。」江至瓜步沙尾，紆匯六十里，船繞瓜步，多爲風濤之所漂損。澣乃移其漕路于京口塘下，直渡江二十里，又開伊婁河二十五里，即達揚子縣。《新唐書》無「縣」字。自是免漂損之災，歲減腳錢數十萬。又立伊婁埭，官收其課，迄今〔一〕利濟焉。」此邗溝運道由瓜洲入運之始。

〔一〕「今」，道光本與同治本皆脱漏，今據《舊唐書》補。

按，《方輿紀要》：「江都伊婁河在府南二十里。揚子鎮、揚子橋在府南二十里。揚子江在府南四十里，由六合縣經儀徵縣至瓜洲鎮。揚子廢縣在儀徵縣東南十五里。」《嘉慶新志》：「江都揚子鎮卽古揚子津，舊以爲卽古揚子縣，非也。《江都續志》説同。宋、元以橋名，今以鎮名，《元豐九域志》：「江都有揚子、板橋、大儀、灣頭、邵伯、宜陵、瓜洲七鎮。」則揚子以鎮名久矣。在府南十五里。」又云：「揚子津，在府城南十五里，卽揚子橋，一名揚子渡，又名揚子鎮。」又《古蹟》「儀徵揚子廢縣」引《輿地紀勝》云：「在縣南十五里善應鄉。」是皆以古揚子縣去儀徵近，去江都遠。按，唐高宗永淳元年始置揚子縣，南唐改揚子爲永貞，仍唐舊治。《太平寰宇記》云：「建安軍，本揚州白沙鎮地，僞吳改爲迎鑾鎮，是揚州大江入京口之岸。建隆三年，升爲建安軍。雍熙三年，仍割揚州之永貞縣以屬焉。」又云：「永貞縣，在建安軍西北五十五里，本漢江都縣地，舊揚子鎮城，唐高宗廢鎮置縣，因鎮爲名，廣陵監、丹陽監竝置在縣郭。每歲鹽鐵使鑄錢一萬一千餘貫。李昪僞命，改爲永貞縣。」《元豐九域志》云：「雍熙二年，以揚州永貞縣隸建安軍。後改永貞縣爲揚子。」又云：「大中祥符六年，建安軍升爲眞州，治揚子縣。」**是時揚子縣始附眞州郭。**《儀徵縣志・宋眞州圖》揚子與眞州同治是也。**宋之眞州卽今之儀徵縣治。**《元史》：「至元二十八年，移揚子縣治新城。」《方輿紀要》以「揚子廢縣在儀徵縣東南十五里」，蓋指元時所立之縣。然新城在縣東十里，而云「在縣東南十五里」，非也。《輿地紀勝》謂「在縣南十五里善應鄉」，尤誤。**善應鄉在江都縣。**

唐之揚子縣治，自當從《寰宇記》。樂史，太宗時人，去南唐未遠，所言當得其實。其時，建安軍尚未升眞州，永貞縣亦未改爲揚子，其永貞縣治仍唐揚子舊治也。樂史謂永貞縣「在建安軍西北五十五里」，「西」字誤，當云「東北」。何以知其然也？《寰宇記》「永貞縣」下云「銅山、小銅山，竝在縣西北八十里」，是永貞縣在銅山東南。按，《江南通志》云：「大銅山、小銅山，在儀徵縣西北二十五里。」《嘉慶新志》及《儀徵舊志》竝云：「大銅山在縣西北二十五里，小銅山在大銅山東，與相連接。」是大、小銅山在今儀徵縣治西北二十五里。**今縣治卽宋眞州治。**若永貞縣在眞州西北五十五里，而銅山又在永貞縣西北八十里，則銅山宜在今縣治西北一百三十五里。夫水或有時變遷，山則無時改易。今之銅山，實在縣治西北二十五里。而《寰宇記》云銅山在永貞縣「西北八十里」，則永貞縣必在銅山之東南。以銅山之所在定永貞之所在，則永貞當在眞州東北，不當在眞州西北。況宋江都縣有永貞鄉，明江都縣有新永貞沙、舊永貞沙，**俱見《府志》**。足知南唐之永貞在今江都境也。今之儀徵縣治在府城西七十里，唐之揚子縣治在今縣治東北五十五里，則去今之揚子橋不遠。《儀徵舊志》云：唐析揚子鎮爲縣，距潤州不三二十里，固今新城以東、瓜渚以西境也，遠莫可覈。然今之揚子橋尚去府甚近，可以求其故矣。《唐書·齊澣傳》「開伊婁河二十五里，卽達揚子縣」，足以明唐之揚子縣境去今府城不遠也。

然伊婁河未開之先，揚子橋以南，實不通舟楫。唐武德二年，詔以隋右衛將軍、江都太守陳稜〔一〕爲揚州總管。**大業元年，置江都郡。**八月，李子通攻稜，圍急。稜送質求救於沈法興、杜伏威。伏威自將屯清流，法興遣其子綸將兵屯揚子，以救稜，相去數十里。子通納言毛文深獻策，募江南人詐爲綸兵，夜襲伏威營。伏威怒，遣兵襲綸。由是兩軍相疑，莫敢先進。子通得盡鋭攻江都，克之。《方輿紀要》以此事載於「江都楊子橋」下，

〔一〕「稜」，道光本作「稜」，同治本誤作「棱」，今據《通鑑》及下文改。

而云「清流縣蓋在府城西南」，是未知清流的在何所也。胡三省《通鑑注》云：「清流，今滁州縣治清流縣。」《太平寰宇記》：「滁州，今理清流縣。梁大同三年，立爲南譙州；隋開皇九年，改南譙州爲滁州。煬帝初，州廢，其地併入江都，爲清流縣，因清流水爲名。清流水，南自全椒縣界流入。」伏威所屯之清流，其爲滁州無疑。《唐書》言杜伏威屯清流，沈綸屯揚子，「相去數十里」，則揚子去滁州不遠。《元豐九域志》云：「眞州西至本州界一百二十里，自界首至滁州八十里。」《儀徵縣志》有「滁河口，在縣南三里」，是揚子去滁河不遠也。《方輿紀要》以沈綸所屯之揚子爲今之揚子橋，因竝以清流在府城西南，誤矣。《寰宇記》又云：「滁河在清流縣東三里，自廬州愼縣來，東南流入六合，至瓜步入大江。」蓋清流、六合、揚子三縣接壤，故揚子去清流不過數十里，決非今之揚子橋。可知唐高宗未立縣之先，史所稱「揚子」者，皆揚子津也。

揚子津卽揚子江津，以濟渡處言。《方輿紀要》引《舊圖經》云：「揚子江自黄天蕩西牛步沙，與建康爲界，繇瓜步下小帆山，經儀徵境内，東下至鐵丁港、鵝翎巀，與鎭江分界。東北趨江都，逕通州入海，所謂揚子江也。」《江南通志》「江寗府大江」條下引

《金陵志》云：「府城在大江東南，自府西南一百十里之慈姥山，至府東北之下蜀岡，凡二百餘里，一名揚子江。」又「鎮江府大江」條下云：「在府治西北六里，即揚子江也。」「揚州府大江」條下云：「在府南四十里，西南由六合縣小帆山入儀徵境，過江都，東至泰興，西界江寧，南界鎮江，即揚子江也。」是大江北岸六合、儀徵等處，南岸京口等處皆名「揚子江」，惟儀徵渡江之處名「揚子津」。隋開皇十年，陳之故境皆反，命楊素討之。素帥舟師自揚子津入，擊破賊帥朱莫問於京口。胡三省《通鑑注》：「揚子津，在今眞州揚子縣南。」大業七年，帝升釣臺，臨揚子津。十月，餘杭賊劉元進攻延陵。帝遣吐萬緒、魚俱羅率兵討之。至揚子津，元進自茅浦将渡江，緒等擊走之，因濟江背水爲柵。此非古之延陵也。晉太康二年，分曲阿之延陵鄉置延陵縣，隋移治丹徒。武德六年，輔公祏反。七年，河南安撫大使任瓌拔揚子城，蓋立城砦以守，非縣城也。廣陵城主龍龕降。此皆在高宗未析置揚子縣以前，凡言「揚子津」者，皆儀徵渡江處也。蓋自晉永和中，江都水斷，其水上承歐陽，引江入埭。凡至廣陵者，皆由瓜步渡江趨建康，由揚子津渡江趨京口。宋文帝元嘉二十七年，魏主燾南伐，帝遣人逆燒廣陵城府船乘，使廣陵太守劉懷之率人民渡江。燾至瓜步，壞民屋宇，及伐蒹葦于滁口，造箄筏，聲欲渡江，内外戒嚴。燾掠民戶、燒邑屋而去。帝使沈慶之自彭城徙流民數千，家於瓜步。明帝泰始二年，薛安都據彭城，應晉安王子勛。安都從子索兒自建康攜安都諸子及家累，席卷北奔，安都遣數百人至瓜步迎接。此皆由瓜步趨建康者。若楊素自揚子津擊破賊帥朱莫問於京口，吐萬緒自揚子津討劉元進於延陵，皆由揚子趨京口者，是伊婁河未開以前，凡渡江者皆由六合之瓜步、儀徵之揚子津也。

《方輿紀要》謂：「往時，京口與揚子橋對岸。」按，唐梁肅《通愛敬陂水門記》云：「當開元以前，京江岸於揚子，海潮内於邗溝。」所謂「揚子」者，亦指「揚子津」而言，非謂今之揚子橋也。與京口對岸非止一處。宋武帝永初三年，檀道濟爲南兗州刺史，鎮廣陵，土甚平曠，刺史每以秋月多出海陵觀濤，與京口對岸，江之壯闊處也。是海陵亦與京口對岸，非僅瓜洲與京口對岸也。若開元以前，揚子橋與京口對岸，徑從揚〔一〕

〔一〕「揚」，道光本與同治本皆誤作「楊」，今據上下文改。

子橋渡江可也，何必繞六合之瓜步耶？蓋開元以前，凡渡江者，皆由瓜步及揚子，不由瓜洲，卽閒有由瓜洲者，亦由陸道至瓜洲，始行渡江。劉長卿，開元時人，有《瓜州道中送李端公南渡後歸揚州道中》詩：「片帆何處去，匹馬獨歸遲。」是知齊澣未開伊婁河之先，瓜洲不通舟楫也。開元以後，始有由瓜洲伊婁河者。

《唐書》肅宗至德元載：以高適爲廣陵大都督府長史。時永王璘鎮江陵，將謀窺江左，引兵東下，遣其將季廣琛襲李成式於廣陵。璘至當塗，成式遣李承慶拒之。時李銑在廣陵城中，麾下有騎一百八十，遂率所領屯于揚子。成式使裴茂以廣陵步卒三千，同拒於瓜步洲伊婁埭。會李承慶迎降于璘，璘又殺丹徒太守閻敬之以徇。江左大震。裴茂至瓜步洲，廣張旗幟，列於江津。璘登潤州城望之，始有懼色。

按，李銑屯于揚子，防其由儀徵渡江也。**胡三省《通鑑注》：以銑屯兵之揚子卽宋眞州治所，亦非。**裴茂屯於伊婁埭，防其由瓜洲渡江也。揚子與伊婁必非一處。上文言「成式使裴茂以廣陵步卒」、「同拒於瓜步洲伊婁埭」，下文言「裴茂至瓜步洲」，不復言伊婁埭，則伊婁埭卽在瓜步洲。**六合有瓜步山，在六合縣東南二十里。儀徵有瓜步**

渡，在儀徵縣西南四十里，與六合接界。史單言「瓜步」者，皆瓜步山，卽瓜步渡也。此言「瓜步洲」，卽今之瓜州。《方輿紀要》：「瓜洲城在府城南四十里，或謂之瓜埠洲，亦曰瓜洲步。唐開元十四年，潤州大風從東北，海濤奔上，沒瓜步洲，損居人，卽此瓜洲也。」齊澣開伊婁河二十五里，以達揚子，而所設之埭，必在瓜洲入口處。埭以堰水，防河水之洩江。置埭當與江近。宋王令《左班殿直袁康墓誌銘》云：「君諱康，家世懷寧。仕於淮南發運司，積十五年，而得三班借職。監瓜州堰，遷三班殿直，遂占籍爲揚子人，家伊婁河上。」此伊婁埭在瓜洲之明證也。《方輿紀要》以伊婁埭亦在揚子橋，誤矣。李白《題〔一〕瓜洲新河餞族叔舍人賁》詩云：「齊公鑿新河，萬古流不絕。豐功利生人，天地同朽滅。兩橋對雙閣，芳樹有行列。愛此如甘棠，誰云敢攀折？吳關倚此固，天險自茲設。海水落斗門，潮平見沙汭。」是瓜洲新河有兩橋、雙閣，又有斗門。斗門在埭旁，以通江潮，埭必不在揚子橋也。李銑屯揚子，裴茂屯伊婁埭。若銑所屯者爲揚子橋，則

〔一〕「題」，道光本與同治皆脱漏，今據《全唐詩》補。

伊婁埭既已屯兵，揚子橋無所用其防守。故知銑所屯兵之揚子爲儀徵之揚子津也。

又案，肅宗上元元年，劉展叛，引兵入揚子。李峘開北固爲兵場，插木以塞江口。展軍於白沙，《方輿紀要》：「白沙鎮，在儀徵縣南，濱江，即白沙洲也，舊爲戍守要地。南齊建武初，魏人入寇，詔于白沙分置一軍，長蘆分置三軍。」設疑兵於瓜洲，多張火鼓，若將趨北固者。峘悉鋭兵守京口以待之，展乃自上流濟，襲下蜀。胡三省《通鑑注》：「此由白沙濟江也。」《江南通志》：「下蜀渡，句容縣北七十里。」峘軍聞之，皆潰。旬日間，陷潤、昇、宣、蘇等州。詔田神功擊展，展獨與一騎亾，渡江。神功先遣范知新等自白沙濟，西趨下蜀；鄧景山自海陵濟，東趨常州；神功與邢延恩軍於瓜洲。壬子濟江，展陳於蒜山。神功以舟載兵趨金山，會大風，五舟飄抵金山下，展屠其二舟，沈其三舟。神功不得渡，還軍瓜洲。而范知新等兵已至下蜀，展擊之不勝，賈隱林斬之，餘黨皆降。是亦分兩路進兵，一由瓜洲，一由白沙也。宋高宗建炎三年，帝在揚州，内侍報金兵至，帝被甲馳至瓜洲，渡江至鎮江。是日，金兵過揚子橋，遊騎至瓜洲。「揚子橋」之名，始見於此。以前史所稱「揚子」，皆非揚子橋也。

齊澣開伊婁河時，爲潤州刺史。故伊婁埭雖設於揚州，而榷稅之事則仍屬潤州。《唐書·張延賞傳》：「大歷三年爲淮南節度，瓜步舟艫所湊，而遙繫潤州。此瓜步即指瓜步洲之伊婁埭言。延賞請度屬揚州，由是行者無壅滯。」至是之後，伊婁埭始改隸揚州。方澣之開伊婁河，爲浙東西諸郡漕運計也。先是，浙東西漕船由鎮江運河出口，不能徑達揚州，先逆流西上，迂繞瓜步，始得達。澣開伊婁河，二十五里卽達揚子縣，此謂揚子縣境，非謂揚子縣治也。永淳元年，分江都縣置揚子縣，自揚子橋以西皆隸揚子縣矣。其餘上江諸郡漕船仍由儀徵進口。唐陳鴻《廬州同食館記》：「先時，郡米數萬石輸揚州，軸轤相繼，出巢湖，入大江，歲爲風波沈溺者半。迺于湖東北岸橐臯里，作廥廩三十九間，州東二邑人米輸於此，由申港出新婦江，至白沙。」是上江漕船入儀徵運河，不入瓜洲。後代蘇、松、常、鎮、嘉、湖等郡漕船入瓜洲口，江、廣漕船入儀徵口，此其權輿矣。

又按，隋開山陽瀆，由宜陵、高郵、寶應之山陽河，不由邵伯；唐則仍由邵伯。顔眞卿《與蔡明遠帖》云：「追攀不疲，以至邵伯南埭。」李翺《來南錄》有「自邵伯至江」之語。劉長卿有《赴楚州次白田阻淺》詩，白田在寶應縣南十里，其北有清水湖。則唐之運道仍由邵伯、高郵、寶應湖，與隋未改道以前同。

《新唐書・地理志》云：「江都有愛敬陂水門。貞元四年，節度使杜亞，自江都西循蜀岡之右，引陂趨城隅，以通漕，溉夾陂田。」又《杜亞傳》：「興元初，拜淮南節度使，至則治漕渠，引湖陂，築防庸，入之渠，以通大舟，夾隄高卬，田因得溉灌。」此邗溝運河借塘水濟運之始。

按，《新唐書・李襲譽傳》：「擢累大都督長史。揚州，江、吳大都會，俗喜商賈，不事農。襲譽乃引雷陂水，又築勾城塘，溉田八百餘頃，百姓獲其利。」又《新唐書・地理志》：「江都東十一里有雷塘。貞觀十八年，長史李襲譽引渠，又築勾城塘，以溉田八百頃。」是時，江南之漕無多，襲譽所引之渠與所築之塘，專以溉田，非以濟運。《新唐書・食貨志》：「唐都長安，而關中號稱沃野。然其土地狹，不足以給京師、備水旱，故常轉漕東南之粟。高祖、太宗之時，用物有節而易贍，水陸漕運，歲不過二十萬石，故漕事〔一〕減。自高宗以後，歲益增多，而功利繁興，民亦罹其弊矣。」開元十八年，裴耀卿條上便宜曰：「江南戶口多而無征防之役，然送租庸調物，以歲二月上道，至揚州入斗門，卽逢水淺，已有阻礙，須留一月已上。至四月以後，始度淮入汴，多屬汴河乾淺。請于河口置倉，使江南之舟不入黃河，黃河之舟不入洛口。」耀卿言「二月上道，至揚州入斗門，卽逢水淺」，是開元時揚州運河已苦水淺也。

《食貨志》又云：「肅宗末年，史朝義兵分出宋州，淮運于是阻絕，江淮粟帛由襄、漢越商於以輸京師。代宗廣德二年，以劉晏領東都、河南、淮西、江南東西轉運租庸鹽鐵使，凡漕事亦皆決于晏。晏卽鹽利僱傭分吏〔二〕督之，隨江、汴、河、渭所宜。故時，轉運船由潤州陸運至揚子，斗米費錢十九，晏命囊米而載以舟，減錢十五。由揚州距河陰斗

〔一〕「事」，道光本與同治本皆作「米」，今據《新唐書》改。
〔二〕「吏」，道光本與同治本皆作「夫」，今據《新唐書》改。

米費錢百二十，晏爲歇艎支江船，每船受千斛，十船爲綱，每綱三百人，篙工五十人，自揚州遣將部送河陰。江船不入汴，汴船不入河，河船不入渭。江南之運積揚州，此揚州有轉般倉之始。宋因之。汴河之運積河陰，河船之運積渭口，渭船之運入太倉。歲轉粟百一十萬石，無升斗溺者。」是代宗廣德時，揚州運河水淺，已立轉般之法。

《舊唐書·杜亞傳》：「貞元四年，揚州官河填淤，漕輓湮塞。又僑寄衣冠及工商等，多侵衢造宅，行旅擁滯。亞乃開拓疏通，公私悦賴。」《新唐書·食貨志》云：「杜亞濬渠蜀岡，疏勾城湖、卽勾城塘。愛敬陂，起隄貫城，以通大舟。」權德輿《杜亞神道碑銘》云：「乃釃二浸於蜀岡之西。」「二浸」卽勾城湖、愛敬陂也。梁肅爲杜亞作《通愛敬陂水門記》云：「歲在戊辰，戊辰爲貞元四年。揚州牧杜公命新作西門，所以通水庸、致人利也。」又云：「驗圖考地，謀新革故，相川原，度水勢。自江都而西，循蜀岡之右，得其浸曰『勾城湖』，又得其浸曰『愛敬陂』，方圓百里，支輔四集，盈而不流，決而可注。圖以上聞。乃召工徒修利舊防，節以斗門，釃爲長源，直截城隅，以灌河渠。水無羨溢，道不迴遠。」《舊傳》言「僑寄衣冠及工商等，多侵衢造宅」，此指蜀岡下江都城内漕河而言。**唐江都縣治在雷塘西十一里。**兩岸爲民居所佔，故河益填淤。《食貨志》言「濬渠蜀岡」者，亦指城内漕河而言，云「疏勾城湖、愛敬陂，起隄貫城，以通大舟」，梁肅《記》言「新作西門」，引二渠「直截城隅」，是由陳登、勾城二塘起隄數十里，貫江都西門，城内漕河，與今運河形勢迴别。

《嘉慶新志》：「陳公塘在儀徵縣東北三十里。勾城塘在儀徵縣東北四十里，與甘泉接界，其水南流至烏塔溝入運。雷塘在城西北十五里，上塘長廣共六里餘，下塘長廣共七里餘。小新塘接連上雷塘，東西闊一百丈，南北長一百七十丈，其水注上雷塘，轉入下雷塘，由槐子河東流入官河，長廣共二里餘。」《江都志》云：「上雷、下雷、小新、勾城四塘，皆隸江都，**時未分設甘泉**。惟陳公塘隸儀徵縣。」按，《唐書・食貨志》云「疏勾城湖、愛敬陂」，權德輿〔一〕《杜亞神道碑》云「灑二浸於蜀岡之西」，是以勾城湖、愛敬陂爲二處，愛敬陂卽陳公塘。《儀徵舊志》於「陳公塘」下引《元和郡縣志》云：「百姓受塘

〔一〕「權德輿」，道光本與同治本皆作「梁肅」，今據上文改。

利，更塘爲陂，名其陂曰愛敬陂。」是以愛敬陂專指爲陳公塘。其實五塘皆陳登所築，五塘皆名爲「愛敬陂」。杜亞引勾城、陳公二塘，而梁肅作《記》，統名爲「通愛敬陂水門」，是勾城塘亦得名「愛敬陂」也。《太平寰宇記》云：「江都縣愛敬陂在縣西十五里。**此據唐江都舊治言。**漢陳登爲廣陵太守，初開此，百姓愛而敬之，因以爲名，亦號陳登塘。」是亦不專指去儀徵三十里之陳公塘也。汪氏中《廣陵通典》云：「登於城西，濬上雷、下雷、小新、勾城、陳公五塘，四境沾溉，歲用豐稔，民呼爲愛敬陂。」是也。

揚州五塘，陳公塘最大，勾城塘次之。《儀徵舊志》云：「陳公塘周紆九十餘里。勾城塘東西闊三百五十丈，南北長一千一百六十餘丈。」是此一塘最大，故可藉以濟運。宋孝宗淳熙九年，錢冲之修陳公塘，奏曰：「大中祥符間，江淮發運置司眞州，歲藉此塘灌注長河，流通漕運。其塘四周百里，東、西、北倚山爲岸，其南帶東則係前人築壘成隄，以受啓閉。廢壞歲久，見有古來基址，可以修築。」楚州參軍李孟傳爲之記曰：「眞州揚子縣有塘曰陳公，漢建安中廣陵太守陳登之所鑿，周廣九十餘里，西、南所至全隸揚子，惟東、北接揚之江都者，僅十之二。倚山爲形，獨一面爲隄，以受啓閉，凡八百九十餘丈。岡勢峻昂，環汊三十有六，畢滙于此，故停漫涵蓄，爲利不貲。異時，公私取給，纔下其尺寸，則已贍足。」

明盛儀《五塘定議》曰：「宋靖康時，詔淮南運使陳遘引勾城、陳公两塘達于河渠。元人海運，疏于漕河，然至元十八年猶造閘于上雷塘者，蓋漕河非塘水，則南北不通故也。洪武八年，開平王北征，**按，開平王卒於洪武二年，句疑誤。**軍需器械船至灣頭，河淺不能前進。奏開四塘，下水三尺五寸，官河增水二尺六寸，一時得濟。十四年，旱，解京御鹽船至灣頭淺擱，開塘放水，船始得行。是時，塘務爲兩淮運司專管。永樂二年，平江伯陳瑄總理漕河，全資塘水濟運。十五年，欽取皇木，時值淺阻，亦開塘下水以濟之。時設立塘長、塘夫，常用看守，塘内積水常八九尺，非遇至旱運河淺澀，不敢擅放。宣德十年，奏改五塘屬府專修。不意是後有倚勢占塘者，將塘閘之石毁拆移徙，以致時水暴至，不能節制，徑入高、寶、山陽諸湖，溢决隄岸，東方之州縣盡沒，而灣頭以南河道淺涸，運舟阻滯，濬亦不通矣。」潘季馴云：「某初至時，亦嘗鋭意求復，反覆行勘。查得勾城、陳公二塘，地形高阜，水俱無源，惟藉雨積。小新，上、下雷三塘，受觀音閣後及上方寺後竝本地高田所下之水，而局面窄小，蓄水無多，故漢、唐二臣築塘積水，以爲溉田之計，非以資運也。今若慮漕渠淺涸，借此水以濟之，則不宜築塘以障其流。縱有閘座，宣洩無幾。且冬春運河水淺，彼先涸矣。若慮河水漲漫，借此塘以障，則諸水皆從揚、儀徑奔出江，與諸湖了不干涉也。」張寧議云：「勺城一塘，膏壤凡九千六百畝。四圍皆山，起高可二里許，止東南一蹊可通烏塔溝入官河，且中又無宿水可蓄，不過候時雨暴集耳。夫雨多則田已先潤，何藉于塘？雨缺，塘亦焦釜，民田何賴焉？即如說者，有可蓄，亦不過灌烏塔兩岸耳，其餘固不能以長綆汲而上也。以溝岸之田灌溉無幾，而先沒九千六百之膏腴，孰爲勝算乎？上雷、下雷大抵若此，惟有小新一塘，差可蓄水。蓋此塘僅二百畝，身處其高，有漊邏墩之水，汩汩不絕，穿中而過。倘設一減水閘，少蓄多洩，可以灌數千畝餘，故不敢槩論。」此皆言五塘之不能復者也。

嘉靖中，鄭曉有《議變塘田湊築瓜城疏》。先是仇鸞佔塘爲田，及鸞事敗，民間各興苟得之心，赴府告佃者紛紛。是時，黄河入運，江都運河止患水多，無須藉塘濟運，故曉欲依時值變賣。至是，五塘不可復復矣。

國朝雍正五年，廷臣欲修復五塘，勘明塘已爲田，雖開無益，遂改照地畝升科輸賦。蓋近塘之民每每盜開成田，勢豪之家往往夤緣討佃，亦不自仇鸞始。按，劉攽爲其兄敞作行狀云：「至和二年，王文安公遷參知政事，公有列親嫌，求知揚州。上許之。揚州雷塘，卽漢江都之雷陂也，舊屬民，自唐以來，耕種其中，往數十歲，官取蓄水以備漕運，舊田主二十六家皆奪業失職。官始議以他田償之，竟無與也。然塘亦破決不修，漕運未嘗賴此，發運使因以假揚州種稻，而舊田主二百餘口皆饑寒，縣官莫省。及公至，持太和年契書詣府自訟，公卽判還之。」見《彭城集》。馬駘《谿谷生傳》：「邗溝西有漢人舊陂，決水種稻，歲可得萬石。羣赴生日，事主兩郡倅。兩倅皆有子從生遊，生啓口卽得願，奉陂旁上畝十之六爲生壽。」是自宋、元以來，民已佔塘爲田，後更積重難返，五塘遂不可復。然潘季馴謂「五塘之設，專以溉田，非以資運」，則又失之。兹故詳敍唐宋藉塘濟運之事，及五塘漸廢之由，以著世變焉。

《新唐書・食貨志》：「初，揚州疏太子港、陳登塘，凡三十四陂，以益漕河，輒復湮塞。淮南節度使杜亞乃浚渠蜀岡，疏勾城湖、愛敬陂，起隄貫城，以通大舟。河益庳，下走淮，夏則舟不得前。節度使李吉甫築平津堰，以洩有餘、防不足，漕流遂通。」此邗溝運河有平水堰之始。

按，《食貨志》敘李吉甫築平津堰，先言「扬州疏太子港、陳登塘俱在儀徵。」、「以益漕河，輒復湮塞」；次言杜亞「疏勾城湖、愛敬陂，起隄貫城」、「河益庳，下走淮」，則平津堰則必在江都、儀徵境内。平津堰者，平水堰也。先是漕河無隄，亞始起隄貫城，隄益高，故河益庳，水無節制，閘一啓放，水卽下走，故揚州之漕河時復湮塞。吉甫始廢閘置堰，宋向子諲謂「運河高江、淮數丈，自江至淮凡数百里，人力難濬。昔唐李吉甫廢牐置堰」，是吉甫之前已有閘矣。使漕河之水皆平。《郡國利病書》謂：「宋平河之法放於此。」宋眞宗天禧二年，賈宗毀龍舟、新興、茱萸三堰，鑿近堰漕路，以均水勢。《利病書》謂鑿漕路爲減水閘，蓄水濟漕，有餘洩之，平水法也。《五代史》：「周世宗顯德五年，上欲引戰艦自淮入江，阻北神堰，不能度。」注云：「北神鎭，在楚州城北五里，吳王夫差溝通江、淮，于此立堰者，以淮水底低，溝水底高，防其洩也。舟行度堰入淮，今號爲平水堰。」〔二〕是平水堰施於水中，吉甫之平津堰，亦攔河置堰也。置堰於河中，使上下之水得其平，水不得下走，有餘始洩之，故謂之平津堰。水平則無流。李習之《來南錄》云：「自邵伯至江九十里，渠有高下，水皆不流。」渠既有高下而水皆不流者，有堰以平之也。是平津堰之置在河中，斷無疑義。自祝穆《方輿勝覽》始，誤以平津堰在高郵抄本作「平淮堰」，「淮」乃「津」字之誤。境内，然猶以爲吉甫築以溉田，未嘗以爲運隄也。《方輿紀要》謂「高郵運河故址即唐李吉甫所築平津堰」，則又以平津堰爲即今高郵之運河矣。《明史稿》云：「唐元和中，李吉甫爲淮南節度使，復大修陂塘，築堰于高郵，洩有餘，防不足，以通利漕運輓旁，灌田千餘頃，今所謂平津堰者也。」云「利輓旁」，是以堰爲縴隄。《高郵州志》謂：「唐李吉甫慮漕渠庳下，不能居水，乃築隄，名曰平津堰，即官河隄。」《郡國利病書》謂：「寶應運河隄自黄浦至界首，長八十里，即唐李吉甫

〔二〕此處《五代史》文及注文均出於《通鑑》及胡《注》。

平津堰」，則又以今之高、寶運隄爲唐之平津堰。推原致誤之由，總由於《唐書・李吉甫傳》未加體會，致有斯誤。

按，《新唐書・李吉甫傳》：「元和中，爲淮南節度使，奏蠲逋租數百萬，築富人、固本二塘。」謂于高郵築塘以溉田也。又云：「漕渠庳下，不能居水，乃築隄閼，以防不足、洩有餘，名曰平津堰。」此又是一事，謂揚州漕渠庳下，置堰以平水也。《新唐書・地理志》：「高郵有隄塘，溉田數千頃，元和中節度使李吉甫築。」亦謂於陂塘築隄，非謂運河隄也。**今富人、固本二塘皆無可考，然總在高郵湖西。以凡高郵、寶應諸塘皆在湖西也。**《舊唐書・李吉甫傳》：「又於高郵縣**時高郵未升爲州。**築隄爲塘，溉田數千頃，人受其惠。」是亦以吉甫所築者塘之隄，非運河之隄也。《唐書》所敍吉甫築塘、設堰二事，至爲明晰。後人未加詳覈，見吉甫於高郵築富人、固本二塘，以爲平津堰在高郵；見有築隄之語，因以平津堰卽高郵運河隄。不知唐之漕運，高郵、寶應一帶皆由湖運，實未嘗有湖隄。《宋史》：「眞宗景德三年，李溥因高郵軍新開湖水散漫，令漕舟東下者，載石積爲長隄。天聖間，張綸築漕河隄二百里于高郵北。光宗紹熙五年，陳損之創立隄堰，自揚州江都縣至楚州淮陰縣，三百六十里。」於是始有西隄。安得以唐之平津堰爲卽今之運河隄乎？劉寶楠《寶應圖經》謂「平津堰乃攔河蓄水，以濟漕運，當在江都境内，非高、寶湖隄」，是也。

吉甫之作平津堰，以平漕河之水，亦非止一處。觀於喬惟岳謂：「建安北至淮澨有五堰。」見《宋史・喬惟岳傳》。則唐之置堰，必非一處。《儀徵舊志》云：「堰河，在東翼城外，與蓮花池通，卽今東關裏文山祠前河闊處。」又云：「歸水河，一名澳河，在堰河稍北。唐李吉甫廢牐置堰，治陂塘，洩有餘，防不足，漕運通流。發運使曾孝蘊嚴三日一啓之制，復作歸水澳，惜水如金。」是以儀徵東關之堰河，卽唐之平津堰。今去古既遠，雖不能確指平津堰的在何所，然按《食貨志》于太子港、勾城湖、愛敬陂下卽敍平津堰，則此堰去勾城湖、愛敬陂不遠，決非今日之高、寶運隄也。

又按，《食貨志》云：「初，揚州疏太子港、陳登塘，凡三十四陂。」則太子港、陳登塘亦在三十四陂之中，陂卽塘也。陳登塘爲五塘之一，既在三十四陂之内，則勾城，小新，上、下雷塘亦必在其中。元和中，李吉甫於高郵築富人、固本二塘，則三十六陂矣。《宋史》：「熙寧九年，劉瑾言：『高郵縣陳公塘可新置濟運。』」按，宋錢沖之《修陳公塘奏》云：「其塘四周百里，東、西、北倚山爲岸，其南帶東則係前人築壘成隄，以受啓閉。」是其塘最大，界遠接乎高郵，故劉瑾言高郵縣有陳公塘也。李孟傳《重修陳公塘記》曰：「岡勢峻昂，環汊三十有六，畢匯于此，故停漫涵蓄，爲利不貲。」《利病書》言：「用水宜有節。在揚則有陳公塘，以收三十六水之利。」是又以環汊三十六水畢匯于陳公塘。祝穆《方輿勝覧》云「江都有三十六陂」，引王介甫《題西太乙宫壁》詞「三十六陂春水」。今時代既遠，不能確指三十六陂爲何處，然以《食貨志》所言三十四陂，陳登塘居其一，可以得其略矣。自塘制失修，時水暴至，不能節制，匯而爲湖。蔣之奇《題高郵東園》詩：「三十六湖水所瀦，其中大者爲五湖。」以諸湖所受者三十六汊之水，故言「三十六湖」。元袁桷《過高郵湖》詩「七十二湖春浪濃」，亦以高郵諸湖受天長、六合七十二澗之水，非謂高郵有七十二湖也。

《舊唐書·王播傳》：「播復領鹽鐵轉運使。時揚州城内官河水淺，遇旱卽滯漕船。乃奏自城南閶門西七里港開河，東向屈曲，取禪智寺橋，通舊官河。開鑿稍深，舟航易濟。所開長一十九里。」《新唐書・地理志》：「寶歷二年，揚州江都漕渠淺，輸不及期，鹽鐵使王播自七里港引渠東注官河。」此邗溝運河由城南引江水濟運，漕船不復由城内官河之始。

按，《方輿紀要》：江都縣「七里溝，在府東北十里，亦曰七里港」，「從府北「北」字誤，當作「南」。閶門外古七里港開河而東」。《雍正揚州府志》云：「七里港在城南十里，一名十里港。」《嘉慶新志》云：《江都志》作「東北十里」。考《播傳》，當誤。然《揚州府舊志》謂「在城南十里」者，失之。唐時，城尚在西，《播傳》之城南乃今城之西南也。《郡國利病書》謂「七里港河在城東北十里」，其誤與《方輿紀要》同。其謂「十里港通揚子江」得之，播蓋引江水濟運也。《利病書》又謂「七里港乃唐長慶間節度使王播所開」，則尤爲謬誤。播爲淮南節度使雖在長慶時，而開七里港實在寶歷二年復領鹽鐵之後。《唐會要》：「寶歷二年正月，鹽鐵使王播奏，揚州城内舊漕河水淺，舟船澀滯，轉輸不及期程。今從閶門外古七里港開河，東向屈曲至禪智寺橋，通舊官河，長十九里。」與新、舊《唐書》合。《會要》言「揚州城内舊漕河水淺」，《舊唐書》言「揚州城内官河水淺，遇旱卽滯漕船」，是七里港河未開之先，漕船皆由城内官河行走。杜亞貞元四年爲淮南節度使，新作「西門，疏勾城湖、愛敬陂，起隄貫城，以通大舟」是也。昔人謂隋唐舊城風水完聚，而勾城，上、下雷塘迤邐合流，脈絡通貫，舟楫四達。**明張寧《開濬揚州市河序》文。**漕舟藉小新，上、下雷塘之水，由槐家河、淮子河出茱萸灣，所謂「舊官河」也。大歷以前，江潮至揚州郭，無假于塘水濟運。李紳《入揚州郭詩序》云：「潮水昔通揚州郭内，大歷已後，潮信不通。」李頎詩：「鸕鷀山頭片雨晴，揚州郭裏見潮生。」此可以驗，惟其潮信不通，故城内官河淤淺，杜亞所以「疏勾城湖、愛敬陂，起隄貫城，以通大舟」也。貞元四年至元和三年，纔二十年，而漕河庳下，不能居水，李吉甫於是築平津堰以爲之節，而漕流遂通。然《食貨志》謂：「漕益少，江淮米至渭橋者，纔二十萬斛。」寶歷二年，王播領鹽鐵使，上距貞元四年杜亞爲節度使時，纔三十九年，而城内漕河又苦水淺，不得不思變計，此王播所以開七里港河也。

閶門，在唐江都縣城南。韋應物有《喜於廣陵拜覲家兄，奉送發還池州，南出登閶門》詩，卽此閶門也。七里港又在閶門西南，通揚子江。播於七里港開河，東向屈曲，取禪智寺橋，通舊官河，出茱萸灣。自是，漕河始由閶門外，不復由城内舊官河矣。《方輿紀要》：禪智寺，「隋故宫也。寺前有橋，跨官河上。楊吴時，徐知訓與主隆演泛舟濁河，繼又賞花禪智寺」。「濁河」卽官河矣。《播傳》所謂「禪智寺橋」，卽寺前跨官河上之橋也。唐自中葉以後，江淮漕米至京師者，纔二十萬斛，而江潮不通，漕渠屢塞。自播開七里港河之後，至文宗開成二年，甫經十二年，而揚州運河又竭。事見《唐書》。統觀唐代揚州水利，惟有築塘以瀦水，開渠以行水，設堰以節水，其時止患水少，不患水多。杜亞所築之隄，專爲藉塘濟運而設，至高、寶皆由湖運，無事隄防。而《志》、《書》以揚州運隄始于李吉甫，且謂吉甫之平津堰卽江都、高、寶之運隄，胥失之矣。陸朝璣《江都縣志》：「平津堰卽運河隄，又名漕河隄，北逕高郵、寶應，西逕儀徵，南逕瓜洲，紆迴二百餘里。」其誤與《利病書》、《高郵州志》諸書同。

卷二　江都运河

江都運河

《宋史·河渠志》：眞宗天禧二年，「江淮發運使賈宗言：『諸路歲漕，自眞、揚入淮、汴，歷堰者五。糧載煩於剝卸，民力罷於牽挽，官私船艦，由此速壞。今議開揚州古河，繞城南，接運渠，毁龍舟、新興、茱萸三堰，鑿近堰漕路，以均水勢，歲省官費十數萬，功役甚厚。』明年，役既成，而水注新河，與二堰平，漕路無阻，公私大便」。又《宋史·眞宗紀》：天禧三年六月，浚淮南漕渠，廢三堰。四年春正月丙寅，開揚州運河。此揚州運河廢三堰、開新河，卽今城南有運河之始。

案，《宋史·喬惟岳傳》：太平興國中，「爲淮南轉運副使，遷右補闕，進爲使。淮河西流三十里曰山陽灣，水勢湍悍，運舟多覆溺。惟岳規度，開故沙河，自末口至淮陰磨盤口，凡四十里。又，建安北至淮澨，李燾《長編》：太祖乾德二年，以迎鑾鎮爲建安軍。總五堰，運舟所至，十經上下。謂過壩也。其重載者，皆卸糧而過，舟時壞失糧，綱卒緣此爲姦，潛有侵盜。惟岳始命創二斗門於西河第三堰，二門相距踰五十步，覆以廈屋，設懸門積水。俟潮平，乃洩之。建横橋岸上，築土累石，以牢其址。自是弊盡革，而運舟往來無滯矣」。五堰，未詳其名，然上文云「自末口至淮陰磨盤口，凡四十里」，下云「建安北至淮澨，總五堰」，則五堰在建安之北、淮澨之南。賈宗謂自眞、揚至淮、汴，歷堰者五，卽指此五堰而言。下文言「毁龍舟、新興、茱萸三堰」，卽《惟岳傳》所言五堰之三堰也，其餘二堰或以爲卽北神、召伯。

案，北神堰在山陽，《五代史·周世宗紀》：「顯德五年，上欲引戰艦自淮入江，阻北神堰，不能渡。」注：「北神鎮，在楚州城北五里。」召伯堰在召伯，卽召伯埭。龍舟堰在揚子橋南，《方輿紀要》：「在府南二十里。」引《十道志》：「魏文帝臨江試龍舟於此，因名。」茱萸堰在茱萸灣，《宋史》：「向子諲請於海陵河口作一壩，以復茱萸灣待賢堰。」

則茱萸堰在茱萸灣。《通鑑》：「韓令坤奏：敗揚州兵萬人於灣頭堰。」胡《注》：「《九域志》：揚州江都縣有灣頭鎮，在今揚州城北十五里。」《揚州府志》：「灣頭鎮即古茱萸灣。」惟新興堰未詳所在。以龍舟、茱萸二堰例之，亦當在江都縣地。《方輿紀要》以爲新興堰在鹽城縣，非也。李保泰《江都縣續志》：「宋時，自瓜洲至淮安皆爲運河。天禧間，江淮發運使賈宗以五堰剝卸之煩，建議毀堰。五堰乃北神、召伯、茱萸、新興、龍舟也。薛奎因毀龍舟、新興、茱萸三堰，而畱召伯、北神。案，北神在今山陽縣境。龍舟以魏文帝臨江試龍舟得名，則當近瓜洲。在淮揚三百里運河中，兩頭總扼以貯水者。後復用向子諲議，於瓜洲作壩，以復龍舟；於海陵河口作壩，以復茱萸等堰，皆在今江都境内。紹興四年，詔毀揚州灣頭港等各口牐，無通敵船。其明年，又詔淮南宣撫司募開瓜洲至淮口運河淺澀之處。其時向子諲所議，謂『運河高江、淮數丈』，則欲通運路不得不資堰閘以宣節其流。第堰則艮斷中流，不免煩於剝卸；牐則中有口門，隨時爲啓閉，法以後出而益善耳。《玉海》引《國史職官志》有『運路二十一，堰官各一人』，如今閘官者。然《宋史·河渠志》既不載，而瓜洲堰設官之舊，遂莫之紀。新興今不可考。

五堰之設，淮惟一北神，意新興即在召伯、茱萸、龍舟間。殆揚承淮下流，故堰之設爲特密歟。」案，李説是也。《儀徵縣志》以三堰在儀徵縣，非也。知賈宗所開之河，即今城南之運河者，賈宗爲江淮發運使在眞宗時，而今之揚州城始於李重進，説詳後「宋三城」條下。在周顯德六年。賈宗開古河，繞城南，接運渠，在重進之後，故知即今之城南運河也。賈宗云「繞城南」者，即指重進所築今城而言。當重進之時，運河仍由禪智寺等處，與今之運河不同。

三堰之毁，史有明文。後以運河水淺，復立三堰。知然者，《夢溪筆談》：「仁宗天聖中，監眞州排岸司、右侍禁陶鑑，始議復牐節水，以省舟船過埭之勞。是時工部郎中方仲荀、文思使張綸爲發運副使，表行之，始爲眞州牐，歲省冗卒五百人，雜費百二十五萬。運舟舊法，舟載米不過三百石，牐成始爲四百石，其後所載寖多，官船至七百石，私船受米八百餘囊，囊二石。自後，北神、召伯、龍舟、茱萸諸埭，相次廢革，至今爲利。」是天聖前，又立龍舟、茱萸等堰，至天聖後又復罷之也。《宋史・河渠志》：「徽宗宣和三年，詔曰：『天禧中，發運使賈宗始開揚州古河，繚城南，接運渠，毁三堰以均水勢。

今運河歲淺澀，當詢訪故道，及今河形勢與陂塘瀦水之地，講究措置悠久之利，以濟不通。』六月，臣僚言：『比緣淮南運河，水澀踰半歲，禁綱舟篙工附載私物。今河水增漲，其令如舊。』初，江淮歲旱，漕運不通，揚州尤甚。詔中使按視，欲濬運河與江、淮平。會兩浙有方臘之亂，內侍童貫爲宣撫使，譚稹爲制置使，貫欲海運陸輦，稹欲開河，自盱眙出宣化。朝廷下發運使相度。陳亨伯遣其屬向子諲視之。」《宋史·向子諲傳》：「初，淮南連歲旱，漕運不通，揚州尤甚。詔中使按視，欲疏濬運河與江、淮平。陳亨伯遣其屬向子諲視之。子諲曰：『運河高江、淮數丈，自江至淮凡數百里，人力難濬。昔唐李吉甫廢牐置堰，治陂塘，洩有餘，防不足，漕運通流。發運使曾孝藴嚴三日一啓之制，**孝藴爲發運使，在哲宗紹聖時。**復作歸水澳，惜水如金。比年行直達之法，走茶鹽之利，且應奉權倖，朝夕經由，或啓或閉，不暇歸水。又頃毀朝宗牐，《**方輿紀要**》**以爲卽山陽縣洪澤牐。**自洪澤至召伯數百里，不爲之節，故山陽上下不通。欲救其弊，宜於眞州太子港作一壩，以復淮子河故道；於瓜洲河口作一壩，以復龍舟堰；於海陵河口作一壩，以復茱萸灣待賢堰。使諸塘水不爲瓜洲、眞、泰所分。』亨伯用其言，其後滯舟皆通矣。」是宣和時又復龍舟、茱萸等堰，但移易其地耳。**龍舟堰舊在揚子橋南，此在瓜洲河口。茱萸堰舊在灣頭，此在海陵河口。**

《宋史·河渠志》：「高宗紹興四年，詔燒燬揚州灣頭港口牐、泰州姜堰、通州白莆堰，其餘諸堰，竝令守臣開決焚燬，務要不通敵舟。又詔宣撫使拆毀眞、揚堰、牐，及眞州陳公塘，無令走入運河，以資敵用。」是時，高宗懼金人南侵，故有是詔。自是，牐、堰廢而運河又淺澀矣。故紹興五年正月，「詔淮南宣撫募人開濬瓜洲至淮口運河淺澀處」。孝宗乾道六年，淮東提舉徐子寅言：「淮東鹽課全仰河流通快，今河流淺澀，自揚州灣頭港口至鎭西山光寺前橋垜頭，計四百八十五丈，乞發五千餘卒開濬。」從之。光宗紹熙時，淮東提舉陳損之請於揚州、江都等處創立斗門。至理宗、度宗時，軍興旁午，而牐堰之制又廢矣。

又案，《唐書·地理志》：「江都東十一里有雷塘。」是唐初之江都縣城在雷塘西十一里，不知何時漸徙而東。温庭筠《乾膷子》云：「王愬宅在慶云寺西，有賣卜女巫包九娘者過之，忽曰：『可賣此宅。』如言貨之，得錢十五萬。明年春，連帥陳少游議築廣陵城，取愬舊居，僅給其半價。」是少游時已有改築之事。《唐書・陳少游傳》：德宗建中四年，少游將兵屯盱眙，聞亂，歸揚州，修塹壘築城，想卽在此年也。

沈括《補筆談》：「揚州在唐時最爲富盛。舊城南北十五里一百一十步，東西七里三十步。《揚州府志》：「唐乾符六年，高駢自鎮海節度使徙淮南節度副大使，繕完城壘。時有大城，又有牙城，南北十五里一百一十步，東西七里三十步。」所言里數、步數與沈括《筆談》合，然亦不自駢始。杜牧之《樊川集》云：「揚州，勝地也。每重城向夕，倡樓之上，常有絳紗燈萬數，輝羅耀列空中。九里三十步街中，珠翠塡咽，邈若仙境。」云「重城向夕」，則已有兩城；云「九里三十步」，亦指東西里數而言。惟牧之作「九里三十步」，與沈括《筆談》所云「七里三十步」，微不同耳。所可紀者，有二十四橋：最西濁河茶園橋，次東大明橋，原注：「今大明寺前。」入西水門有九曲橋，原注：「今建隆寺前。」次東正當帥牙南門有下馬橋，《南唐書・諸葛殷傳》「城陷，竄至灣頭，爲邏者所擒。既縛入城獄，具刑於下馬橋南」是也。又東作坊橋，橋東河轉向南，有洗馬橋，次南橋，原注：「見在今州城北門外。」又南阿師橋、周家橋，原注：「今此處爲城北門。」

小市橋、**原注：「今存。」**廣濟橋、**原注：「今存。」**新橋、開明橋、**原注：「今存。」**顧家橋、通明橋、太平橋、利國橋，出南水門有萬歲橋、**原注：「今存。」**青園橋。自驛橋北，河流東出，有參佐橋，**原注：「今開元寺前。」**次東水門，**原注：「今有新橋，非古蹟也。」**東出有山光橋。**原注：「見在今山光寺前。」**又自衙門下馬橋直南，有北三橋、中三橋、南三橋，號九橋，不通船，不在二十四橋之數，皆在今府城西門外。」**蓋指「北三橋、中三橋、南三橋」而言，非指上二十四橋也。**《方輿勝覽》云：「二十四橋，併以城門坊市爲名，自韓令坤省築州城，分布阡陌，别立橋梁，所謂二十四橋者，或存或廢，不可得而考。」是沈括所紀之橋，乃據唐城言之，至宋已或存或廢。元人《庶齋老學叢談》謂如開明橋之類，皆因舊徙置，是沈括所紀之橋，如阿師橋、周家橋、小市橋、太平橋之類，今雖尚存，亦未必卽唐時所置，或亦如開明橋，因舊徙置耳。然如山光橋，既以山光寺得名，必在山光寺前。徐鉉寄喬亞元詩：「禪智寺、山光橋，風瑟瑟兮雨蕭蕭。」是山光橋與禪智寺相近。沈云「出東水門有山光橋」，則唐時之城已由蜀岡之西迤邐而東。《方輿紀要》云：「楊行密宮在舊子城之内。」《寶祐志》云：「堡城光孝院，卽楊行密舊宅。」是楊吳時堡城已在州城之内。《揚州府志》云：「高駢時，揚州有大城，又有牙城。楊行密據揚州，改牙城南門曰『天興』。楊溥僭號，稱爲『都城』。南唐又號曰『東都』。雖有增改，不離舊址。」

案，高駢時，揚州有羅城，又有子城。《通鑑》：唐僖宗光啓三年四月，「秦彦遣其將秦稠將兵三千，至揚子助師鐸。壬戌，宣州兵攻南門，不克。癸亥，又攻羅城東南隅，城幾陷者數四。甲子，羅城西南隅守者焚戰格以應師鐸。師鐸毁其城，以納其衆。用之帥其衆千人，力戰於三橋北。即沈括所云「衙門下馬橋直南有北三橋、中三橋、南三橋」是也。師鐸垂敗，會高傑以牢城兵自子城出，欲擒用之，以授師鐸。用之乃開參佐門北走。沈括云「河流東出有參佐橋」，以門得名。《方輿勝覽》所謂「二十四橋，併以城門坊市爲名」是也。駢召梁纘，以昭義軍百人保子城。」是子城在羅城之内。羅城即大城，子城一名牙城。《方輿紀要》云：「揚州舊有大城，又有子城，一曰牙城。」是也。《通鑑》：「渥父行密之世，有親軍數千，營於牙城之内。渥遷出於其外，以其地爲射場。顥、温由是無所憚。胡《注》引《蜀注》曰：「古者軍行有牙，尊者所在，後人因以所治爲衙，曰牙城，卽衙城也。」《南唐書》：「周師襲揚州，景東都留守馮延魯等，皆棄城走。」**南唐以江都爲東都。**《通鑑》：「周世宗分兵襲下揚、泰，以向訓守揚州。訓請棄揚州，併力以攻壽春。乃封府庫付主者。遣景舊將撫巡城中，秋毫不犯而去。世宗班師，景遣人焚揚州，驅其士庶而去。」《宋史·韓令坤傳》：「世宗親征，聞揚州無備，遣令坤及宣祖、白延遇、趙晁等襲之。令坤先令延遇以精騎數百遲明馳入，城中不之覺。令坤繼至，撫之，民皆按堵。」又云：「南唐乘勝，遣將陸孟俊逼泰州，周師不能守，孟俊遂進軍蜀岡。令坤棄其城。世宗怒，命太祖與張永德領兵趨六合援之。令坤聞援至，復入城守，與孟俊兵戰，大敗之，擒孟俊。**《通鑑》載此事於顯德三年。**世宗乃復幸淮右，次楚州。遣令坤率兵先入揚州。揚〔一〕州城爲吴人所毁，詔發丁壯别築新城，命令坤爲修城都部署。」《通鑑》：「顯德五年正月己丑，以韓令坤權揚州府軍事。二月戊午，帝發楚州。丁卯，至揚州，命韓令坤發丁夫萬餘，築故城之東南隅爲小城以治之。

〔一〕道光本與同治本「揚」字前均誤衍「命」字，今據《宋史》删改。

《舊五代史·周世宗紀》：「顯德五年，詔發揚州丁夫萬餘人，城揚州。帝以揚州焚盪之後，居民南渡，遂於故城內就東南別築新壘。」則是令坤所築之城，卽在故城之內。《方輿紀要》以令坤所修者爲周小城，是也。胡三省《注》以爲今揚州宋大城者，非。六年秋七月，以李重進領淮南節度使。」《宋史·太祖紀》：「建隆元年九月，淮南節度使李重進以揚州叛，遣石守信討之。冬十月丁亥，詔親征揚州。十一月，師次揚州城，拔之，重進盡室自焚。」

《方輿紀要》謂：「周克揚州，使韓令坤守之。州故城西據蜀岡，北抱雷陂。令坤以城大難守，築故城東南隅爲小城以治之。後李重進鎮揚州，復改築州城十二里。宋紹興中，郭棣知揚州，以爲故城憑高臨下，四面險固，重進始夷之，而改卜今城，相距二十里，處勢卑濮，寇來襲瞰，易如鼓掌。請卽遺址建築，許之。未幾，役竣。與舊墉南北對峙，中夾甬道，疏兩濠，緩急足以轉餉，謂之大城。」云「故城西據蜀岡，北抱雷陂」，此据楊吴時故城全局而言。云「令坤以城大難守，築故城東南隅爲小城以治之」者，此據令坤所修之小城而言。雖第得故城東南之一隅，而仍據蜀岡，猶得地勢，故郭棣謂「故城憑高臨下，四面險固」也。郭棣所謂「故城」，對李重進所築之城而言，卽指令坤所築之小城是也，與韓令坤所指「故城」不同。云「重進始夷之，而改卜今城，相距二十里」者，謂重進將令坤所築之小城夷平之，而改卜今城。自改卜此城後，元、明因之，詳見下。其所夷之城與所築之城，南北基址相距有二十里。《庶齋老學叢談》「揚州城乃後周顯德五年於故城東南隅改築，二十餘里」，其說非也。令坤所築之城甚小，史有明文。卽重進改築之城，周十二里，亦不得云「二十餘里」。二城相距二十里耳。云「請卽遺址建築」者，謂卽韓令坤所築之遺址築之，卽堡砦城是也。云「與舊城南北相對」者，謂與李重進所築之城南北相對。郭棣就令坤遺址所築之城在北，重進所築之城在南。郭棣新築堡砦城，故謂重進所築之城爲「舊城」。云「中夾甬道」者，謂南北兩城之間，夾築土城爲甬道。云「疏兩濠」者，疏夾城南北之兩濠也。云「謂之大城」者，以新築之堡砦城，較重進所築之城爲小，故謂重進所築之城爲「大城」，卽《宋大城圖》南至太平橋、北至小市橋之城也。

《宋史·崔與之傳》：「主管淮東〔一〕安撫司公事，選守將，集民兵，浚濠疏水，以限戎馬。開月河，置釣橋，易土城以甓。」《府志》謂崔與之爲權發揚州事在寧宗嘉定間。與之《重修城濠記》云：「守揚州，登城臨眺形勢，謂濠河湮陿，褰裳可涉，守禦非宜。乃度遠近，準高下，程廣狹，量深淺，爲圖，請於朝。許之。河面闊十有六丈，底殺其半，深五分廣之一，環繞三千五百四十一丈。濠外餘三丈，護以旱溝。又外三丈，積封土以限淋淤。又廣地七丈以受土，使與危堞不相陵。復作甕城，五門，爲月河，總百十七丈，而南爲裏河，又八十七丈。以上皆指大城。西北曰堡砦城，周九里十六步。此卽郭棣所修之城。相去餘二里，屬以夾城。如蠭腰，此卽郭棣所謂「中夾甬道」也。地所守尤淺隘，浚之槩如州城濠，計七百三十一丈，且甓女牆以壯其勢。」《府志》謂州城與堡砦城不相屬，舊築夾土城往來，爲易以甓。據與之所言，則揚州大城與堡砦城皆有濠河，其濠竝皆深廣。是時揚州已有三城：大城一也，夾城二也，堡砦城三也。《府志》謂寶

〔一〕「東」，道光本與同治本皆脱漏，今據《宋史》原文改。

祐三年，賈似道爲兩淮宣撫使，築寶祐城於州城之北，揚州乃有三城，殊失其實。《老學叢談》載賈似道《申省狀》云：「此城高深廣袤，無異一郡。舊名堡城，不當用既廢之名，今名寶祐城。」是寶祐城卽堡城，亦卽堡砦城。蓋自韓令坤改築之後，以其城小，故謂之堡城。後爲李重進所夷，郭棣卽其遺址築之，仍名爲堡城。賈似道所謂「不當用既廢之名」者，此也。宋理宗敕賈似道築寶祐城，詔雖有「今復增堡城，以壯廣陵之勢」之語，其實堡城非似道時始有也。理宗詔云：「卿久護全淮，向城寶祐城、通州城，外户既綢繆矣。」下始云：「今復增堡城，以壯廣陵之勢。」則上所云「寶祐城」，非揚州之寶祐城也。又《宋史・理宗紀》：「寶祐三年二月己卯，復廣陵堡城。賈似道以圖來上。」言復堡城，則修舊可知矣。崔與之重修城濠在寶祐前。崔云：「堡砦城周九里十六步」。《名勝志》云：「寶祐七年敕賈似道築，按，賈似道《申省狀》云：「始於二年七月十五日，至三年正月二十日告成。」《理宗紀》亦云「三年」。此云「七年」，非也。周一千七百丈，包平山而瞰雷塘。」似道所築之城，周一千七百丈，與崔與之所云「周九里十六步」者，不甚相遠，特舊堡城不包平山，似道時始包平山耳。《宋史・理宗紀》：「紹定四年，趙范、趙葵等誅李全於新塘。」《叛臣傳》：「全使胡義將先鋒駐平山堂，伺三城機便。」是賈似道未築之前，堡砦城不包平山也。王宗沐《續通鑑紀》：「始，平山堂瞰揚城，敵至，則搆望樓其上，張弓弩射城中。李庭芝築大城包之，募汴南流民二萬餘人以實之，號武鋭軍。」蓋自似道築城包平山之後，又爲敵人所毁，故元人得於平山堂搆望樓，而庭芝又築大城以包之也。

《府志》：「元至正十七年，明人取揚州。令僉院改宋大城，築西南隅守之，周九里，爲一千七百五十七丈五尺，厚一丈五尺，高倍之。門五：東曰寧海，今曰大東，又曰先春。西曰通泗，南曰安江，北曰鎮淮，東南曰小東，各有甕城、樓櫓、敵臺、雉堞。南北水門二，引市河通於濠。此卽今之舊城。」《府志》又云：「嘉靖三十五年，知府吴桂芳以倭變，用副使何城、舉人楊守誠之議，請於上官，接東郭建外城，卽宋大城之東南隅也。工方興，以遷去。後守石茂華繼之。起舊城東南角，循運河而東，折而北，復折而西，至舊城東北角止，約一十里，爲一千五百四十一丈九尺，高、厚與舊城等。爲門七：南曰挹江，今曰鈔關。曰便門，今曰徐寧。北曰拱辰，今曰天寧。曰廣儲，初亦曰鎮淮。曰便門，今曰便益。東曰通濟，今曰缺口。曰利津。今曰東關。門各有樓，爲敵臺十有二，南北水門各一。東、南卽運河爲濠，北築濠與舊城濠連，注於運河。此卽今之新城。」是今之新、舊城皆因宋之大城，特略有移易耳。如宋之小市橋在北門城內，今在城外。

按，宋之三城，最得形勢。李全之亂，全帥鋭師攻揚州，志吞三城，而卒爲趙范、趙葵等所敗，城得地勢故也。

《宋史・叛臣傳》：「紹定三年，全攻城南門，都統趙勝自堡砦提勁弩赴大城注射，全稍退。遣劉全奄至堡砦西城下，欲奪之，以瞰大城。先是，趙勝屯西城，此堡砦西城也。見濠淺，盛暑中督軍浚濠，人苦之。既浚，勝決新塘水注焉。嘉定八年，崔與之修城濠，至紹定四年，甫十餘年，而濠河又塞。及是劉全不能進。勝又浚市河，人尤謂不急。全至，開水門，納賈舟千餘艘，納之於市河也。活者數千人，糧貨不與焉。全悉出衆至灣頭，立砦據運河之衝，使胡義將先鋒駐平山堂，伺三城機便。是時，堡砦城未包平山堂也。全攻城東門不利。全由灣頭攻大城東門也。賊將張友呼請見葵，隔濠立馬相勞苦。葵切責之。全彎弓抽矢向葵而去。張璡、戴友龍、王銓、張青以天長制勇三軍至，阻全不得前，遣人請援。范、葵親出堡砦西門，列陣待之，全不敢動。璡等乃入城。全率步卒五千餘攻堡砦西門，趙勝出兵，戰不利。范、葵以兵益之，全兵亦增，葵擊却之。賊引兵二萬向西門，李虎、趙必勝、張璡、崔福力戰，自巳至申，全乃歸。必勝、王鑑、于俊擊走之。襄兵萬人至眞州上壩，統制張達、監軍張大連不設備，魚貫而行。全哨馬帥田四擊之爲數截，殲者五千，達、大連死之。淮西援兵至，亦遇全，統領張青力戰，城中不知也。全兇燄益振，復引輕騎犯州城南門，且欲破堰洩濠水。統制陳達率勁弩射之，范、葵出軍迎擊，乃去。全志吞三城，而兵每不得傅城下。宗雄武獻計，悉衆及驅鄉農合數十萬，列砦圍三城，**先是或攻大城，或攻堡城，頻不利，至是始列築長圍也。**糧援俱絕。范、葵命諸門各出兵劫砦，舉火爲期，夜半縱兵衝擊，殲賊甚衆。自是賊一意長圍，以久持困官軍，不復薄城。全張蓋奏樂平山堂，布置築圍，指揮閒暇。范、葵令親兵牽制，親帥將士出堡砦西。全分兵鏖戰，自辰至未，殺傷相當。」

「四年正月辛卯，全兵浚圍城塹，范、葵遣諸將出城東門掩擊，全走土城，**此即李全**

所列之砦也。官軍躡之，蹂溺甚衆。乙未，李虎出南門，楊義出東門，王鑑出西門，崔福出北門，**此出大城之四門也。**各徑扼賊圍，開土城數處。夜，賊復合所開城。丁酉，趙勝遣統制陸昌、孫舉立橋堡砦於北門，賊分道來戰，勝擊退之。范陳于西門，賊閉壘不出。葵曰：『賊俟我收兵而出爾。』乃伏騎破垣門，收步卒，誘之。賊兵數千，果趨濠側。虎力戰，城上矢石雨注，賊退。有頃，賊別隊自東北馳至，范、葵揮步騎夾浮橋、弔橋竝出，爲三迭陣以待之，賊與大戰。別遣馬步五百出賊背，而葵帥輕兵橫衝之，三道夾擊，用范所制長槍，果大利。賊敗走。翼日，全遣步卒三百餘，向城西門乍進乍退，以誘揚州兵，復驅壯兵填濠〔一〕，培鹿角。范、葵遣騎將出夾城東西牽制之，**此卽郭棣所築之甬道，崔與之易土爲甓之夾城也。**親出州城西門，分二道以進。賊望風潰。乃募勇力齎薪礮，焚其樓櫓十餘。賊自平山堂麾騎下救，道遇于浚軍而歸。時正月望，城中放燈張樂，姑示整暇。全見之，亦往海陵載妓女，張燈平山堂。范、葵夜議詰朝所向。葵

〔一〕《宋史・叛臣李全傳》作「增濠面」。

曰：『東向利。不如出東門。』范曰：『西出嘗不利，賊必見易，因其所易而圖之，必勝。不如出西堡砦門。』壬寅，全置酒高會平山堂，有候卒識其槍垂雙拂爲號，以報。范喜，謂葵曰：『此賊勇而輕，若果出，必成擒矣！』乃悉精鋭而西，取官軍素爲賊所易者，張其旗幟。全望見，喜謂宣差曰：『看我掃南軍。』官軍見賊突圍而前，亦不知其爲全也。范麾軍竝進，葵親搏戰，諸軍爭奮。賊始疑非前日軍，欲走入土城，李虎軍已塞其甕門。全窘，從數十騎北走。葵帥諸將以制勇、寧淮軍蹙之，賊趨新塘。卽小新塘也。新塘自決水後，淖深數尺，會久晴，浮戰塵如燥壤。全騎陷淖不能拔，制勇軍奮長槍三十餘，亂刺之。全曰：『無殺我，我乃頭目。』先是，令諸陣士衆，獲頭目，無得爭以爲獻，故羣卒碎其尸而分其鞍馬、器甲，竝殺三十餘人。乙巳，安用引五百騎逕南門趨灣頭，諸將欲追。范懼有伏兵，先分兵燒圍城樓櫓。夜半，火光燭天。命東、南諸門皆出兵，范、葵提精兵進，賊大潰。丙午黎明，葵追及于灣頭，又破之。别將追至大儀，不及。」

夫李全與葵、范相持，兵力甚盛，而卒爲葵、范所破，以三城得地勢故也。元兵攻李庭芝，亦列築長圍，而三城卒不易下。厥後，明人取揚州，改宋大城，築西南隅守之，而所謂堡砦城、夾城者遂廢，遽失地勢。茲故詳敘三城始末，以備覽觀焉。

《宋史・河渠志》：「光宗紹熙五年，淮東提舉陳損之言：『高郵、楚州之間，陂湖渺漫，茭葑彌滿，宜創立隄堰，以爲瀦洩。庶幾水不至於泛溢，旱不至於乾涸。乞興築揚州江都縣至楚州淮陰縣三百六十里。』」此揚州運河邵伯以北湖東有隄之始。寶應劉氏台斗謂「此卽今之運河官隄」，是也。

案，此卽今之運河官隄也。知爲湖東隄者，以設堰皆在隄東，以爲瀦洩，故知爲東隄也。月河成，始以東隄爲西隄，而別築東隄。云「乞興築揚州江都縣〔一〕至楚州淮陰縣三百六十里」，是江都縣始創建東隄，皆土隄也。《明神宗實録》科臣常居敬再上河工十二事，一砌邵伯湖，以免歲修。蓋邵伯湖一淺、二淺等處，正當波濤衝擊，排樁鑲板，何

〔一〕「縣」，道光本與同治本皆脱漏，今據上下文補。

能抵禦？應盡包石以捍其鋭。至萬歷十七年，潘季馴修建邵伯石隄一道，長一千二百八十丈，補石隄六百十三丈。《南河全考》：「天啓三年九月，修築露筋廟湖口石隄，長一百六十丈，俱從水中壘土砌隄，工程堅鉅。至四年十一月，工完。先是，邵伯湖游浪，一遇西風大作，鼓浪拍隄，行舟往往觸石覆溺。徐國盛先於二月呈詳，行委高、江二處河官，運土實基，外砌甎石，内用樁板，隄外復栽茭柳，以禦驚濤。」此皆東隄也。

張鵬翮《河防志》：康熙三十八年，上命歲貢。馬泰傳諭于成龍曰：「朕自淮安一路詳閲河道，測算高郵以上河水比湖水高四尺八寸；高郵至邵伯，河水、湖水始見平等。應將高郵以上當湖隄岸修築堅固，高郵以下河之東隄亦應修築堅固。至于邵伯地方，固無當湖隄岸，而河湖合爲一矣，不必修築隄岸，聽其流行。」是年五月初一等日，陡起西風，將高郵城北陸漫牐西隄一帶土工打通，以致東隄新工，浪汕殘缺。至護城、通湖各口東隄，亦被浪汕坍卸。又高郵城南車邏鎮起，至江都露筋牐止，及三溝牐至邵伯止，原無西隄，其東隄新工土，浪汕入裏二三四五尺不等，蕪城墩迤南一帶，東隄未完之處，亦皆漫水。是邵伯以北但有東隄，而無西隄也。

《南河成案》：乾隆五十二年，大學士阿桂奏：「三溝牐迤下添建西隄一事，李奉翰因此兩年湖水盛漲，該處湖河相連，車邏南壩既未便輕啓，而運河東岸隄工亦在在卑薄，邵伯一帶民居稠密，一遇風浪，尤覺堪虞，是以請于三溝牐迤下，添築西隄十五里，使西隄有所攩護。今臣到彼，會同察看，現在邵伯對岸灘面全已涸露，是該處地勢本高，在水小之年，固無須隄工攔束；若湖水漲發，自當使之暢洩，方不爲患。伏思湖水本以漸而長，邵伯以下，歸江之路不遠，水勢本可隨長隨消。然遇異漲，則消少長多，尚至拍岸盈隄。茲若添建西隄攔截，湖水必至縮高，工愈窄而力愈猛，西隄一有疏失，東隄亦難保守，恐潰決尚不止。此應將創建西隄之處，竟行停止。」按，揚糧西岸向畱有通湖各港，竝未一律建築長隄，其有間段建築石工。詳載《運河兩岸工程篇》。

《明史·河渠志》：「陳瑄請濬儀眞、瓜洲河道，以通江湖，開白塔河，以達大江。」《郡國利病書》：「永樂七年，開揚州白塔河。」此揚州開白塔河轉漕之始。

案，永樂七年，陳瑄開白塔河，尋廢。《明史·陳祚傳》：「祚以御史按福建，回還，奏白塔河上通邵伯，下注大江，蘇、松舟楫多從往來，請開濬。從之，轉漕稱便。」《宣宗實録》：「宣德六年八月，濬白塔河。先是，御史陳祚言，白塔河宜開濬、置牐。又侍郎趙新言，宜陵白塔河及儀真舊江口錀匙河、黄泥灘、清江閘俱宜修濬。上遣官與陳瑄議可否。自是，奏聞開濬。先開白塔河，置牐。九月，武進縣言：『漕運及官民船由本縣孟瀆河出，泝水行三百里，始達瓜洲壩，往往爲風浪漂沒。縣舊有新河四十里，出江正對泰興縣新河，入至泰州壩，一百二十餘里，至揚子灣出運河。比今白塔河尤爲利便。第歲久泥淤，乞加修濬。』上命陳瑄及侍郎周忱審計，皆以爲宜濬。八年，工竣。」《方輿紀要》：「英宗正統四年，都督武興議以白塔河洩水，奏閉之，仍從瓜洲過壩。」《郡國利病書》：「周忱等奏：白塔河有四閘，可於其中大橋閘築壩候運，河水泛則開閘行舟，水落則仍閉塞。」《南河全考》：「景帝景泰三年正月，御史練綱言：『江南漕舟俱由江陰夏口竝孟瀆河出大江，泝流入瓜洲，往往風水失利。今江南岸有南新河，北岸有北新河，在泰興正對。江北又有白塔河，在江都縣，與江南孟瀆河參差相對。若由此横渡，江面甚近。但北新河、白塔河淤塞，俱應疏濬。宣德間，曾於白塔河置牐，潮漲入牐，則沙土積塞；潮落啓牐，則運河水洩。今可易牐爲壩。』成化十二年，總督李裕等奏：『新開揚州白塔河，潮水往來，恐久而淤淺。宜下所事，與瓜洲、儀眞等河，皆三年一濬。』」

王㒦《重修白塔河記》曰：「維揚郡治東北兩舍許，宜陵鎮側，有河名白塔，古運河支流，以南屬于江、北達于淮者也。宣德壬子，平江伯陳公瑄釃浚舊道，建新開、大橋、潘家、江口四牐，以蓄洩水，以便江南漕運。歷歲滋久，中多雍閼，舟既不通，牐亦隨毀。迺者，成化癸巳冬，巡河郎中郭昇以爲言，下其事於總督漕運都御史李公裕，以詢於衆，得修河事，以屬郭君而總其成焉。郭君于是召集旁近兵民二萬人，疏舊河二十里，築東、西捍水隄四十里，建通江、大同二牐，其大橋、新開牐之故存者，咸修復之。又增建土壩三。夏月潮漲則由牐，冬月水涸則由壩。又建減水牐五，以防氾濫；淺鋪五，以備疏瀹。至于莅事有廳，享神有祠，保障有巡檢司，凡有益于河者，無不爲之。經始於丁酉**十二年**。三月，以是年六月畢工。斯河既成，則江南漕舟出孟瀆者，可徑投斷腰洪入夾江，三十里入河，又四十里而達揚境。脱不測之淵以即安流，忩盜竊之虞而遊樂土。烝徒歡呼，無事轉挽，篙工舵師，枕臥而治，其爲省費，又奚啻數萬而已也哉！」

《武宗實錄》：「正德二年六月，復開白塔河及大橋、潘家、通江四牐。先是，漕運總督都御史洪鍾言，蘇、松運舟，由下港口竝孟瀆河泝大江，以達于瓜洲，遠涉二百八十餘里，往往覆于風浪。唯孟瀆對江有夾河，可抵白塔河口，舊設四閘，經四十里至宜陵鎮，再折而北，卽抵揚州運河，于舟行甚便。請開濬如舊。至是成。」《揚州府志》：「嘉靖三十年，郡守吳桂芳開浚故道，置巡檢司，屬兩淮運司，以防私鹾，而漕道竟不由是河入矣。」

按，白塔河之開，所以通浙東西之漕也。然嘉靖以前，旋開旋塞。《明史·河渠志》：**自鎮江裏河開濬，漕舟出甘露新港，徑渡瓜洲，而白塔、北新皆以江路險遠，捨而不由矣。**萬歷以後，反藉此河以洩水。《神宗實錄》：「萬歷八年，潘季馴疏稱：『以減水牐言之，除高、寶、江都新舊增置牐座可以宣洩者無庸別議外，然減水閘僅可以洩尋常盈溢之水，至伏秋淫潦，天長、六合諸山驟發之水共注於湖，止憑瓜、儀二牐，宣洩不及。查揚州灣頭東有運鹽河一道，内由芒稻、白塔二河直達大江，勢甚通便，年久淤淺。

先年，侍郎王恕曾議挑濬，計長三百四十里，道路遼遠，工費不貲。且議者謂，私販船隻偷度難防，遂致中寢。不知洩水之期，每年止是五、六、七、八等月喫緊，若從壩口密布樁柵，就令白塔巡司守防，自可禁絕；其餘各月，任從築壩，實爲兩利而無害也。」《南河成案》：「雍正五年，總督范時繹等議奏：『運鹽河南岸董家溝、白塔溝、董家油坊、潘家堰四處，係洩運河入江之口岸，向設土壩、水柵，防匪通流。因年久損壞，不但阻礙河流，更多私販出入。今於董家溝估建灣壩一座，白塔河估建石涵洞一座，既便蓄洩，兼可防奸。』乾隆八年，大學士等議：『泰州河内，舊有秦塘港、白塔河、百汊河三路旁趨入江，因防私鹽往來，築壩堵塞。今應將土壩改建牐門，以時啓閉，竝挑通河路，既可防範私販，復可多洩漲水，似屬兩利之道。』」是白塔河又爲洩水之道矣。

《明憲宗實錄》：「成化十一年十二月，置儀眞河港三牐。先是，工部郎中郭昇言，儀眞縣羅泗橋舊有通江河港，上至裏河，幾四里許，潮大之時，内外水勢相等。此港可置三閘，乘潮先啓臨江牐，船隨潮而進，潮平乃啓中二牐放之。如此，不惟舟船便利，而裏河水勢亦卽疏洩，不待決口重費。詔與督漕都御史會議，不果。至是，昇復陳開牐之利。工部覆奏允行。」此儀眞外河建閘，不用車盤之始，卽今之閘河也。

按，宋之漕道，略倣劉晏轉般之法。《儀徵縣志》云：「宋轉般倉在寧江門西。寧江門，宋儀眞縣南門也。天聖七年，置發運司主之。明邱濬奏疏云：『宋朝歲置漕于眞、楚、泗三州，轉運至京，而三倉常有數年之儲。臣按，昔人謂宋人以東南六路粟，載于眞、楚、泗轉般之倉。江船之入，至此而止，無留滯也。汴船之出，必至此而發，無覆溺也。江船不入汴，汴船不入江，豈非良法歟？臣竊以爲宋人都汴，漕運比漢唐爲便易。前代所運之夫，皆是民丁，惟今日則以兵運。前代所運之粟，皆是轉遞。今日江湖之船，各運自嶺北、湖南，直達于京師。唐宋之漕卒，猶有番休，今則歲歲不易矣。夫宋人漕法，其便也如此。今之漕卒，比之宋人，其勞百倍。』」觀瓊山所論，足見宋人轉般之善。

然宋人轉般之法，行之亦不能久。《宋史·食貨志》云：「譚稹上言，祖宗建立眞、楚、泗州轉般倉，一以備中都緩急，二以防漕渠阻節，三則綱船裝發，資次運行，更無虚日。自其法壞，遂至中都糧儲不繼，轉般倉不可不復。轉運判官向子諲奏，轉般之法，寓平糴之意：江湖有米，可糴于眞；兩浙有米，可糴于揚；宿、亳有米，可糴于泗。坐視六路豐歉，有不登處，則以錢折，發運使得以斡旋之，不獨無歲額不足之憂，因可寬民力。」蓋是時，轉般之法久廢，故稹等爲此言。

儀眞有堰河，《郡國利病書》云：「舊傳在宋翼城外，與蓮花池通，今文山祠前河水闊處。」《方輿紀要》云：「縣東南二里，舊有江口堰，卽宋之眞陽堰。天聖二年，修水閘易堰，人以爲利。」《儀眞縣志》：「眞宗乾興間，左監門衛大將軍陶鑑掌水利，于眞州始易堰爲通江木閘二。」是置閘于堰河也。**天聖間，始易堰爲閘。鑑至眞州，則在乾興。**

宋胡宿《通江木閘記》云：「先是，水漕之所經，頗厭牛埭之弗便，**謂盤壩也。**江形〔一〕習下，河勢倨高，斗絕一方，壁立九仞。每歲木華秋脫，天根夕見，七澤收潦，當涸

〔一〕「形」，道光本與同治本均作「影」，今據《萬歷揚州府志》改。

水之有初；萬里連檣，自上流而竝至。將乘高堰之險，必俟靈潮之來。淺涸貽憂，引挽甚苦，守卒達旦而不寐，嚴鼓冬夜而有聲。人相告勞，官不暇給。乾興中，侍禁陶侯鑑寅奉辟命，掌臨岸局，槩結必剖，精幹有餘，將剗革于舊方，特起發于新意。按歷長河之曲，行營長江之湑。經始二閘之謀，闢白一臺之長。扼其別浦，建爲外閘，甓美石以甃其下，築彊隄以禦其衝。橫木周施，雙柱特起。深如睡驪之窟，狀若登龍之津。引方艦〔一〕而往來，隨平潮而上下。巨防既備，盤渦內盈。珠岸浸而不枯，犀舟引而無滯。用力寖少，成功益多。卽其北偏，別爲內閘。《儀徵縣志》：「西曰內閘，北曰外閘。」「內」、「外」二字互誤。鑿河開澳，制水立防。瞰下澤而轉深，截橫流而中斷。月魄所向，潮勢隨大，上連潮渠，平若置槷，湍無以悍其激，地不能露其險。木門呀開，羽楫飛渡，不由舊地，便卽中河。憧憧斯來，霑霑斯喜。商旅息滯淫之歎，公私無怵迫之勞。歲省之費甚多，邦儲之運益辦。自天聖紀號三年之冬，庀徒皆作。越明年孟夏，僝工大

〔一〕「艦」，道光本與同治本均作「鑑」，今據《萬歷揚州府志》改。

畢，材用所給，取於城守之餘；力役所資，輟於篙工之暇。」

沈括《筆談》云：「天聖中，監眞州排岸司右侍禁〔一〕陶始議爲復閘節水，以省舟船過埭之勞。是時，工部郎中方仲荀、文思使張綸爲發運副使，表行之，始爲眞州閘。歲省冗卒五百人，雜費二百五十萬。運舟舊法，舟載米不過三百石。閘成，始爲四百石。其後所載寖多，官船至七百石，私船受米八百餘囊，囊二石。」自易堰爲閘之後，漕運稱便者近百年。徽宗時，漕河淺澀。《宋史·河渠志》：「宣和二年，以眞、揚等州運河淺澀，委陳亨伯措置。宣和三年春，詔發運使趙億以車畝水運河。限三月中三十〔二〕綱到京。宦者李琮言：『眞州乃外江綱運會集要口，以運河淺澀故，不能速發。按，南岸有洩水斗門八座，去江不滿一里。欲開斗門，河身去江十丈。又築軟壩，引江潮入河，然後倍用人工車畝，以助運水。』從之。」《向子諲傳》：子諲言「運河高江、淮數丈，發運使

〔一〕「禁」，道光本與同治本均作「郎」，今據上文及《夢溪筆談》改。
〔二〕「三十」，道光本與同治本均作「十」，今據《宋史·河渠志》改。

曾孝藴嚴三日一啓之制，復作歸水澳，惜水如金。比年行直達之法，走茶鹽之利。且應奉權倖，朝夕經由，或啓或閉，不暇歸水」，此運河之所以淺澀也。

《儀眞縣志》：「宋嘉泰元年，郡守張頠以木閘歲久而腐，乃易以石閘二，其西通江濤曰潮閘，東曰腰閘，相望百九十餘丈。吏部尚書張伯垓《記》云：『水莫大于海，而江實次之，源發于岷，澎湃奔放，萬里東注。儀眞實當其下流，至是，與海相爲吐吞，駭波洪瀾，洶湧尤甚。不爲之防，則襄原野，漂室廬，農桑之業盡廢，其爲害甚巨。古嘗築堰以捍水怒。然遇有旱乾、水溢，江不能注之河，河不能洩之江，復病其窒而不通。乾興中，陶侯鑑始去堰而置閘焉。於是江河相入，舟楫無阻，人皆以爲利。閘，木爲之，閱歲久，日以朽腐。潮漲於外，頹決罔測；水瀦於内，走洩弗留。補罅苴漏，從事一切，不暇爲遠慮。檇李張侯頠作丞茲郡，目其敝而歎無其力，齎志久之。慶元六年，分符戾止，顧而喜曰：吾其遂所欲爲乎？鎮撫之暇，經理錢穀，損略燕饋，罷不急而吝所出，郡計以饒。期年政成，發帑庾之羨而經營之。謂不如石之壽，乃鑿他山之堅，悉更其舊。門之廣二丈，高丈有六尺，復爲腰牐，相望一百九十五丈，規模高廣，大略如之。始於嘉泰九月，成於明年孟冬。』」按，張頠所建之閘，卽陶鑑建閘之地。鑑所建之閘，西曰「外閘」，北曰「内閘」。頠所建之閘，西曰「潮閘」，東曰「腰閘」。潮閘卽外閘，腰閘卽内閘。《縣志・宋眞州圖》：腰閘在潮閘東北。胡宿《記》謂北曰内閘，《縣志》謂東曰腰閘。或言北，或言東，非有殊也。易其名，非易其地也。

宋所建僅有二閘。《郡國利病書》云：「洪武十六年，兵部尚書單安仁請因宋張頠石閘故址，重建清江閘一、廣惠腰閘一、南門潮閘一。」《儀眞縣志》云：「清江、廣惠橋腰閘、南門裏潮閘，明洪武十六年，兵部尚書單安仁奏開河道，乃于縣治正南三里城外，卽宋守張頠閘基重建。三閘以蓄洩水利，分行漕舟，蓋宋故道也。」《縣志》：「清江橋，卽閘橋，在新巷西。廣惠橋，卽今倉橋。宋之初築城也，周不過五里，後復作東西兩翼城以衞之。明則合兩翼城而重築焉。張槩曰，今臨江四閘既大行，故清江、廣惠二閘浸不復用，南門裏閘余猶及見，板橋其上，今實以土，民居其旁，竝水關塞之。」按，《利病書》及《儀眞縣志》俱云，洪武中所建三閘，因宋張頠石閘故址重建，亦未言宋有三閘也。《宋史・河渠志》「淳熙十四年，熊飛言眞州上、下二閘亦復損壞」，是宋時儀眞止建二閘。《明會典》謂宋時儀眞嘗建三閘，誤。

《郡國利病書》：「儀眞有五壩，縣南一里曰一壩，稍南曰二壩，又南曰三壩，迤東一里曰四壩、五壩，各疏支渠數十步，與外閘河相表裏。」《儀徵縣志》：「明洪武十六年，兵部尚書單安仁築土壩，皆以數名，各疏支渠，以達通江大河。凡荆、湖、江、浙諸路官民舟，及漕餉進京者，悉抵壩下，遇水涸閉閘，則舟於壩上轆轤過之。後四閘之利遂棄不復用。」則是洪武中既建三閘，復立五壩。三閘因宋張頠石閘故址重建，五壩則係另築，五壩與閘河相表裏。《明會典》謂宋時儀眞嘗建三閘，洪武中卽其地建爲壩者，亦誤。

總觀明代漕運，不用宋之轉般，而行直達之法。瓜洲運河惟行甎木之船，其糧運之船，皆由儀眞，而又分數道入運。《明太祖實錄》：「洪武十三年，致仕兵部尚書單安仁言：『大江入黄泥灘口，過儀眞縣南壩入運。自南壩至樸樹灣，約三十里，宜濬以通往來舟楫。其湖廣、江西等處運糧船，可由大江黄泥灘口入運河，過淮安壩，以達鳳陽及迤北州縣。其兩淮鹽運船，可由揚子橋過縣南壩，**此卽揚子橋通深港之河也。**入黄泥灘出江，以達京師。**明初，都江寧。**其浙江等處運糧船，可從下江入深港，過揚子橋至運河，過淮安壩以達鳳陽。凡運甎木之船，皆自瓜州過堰，不相混雜。如是，則官船無風水之虞，民船無停滯之患。其江都縣深港，亦宜考其故道而疏濬之。』十四年十一月，濬揚州府官河，自揚子橋至黄泥灘，凡九千四百三十六丈。十五年十二月，濬揚州儀眞河九千一百二十丈。」《太宗實錄》：「永樂二年，浚儀眞縣清江壩下水港。」《河渠志》：景帝景泰五年十月，工部奏：「近聞儀眞、瓜州二壩，每遇冬春水縮，膠淺難行，宜于二壩下各置閘蓄水。」從之。**此謂壩下之閘，非洪武所建之三閘。**是時，洪武所建之三閘，每形淺滯，漕船過儀眞，皆車盤過壩。

成化十一年，郭昇別開閘河，建四閘。吏部左侍郎錢溥《記》云：「儀眞面江背淮，爲一都會。凡南京供應、江西、川、湖〔一〕、雲、貴等處糧貨，及竝海諸番貢獻，悉從江車

〔一〕「湖」，道光本與同治本均作「廣」，今據《道光儀徵縣志》改。

盤〔一〕入淮，以達京師。其各船至壩，經旬需次，起若淩空，投若墮井，財廢船壞，不可勝算。惟羅泗橋舊有通江河港，距裏河僅四里許，宜開通置閘，乘潮啓閉，以便往來，船可免患。于是給軍民夫五千，濬通河，面闊十二丈，下闊五丈，高一丈。撤羅泗橋石爲閘身及兩翅，共長二十二丈，中通濟閘長一十八丈，響水閘長二十二丈，各高一丈三尺。裏河口閘長十二丈。其閘底、兩旁，各用油灰、蔴絲艌縫，牢不可壞。《記》言四閘而《實錄》言三閘者，不數裏河口閘也。其興工於成化十年甲午二月，而訖于次年六月。是月，涓吉開閘，其船鱗次矢往，無復盤費損壞之虞，而軍民歡震若雷。其奈市戶膠于壩利，往往啗管河官，興言鼓惑，意在塞隳。郭君乃復條陳置閘有五利以聞：『其一，船昔至壩，雖遇水平，其糧貨亦雇挑堆囤，過則復挑，其費不一；今乘潮罔費。其二，昔各壩設法，日不過百船，一遇風雨，又不及半；今開閘卽過，豈下千數？其三，昔船過必損，須辦灰蔴備艌；今泛安流，無慮。其四，往年遇旱，甚至掘壩接潮，以救糧運；

〔一〕「盤」，《道光儀徵縣志》作「壩」。

今開閘以濟。其五，往年裏河水溢，決岸倒壩，修費椿草，動輒千萬；今遇漲開洩，不傷田稼。以此五利，可利天下，豈浮言洩水過鹽之足慮哉？宜禁革，以厲將來。』上可其奏。得夏潮開運，冬涸封閉，以爲常。」

《孝宗實錄》：宏治元年八月丁巳，南京守備太監蔣琮奏：「揚州儀眞地方羅泗橋，舊有通江港，可開閘放船。成化間，巡河工部郎中郭昇奏，濬通河面，置二閘，**此指裏河口閘、響水閘**。潮滿則開，潮退則閉，船隻經過，無復盤費損傷之患。時有奸豪，侵占繂路，于沿河水次起蓋浮鋪爲買賣者，恐斯閘一開，必致拆改，往往以河水易洩爲辭，欲隳其成。昇因力辨浮議，條陳五利，冀以行之久遠。而司漕運者誤聽奸詞，擅行築塞，致令往來船艘仍前受害。近壩居民，謂爲得計，就于臨河繂路起蓋文天祥祠宇，欲使後來不敢輕易改拆。而守備、指揮，亦于閘上擅自蓋亭，索取財物。乞依前修濬開放，及將奸豪侵占繂路所蓋鋪屋、祠宇，俱爲拆改，則奸弊可革，便利可興。」工部覆奏，命巡撫官會同總兵官從公勘議，以聞。

吏部尚書王㒓《復閘記》云：「成化甲午，巡河郎中郭君昇復議置閘，首東關，次響水，次中閘，以達於羅泗橋。凡爲閘四，以通舟楫，一時稱爲便利。既而達官要人旁午雜還，啓閉無節，河流遂耗，而閘復廢焉。宏治初元，今南京守備司禮監太監蔣公琮舟經其地，疏言于上，請復閘制。事下冬〔一〕官，議久未決。閱歲再期，始遣内宫監少監党君恕、御用監監丞李君景、屯田司郎中施君恕，往度形勢，延問耆老，參酌羣言，歸于定論。其論曰：『建閘非私智，因車壩之病民；廢閘非偏見，慮漕渠之洩水。廢置兩端，各有所見。惟在夏秋江漲，則啓閘以通潮；冬春潦盡，則閉閘以瀦水。閘壩竝行而互用之，庶無遺利。』此論既定，始戒党君、施君，集材庀工，因舊中閘而充大之，以爲新閘。**中閘即通濟閘**。上高一丈三尺，中廣二丈，袤四丈，列板二重，兩翼各長八丈有奇，下甃石基數級，高五尺有五寸。先是，響水閘去首閘纔百步許，水勢衝激，舟行多敗，今撤去之。而東關、羅泗則仍其舊。始事于辛亥十月六日，**宏治四年**。訖工于十一月八日。」

〔一〕「冬」，道光本與同治本均作「冬」，《道光儀徵縣志》作「各」。

未幾，而通濟閘又廢。宏治十八年重修。兵部侍郎、邑人黄瓚《復建通濟閘記》曰：「肇事于宏治乙丑春正月朏，未四閲月訖工。閘高一丈五尺，南北隄燕尾共長三十一丈，甃石五百八十三丈五尺，襯石千七百四十九丈。雖閘地〔一〕仍舊，而規制加壯。」

未幾，而閘又不用。正德十三年重修。翰林院編修、邑人景暘《修閘記事碑》曰：「儀眞之爲壩者五，爲閘者四，竝設兼用，事在《縣志》。自宏治以來，涖其事者慮權勢由閘之便，擅啓難禁，以洩水利。于是，令舟咸由壩，必事轉般，富者利居停之貲，貧者利負擔之直。苟一變易，毀言日至，而閘愈不用。久之，人昧其故，而閘之設，殆近于虚矣。比年以來，漕運遲滯，督促之使，方爾旁午，江河水溢，横潰四出。正德戊寅春，工部主事楊君汝璉分司于眞。始至，循行閘壩，召邑父老，詢廢置之故，審利害之宜，而復參之同事者，曰：『吾有以處之矣。』乃亟修諸閘之崩損及器什之朽敗者，各立

〔一〕「地」，道光本與同治本均作「地」，《道光儀徵縣志》作「址」。

亭其側，以便休息。然役夫啓上閉下，俟水緩而進舟。舟人不費〔一〕牽挽，坦然中流，無異平水。當夏秋景長，日可千艘，而漕運無阻矣。又慮内河洩耗，乃候潮至，洞啓諸閘，以受灌注，既平而閉之，計其所受，足償所洩。又舟咸由閘往來，搬運之費，有司供億之需，十省八九，而人咸稱便矣。」此四閘興廢之始末也。**是時，又復響水閘。**

四閘之外，又有攔潮閘。《郡國利病書》：宏治十四年二月，建攔潮閘。總督、都御史張敷華《題爲添設攔潮閘座便益糧運事》：「據南京工部主事鄒韶呈稱，初，見儀真設有羅泗橋等閘三座。**是時響水閘已廢，故云「三閘」。**舊例，夏秋江漲則啓閘以納潮；冬月潮盡則閉閘以瀦水，固爲便益。但方春糧運上京，閉閘過壩，則利歸埸房，窮軍受疲；冬糧船回還過壩，船多損折，況水涸冰凍，淺阻河道，經月不得盡絶。是閘便于夏秋，不便于春冬。然以春冬不可開閘者，以上河爲有限之水，而下江無抵壩之潮。考訪圖志，儀真東北二十里，漢建安中鑿有陳公塘，築隄造磋，蓄聚山水，灌濟運河。近年

〔一〕「費」，道光本與同治本均作「廢」，今據《道光儀徵縣志》改。

以來，磋座廢弛，多被軍民占爲田產，以致水道不通。賴有高郵、寶應、邵伯湖水支分接續。遞年冬月，回空糧船到來，必須大江口閘王廟前打築土壩，開溝放水，方得車絞，船隻過畢，未免拆卸，一年一次，勞民傷財，不能經久常便。爲今之計，合將閘王廟前土壩基址置造石閘一座，上接三壩、四壩、五壩，至羅泗橋閘口，下通黃泥港口竝直河口，俱通揚子大江。每年春月，潮信速來速去時候，如赴京重載糧米到來，乘潮放進，將此閘下板關閉，水滿則開羅泗橋等閘打放，省免塌房、挑擔腳力之費。若冬月，回空船到來，正直潮涸之時，將閘王廟前一閘下板堰閉後，開羅泗橋等閘，放下待潮來相接，方開閘王廟前閘，放出大江。縱使春冬水涸，閘不可開。若得閘王廟前一閘關閉，則潮水積聚，赴京抵挑盤，免被閣淺。回空之日，亦得藉水絞車過壩，不致虛費土壩、樁木。一閘之添，四時之便。其造閘石樁之類，挑濬河港項下，見存餘剩，雇工銀兩，取給于斯，亦甚爲便。據揚州府同知葉元等會勘，官民甚便，糧運有益。應合准令添設。且濬河餘銀積有二千餘兩，盡彀資造，不費官庫財物。量題附近人夫，擇日起工，如法砌造。」自

江至此閘，計長二百丈，匾曰「江北第一閘」。

大學士楊一清《記》云：「宏治辛酉春二月二十四日，儀眞新建攔潮閘成，便漕事也。距經始之期，纔四閱月耳。監察御史馮君允中謂，閘啓閉宜有定規。乃會巡河郎中劉君浩議，當河溢潮漲，則四閘晝夜啓勿閉。宏治四年，施恕廢響水閘。此之四閘，謂新建之攔潮閘與裏河口、通濟、羅泗，爲四也。《縣志》：正德十三年，復建響水閘，儀眞乃有五閘。後人或不數裏河口閘，而以響水、通濟、羅泗、攔潮爲四閘。如江勢平、河水未溢，則以潮之長落爲啓閉，放舟、瀦水，兩無所失。至冬寒水枯落，則閉閘勿啓。檄有司遵行之。是歲，江河會通，舟無留行，揚旂伐鼓，通數百艘于飲食談笑之頃。視車壩之勞，固有不待較者。比秋，霖潦浹旬，湖水大漲，得以時洩，不橫決爲隄堰害，亦惟是閘賴焉。」

先是，成化十一年，郭昇所建之四閘，其一曰裏河口閘，一名東關閘，去響水閘百步許。二十三年，工部主事夏英更東關浮橋爲東關閘。《儀眞縣志》云：「郭昇所建四閘，其首閘曰東關閘。自夏英更東關浮橋爲閘，因有兩東關閘。」《郡國利病書》以夏英所建之東關閘即裏河口閘，非也。

《利病書》又云：東關閘「坐落城以東、響水以西，北扼〔一〕漕河之上流，南通五壩之江脈。凡舟之自河而下、由江而上者，悉于是乎統會之，舊名蓮花池。茲其地也，浮橋一座，以時啓閉」。翰林院檢討莊昶《記》云：「儀眞東關閘，工部主事夏公育才所建也。公以上命來督。儀眞，京師襟喉之地，轉輸漕運之所必由，朝覲商賈之所必涉。有京師，不能無儀眞也。然儀眞五壩，又非取給於東關不可。五壩盈，則蓄東關以待其涸；五壩涸，則洩東關以濟其急。有五壩，又不能無東關也。是五壩者，用於儀眞；東關者，用於五壩也。」又有新河灣，萬歷五年，知縣況于梧于上江口迤西地，名鄧家窩，相去地計長二百七十丈，開挑成河。于梧以冬春之時，糧船由四閘者，守牐待潮，船無灣泊之處。上、下江雖有二口進閘，然以咫尺之地，數尺之水，舟可以泳行，不可以停泊。是閘外之艘十一，而江上之艘十九。風濤時作，卒難退避。今議開新河，則大江水自鄧家窩入冷家灣，達新濟橋，蹈鑰匙河，會上江口奶奶廟，抵九龍廟河。而下江口水亦流入，交會于閘口，

〔一〕「扼」，道光本與同治本皆誤作「振」，今據《郡國利病書》改。

迢遞十餘里，可容二千餘艘，魚貫進泊，漸次入閘，庶幾避險道，就安流，而風濤不足虞矣。河成，名曰「屯船塢」。

《郡國利病書》以此策爲萬年之利。然自挑新河之後，銅山源諸水悉從此出，與縣不相顧。邑人謂戶口人文之日就衰，實由于此。且屯住路遠，漕舟不便入河，仍泊江口。年久廢棄，依舊淤塞。蔣廷章有「東西兩界水」説。《雍正府志》云：「况于梧開新河後，銅山源諸水悉從此出。順治庚子，知縣童欽承于冷家灣築隄，遏水東注，後隄復衝決。康熙七年，知縣胡崇倫挑浚下流，自龍門橋至麻石橋一帶，淤河成渠，而上流之隄亦增高，東西兩界水還故道。」

又有新壩河，在縣東十里新城。《縣志》云：「明景泰五年，工部主事鄭靈開，尋湮。崇禎七年，江口沙漲，總河劉榮嗣、總漕楊一鶴議開通江漕河，以避江沙。始議自王家溝至蕭公廟止，計地二十餘里，部以費重難之。改議挑濬此河，建閘通江，水勢湍迅，舟輒壞，今仍塞。國朝初，轉漕瓜洲，知縣馬章玉重濬閘河，内河通行無滯焉。」

張鵬翮《河防志》：康熙二十八年，總河王新命疏稱：「儀眞縣四閘，蒙皇上聖明洞照，加意運道、民生，行令修理。查新河口之北新洲，係江心長成之沙。今欲挑挖成河，從來未經試驗之事，可否挑成，難以預必。即挑成後，果否不致淤長，尤難逆料。且糧船皆由一閘行走，**謂瓜洲閘**。未見阻滯。所有一切重運，似應仍照歷年由瓜洲閘入運河。其儀眞開洲挑河竝修理四閘，俱應暫停。」工部議以各省漕船盡由瓜洲一閘行走，勢必頂阻，以致遲誤，亦未可定。應請勅下總河、總漕、兩江總督，會勘定議具奏。旋據兩江總督會同河漕總督疏稱：「儀眞閘外江口北新洲一帶，俱係乾涸，而北新洲之外又有沙漫洲，過水不過二捺餘，横亘二三百丈，難以築壩。若自沙漫洲尾從北新洲腹内向東北斜開引河，以通四閘，不能保無坍淤。似應仍挑北新洲舊河身，直逼四閘。一切糧船，令循北新洲尾轉入新河口，可以通行。」報可。三十年，縣令馬章玉挑濬深廣。

潘祈慶《修濬通江閘河内河記》云：「萬歷中，新洲漸起，自青山迄舊江口，沙漫洲日以侵長，漕艘又爲所遏，外江既不可漕[一]，内閘亦不易入，遂轉漕瓜洲，多數十里風

〔一〕「漕」，道光本與同治本均作「漕」，《道光儀徵縣志》作「泊」。

濤之患。而鹽艘之屯于沙漫洲者，冬月澱涸，堪虞。邑侯馬公愍然憂之，于是陳白上官，奏請疏瀹。可其奏，發帑金以鳩工。公日夜勤瘁，躬自督理。由江口開濬，以至四閘，悉爲更建。遴良材，礱美石，築之甃之，既堅既好。凡嚮之潰岸溢河〔一〕，無不整除就理。不踰年，而工告竣。公圖之猶未已。蓋由嚮水閘入內河，河身素高，漕艘艱進，鹽艘亦滯。歲例有撈淺之役，而歲撈歲梗，卒以疲民。爰首倡募捐，不用單里民夫，親課畚鍤，厚給工糈，踴躍從事，子來恐後。時日未淹，內河復浚〔二〕。」

《南河成案》：乾隆元年八月，奉上諭：「朕聞揚州府儀徵縣江口至江都、甘泉二縣所轄三汊河一道，共計六十餘里，爲通江達淮要津。嚮例三年大挑一次，撈濬一次，共需銀一萬六百兩，皆商三、民七，分派捐輸。經管里正不無苛索滋擾，而承修各官復層層侵扣，以致撈淺、挑濬有名無實，無益于工程，有累于百姓。嗣後，著將商民派捐之

〔一〕「河」，道光本與同治本均作「河」，《道光儀徵縣志》作「沙」。
〔二〕「浚」，道光本與同治本均作「浚」，《道光儀徵縣志》作「竣」。

項永行停止，亦不必拘定三年之限。如遇應濬之年，著鹽政委員確估實力挑濬所需工費，卽于鹽運司庫一半充公項下動支，毋得虛冒侵肥，草率塞責。」九年，總河白鍾山奏：「響水、攔潮二閘，于雍正十三年修理。至通濟、羅泗二閘，自康熙五十五年修補之後，迄今已屆三十年，潮汐往來，衝刷日久。兩閘金門、閘牆多有倒卸，閘底石塊衝跌阬塘，關石等樁朽壞，應作速修整，以資啓閉。」三十一年，總河李宏疏稱：「儀徵縣通濟、羅泗二閘，因二十九年江水異漲衝擊，現今兩閘金門倒卸。又攔潮等三閘，橋梁朽壞，急應築壩拆修，共估需料物、夫工銀九千六百六十二兩零。」下部議行。嘉慶四年，河督康基田奏：「查響水、攔潮兩閘，均尚完整。惟通濟、羅泗二閘，自乾隆三十一年拆修後，歷年既久，又兼來源激湍，潮汐衝擊，實屬難資啓閉，估計連上、下築壩，共需工料銀八千三百九十餘兩。」嘉慶十一年，河督徐端奏：「儀徵境内有五里閘河一道，中設響水、通濟、羅泗、攔潮四閘。該河自乾隆三十一年興挑以來，閱今三十餘載，日漸淤墊，水不暢行。其響水閘，亦係乾隆四十三年修理後，日久損壞，勘估應需河工土方銀一萬九百六十四兩零，需閘工銀三千五百三十二兩六錢，循例在于運庫減半餘平項下給發。」

《江防廳冊》：「三岔河至儀徵江口，昔爲大江上游重空漕船要津。乾隆四十年後，河漸淺澀，漕船皆由瓜洲進口。此河惟爲淮南鹽船經由之道矣。」按，明代重運，皆由儀徵。中葉以後，始由瓜洲。國朝乾隆以後，糧運船由瓜洲，惟鹽船由儀眞。然近年，儀徵運河淤淺已甚，夏時猶不可以行舟，鹽船亦閒由瓜洲行走。雖從事挑濬，亦復無濟。是不可不詳細履勘矣。

《明會典》：「瓜州江口舊建土壩，江北糧船回空〔二〕，撤壩以出。而江南重船，反令盤壩，搬剝艱難，風濤守候。隆慶六年，題准自時家洲以達花園港，開渠六里有奇，建瓜洲通江閘二座。自此，漕艘始免車盤之苦。」此揚州瓜洲廢壩爲閘之始。

〔二〕「回空」，道光本與同治本均作「回空」，然《明會典》原作「空回」，今據上下文不改。

按，《宋史·曾孝藴傳》：「紹聖中，管幹發運司糶糴事，建言揚之瓜洲等處，易堰爲牐，以便漕運、商賈。既成，公私便之。」是宋時瓜洲運河已易堰爲閘。後以閘啓閉不時，水易走洩，復改爲壩。

《宋史·河渠志》：宣和二年，向子諲請「于瓜洲河口作一壩，以復龍舟堰」。紹興四年，詔揚州諸堰竝「令守臣開決焚燬，務令不通敵舟」。子諲所築之壩，想亦開決，故漕河旋卽淤淺。五年，詔淮南宣撫募人開濬瓜洲至淮口運河淺澀處，而瓜洲復立閘。《河渠志》：孝宗淳熙十四年，「揚州守臣熊飛言：『揚州運河，惟藉瓜洲、眞州兩閘瀦積。今河水走洩，緣瓜洲上、中二牐久不修治。獨潮閘一座，轉運、提鹽及本州共行修整。然迫近江潮，水勢衝激，易致損壞。請令有司葺治，以防走洩。』從之」。是宋時瓜洲有三閘矣。

明初，於瓜洲立十壩。《郡國利病書》云：「瓜洲十壩，俱在本鎭。漕河高江水數尺，各壩爲河限，使不入于江。漕河至此分爲三支，如瓜字形，中一支阻隄隔江；東一支通江，名曰東港；西一支通江，名曰西港。内中一支入東西二港，築壩隨南北爲壩。

東西二港以通江潮之來往，各壩以限漕河之水。」《揚州府志》：「由中一支入東港，有二支：第一支築壩二，北曰八壩，南曰九壩；第二支築壩一，曰十壩。由中一支入西港，有四支：第一支築壩三，北曰七壩，中曰六壩，南曰五壩；第二支築壩二，北曰四壩，南曰三壩；第三支築壩二，北曰二壩，南曰一壩；第四支築壩一，曰鹽壩。成化六年，工部主事吳英移置十壩於壩東一里許外，曰鹽壩。明初，掣鹽於此。後徙儀眞，遂廢。」《英宗實錄》：正統八年三月，「濬瓜洲壩東港」。洪武間，瓜洲壩有東、西港。永樂間，廢東港爲廠，以貯材木。正統初，議濬未就。至是，武興請修復，從之。

《景帝實錄》：景泰五年，「工部奏開儀眞、瓜洲二壩，每遇冬春水縮，膠淺難行，宜于二壩下各置閘蓄水。從之」。《孝宗實錄》：宏治十年，「總漕都御史李蕙請于瓜洲新壩至倉壩，一壩至四壩港口，儀眞鑰匙河及歇馬亭各建一閘，以便糧運。工部覆奏，謂三壩邊臨大江，潮長則壩低水高，固易于車放；潮落則壩高水低，殊不爲便。莫若于江口總港内各建一閘，潮平之時，下板蓄水，令與壩平。從之」。按，此皆於壩外置閘，非廢壩爲閘也。

《南河全考》：「嘉靖六年，漕運都御史高友璣于瓜州西江嘴置瓜洲閘。時監工者不慎，工人受賂，築不如法。居人倡洩水之説，閘竟不用。」《世宗實錄》：嘉靖十九年，「運糧千戶李顯請令瓜洲陳家灣增一閘，若瓜洲壩衝決，則下陳家灣閘」。《穆宗實錄》：隆慶五年，「給事中張博請改瓜洲土壩爲閘，以便漕舟。工部覆言，茲議勘行已久，而有司莫爲奏報，必徇私牟利之徒倡言阻撓，當事者憚于改作，故議久不決。宜督河道、漕運諸臣，刻期會勘以聞」。《南河全考》：「隆慶六年，侍郎萬恭更請建瓜洲閘，自時家洲以達于花園港，開渠長六里有奇。其年冬，牐成，一名廣惠，一名通惠。」《揚州府志》「廣惠閘」一名「頭閘」，「通惠閘」一名「四閘」，俱在瓜洲鎮。而《神宗實錄》云：「萬歷元年正月，河道侍郎萬恭奏，創建瓜洲二閘工竣。」蓋閘成于隆慶六年冬，而奏報於萬歷元年春也。

《郡國利病書》載恭《建閘疏》云：「題爲瓜閘告成，速濟新運事。據南河工部郎中吴自新、管漕參政潘允瑞、揚州府知府賈應元會勘，得瓜洲花園港、豬市二處，皆可通江。但豬市臨江最近，河水走洩，中無盤旋之勢，不無可慮。花園港至時家洲，相去六里，河身宛轉，水不直下，再將河道開闢，以便停泊，相應於此創建二座，具呈詳允。隨督率揚州府知府賈應元、同知陳可大等各督役催工，採石運料，濬開河渠，分投任事，羣力畢集。于隆慶六年八月二十六日興工，至本年十二月十二日，二閘、河渠俱告完，合行呈報。臣惟國家漕運四百萬石，而過瓜洲壩者獨二百萬石。百七十年，挑掣車盤，軍民勞苦，船泊江岸，累患風濤，湖水瀰漫，隄岸衝決。科道諸臣，屢經條議，建閘竟成道謀。仰荷先皇聖謨獨斷，先皇，指穆宗。成二百年未成之功；廟堂主持，決五十年未決之論。一時在工諸臣，或議於始，或成於終，惟早運以爲期，乘冬融以敏事。不百日而二閘之功屹屹，踰六里而新河之水滔滔。吳、浙方舟之粟，直達于灣；高、寶巨浸之流，建瓴而下。是時，瓜、儀二閘已藉資于湖水。既免挑盤雇剝之苦，又無風波險流之虞。新河所占，雖失之民田，運頭償還，又得之鋪店。糧運方竣，商舶由之。是時，商舶與糧船不能竝行也。遠近喧騰，上下感激。再照儀眞之閘，抽分船稅，河道大工，全賴于此。今建瓜閘，辦料雇夫費及萬金，悉取諸宮中而用之，全不累民，工得速就。今瓜閘既成，相應比照儀眞事例，使昔之由壩者許之由閘，一體抽分，則儀眞無走船走稅之虞，瓜洲得修河修閘之利。在商船，就安而去險，歡呼樂從；在編氓，取盈以濟虛，分毫無累。其瓜閘船稅，就令儀眞主事帶管。該閘應設閘官、閘夫，卽以本鎮原有閘壩官夫改用，不必另行銓選、編簽。此尤全利而至便者也。疏入，下工部覆。上如所請。」

《治水筌蹄》**萬恭作**。云：「瓜、儀濱江，閘外春運，江潮未盛，潮上則通，潮落則滯。司河者爲濬渠焉，愈深愈滯，蓋潮帶漕水同落故也。余止濬渠，獨令閘外與江相接之所置壩，蓋以留舊潮而接新潮故也。萬歷元年八月，築閉瓜洲閘，罷過閘船稅。議者以閘開水數爲洩，每歲運船及白糧船過時，度可三月而盡，于是僅開三週月，運船過訖，卽塞之。遂罷閘閘船稅。」

《明會典》：「萬歷四年，于瓜洲開港塢，以泊運船。」《神宗實錄》：「巡按御史陳世寶條陳，開瓜洲河港塢、屯船塢。挑浚深闊，使船之先入者屯聚于內；又于鹽壩之東開一曲港，與新閘外港相合，使船之後至者續泊于內，以免金山挂江之險。部覆允行。」

《江防廳冊》：「康熙五十五年三月，總河趙世顯奏：『瓜洲自四閘起至江口止，計長二百九十七丈，總名花園港地方，坍塌一百二丈，以致屯船無所。應于四閘之旁、運河北岸，開挑月河一道，以爲屯船之地。』經部議行。」

《揚州府志》：「瓜洲閘河，在城南四十里，由瓜洲通惠、廣惠二閘至江口。康熙五十四年，因江流北徙，將廣惠閘堵閉，另浚繞城河通漕。後因花園港坍卸，繞城河運口難以行漕。雍正六年，閉繞城河，仍開閘河，船由閘河行走。乾隆十一年，將廣惠閘堵閉，仍開由閘上之青蓮庵舊越河行走。原設閘官一員，二十一年移駐丹徒，專管横越二閘；裁存閘夫十二名，交瓜洲巡檢董率。」《府志》又云：「瓜洲月河，在廣惠閘之上。雍正八年，因閘河水無關蓄，自青蓮港起至尤家碾止，開月河一道，長三百六十七丈。九年，又於瓜洲西南正人洲，另開引河一道，長六百四十一丈；五公灘開支河，長三百六丈；夾口内築貼心壩一道，長一百五十丈五尺。又，南北兩頭接築攔水土壩。」《續行水金鑑》云：「瓜洲舊有廣惠、通惠二閘，今《府志》止敍有堵閉廣惠閘，其通惠閘或坍、或拆，未載。查：該閘坐落花園港江風山月亭之側，康熙五十四年，江流北徙，坍塌入江。」

《明史・河渠志》：「萬歷二十五年四月，江都運河南門二里橋一帶，水勢直瀉，爲鹽漕梗。巡鹽御史楊光訓請檄揚州知府郭光復，開自二里橋河口起入，西折而東，從姚家溝以入舊河，名寶帶新河。」此即揚州城南運河之新河灣也。

按，《郡國利病書》云：「新河在城南二里。萬歷二十五年，巡鹽御史楊公光訓題請發貲七千緡，檄揚州知府郭光復開浚，自南門二里橋入，西向折而南，又折而東，周迴共六七里，從姚家溝入舊官河。」與《明史・河渠志》合。《利病書》所云郭光復所開之新河，即《河渠志》所云郭光復所開之寶帶新河也。《揚州府志》：「寶帶河，在南門外、文峯寺北。萬歷二十年，知府郭光復浚；三十三年，知府朱錦續成，以挽河之直流也。」又云：「新河，在城南二里。明萬歷二十五年，知府郭光復開浚，自南門二里橋入，西向折而南，又折而東，周迴共六七里，從姚家溝入舊官河。」則分寶帶河與新河爲二矣，與《河渠志》不合。

又按，《世宗實錄》：嘉靖十九年九月，運糧千戶李顯疏築運河三事，其二謂，「北自淮安，南至瓜、儀，水勢上下相去丈許，惟賴瓜、儀二壩閼防。先年，壩決水衝，河道淤淺，宜令瓜洲陳家灣、儀眞新城地方，竝揚子橋、揚州東關各增一閘。若瓜洲壩衝決，則下陳家灣閘；儀眞壩衝決，則下新城閘；閉水不及，則下揚子橋閘；再不及，則下東關閘，以留水利」。上命工部議行。《郡國利病書》：「隆慶六年，萬恭奏三汊河水勢大趨瓜洲，未免奪儀眞河流，以致淺阻，又經牌委賈應元于三汊河創建弔橋一座，東流水勢，務令平分。」《利病書》又云：「江都南有十一淺，曰：新廟淺、浪蕩湖淺、頭溝淺、宋家淺、柳青湖淺、東西灣淺、花家園淺、李家莊淺、姚家潭淺、吉祥莊淺、江家莊淺。每淺各置老人、淺長各一名，夫役四十名，歲樁木四百株，草四萬餘束。凡有挑浚，專責前項淺老人役爲之。萬歷二十三年，奉工部裁革，共用淺夫二百一十四名。」淺夫之設，昔以挑浚，今以修隄。蓋時勢變遷，水有浩縮也。然自淺夫既裁之後，止務高隄，不務浚河，故運河時有淤淺。《南河全考》：「萬歷四十五年十月，江都三汊河淤三百二十三丈。郎中徐待聘嚴督挑濬。」萬恭《治水筌蹄》云：「百餘年來，不爲濬淺之易，而爲高隄之難，其亦未之思夫！」

《南河全考》：「萬歷二十八年正月，總督河漕尚書劉東星檄郎中顧雲鳳、署道事揚州府知府楊洵，督夫開挑邵伯越河，長一十八里，闊一十餘丈，建南北金門石閘二座，又建減水石閘一座。迄今官民船隻，永避湖險。」此邵伯有月河，運船不復由湖之始。

按，《郡國利病書》云：宣宗宣德四年八月，御史陳祚言，「揚州府邵伯閘壩，舊設官一員，民夫二百三十人，置盤車挽過舟船。今高郵湖隄及儀真、瓜洲壩岸高固，河水積滿，舟經邵伯，皆自平流，閘壩官夫，盡爲虛設。而白塔河上通邵伯，下注大江，凡直隸、蘇、松、常州及浙江諸郡公私舟楫，以孟河至瓜洲，江濤險惡，多從白塔河往來。然河既淺狹，且有不平之處，若遇少水，未免艱阻。如以閘壩官及夫移于白塔河，稍加疏浚，又置閘積水，以通浙江、蘇、松之舟，實爲利便」。上命行在工部勘實，果利便，則從之。

《英宗實錄》：正統二年正月，省揚州府邵伯鎮閘壩官吏，竝江都縣守塘夫。先是，揚州府奏：「邵伯鎮二閘、一壩，各設官吏、人夫，以防高郵湖水泛溢。今湖水既平，乞裁其半。又江都、儀真二縣，舊有雷公，上、下勾城，陳公四塘，舊設夫三百三十五人守之。今運河轉輸不絕，塘水宜洩入河，夫可盡罷。」事下巡撫高宏核實。宏奏：「塘水無源，若盡洩之，則涸矣。」按，東晉於邵伯置埭，歷唐及宋皆沿其制，以水不平流故也。明初，猶盤壩過船。迨平江伯引淮通漕，自是淮水入湖，邵伯水皆平流。故司事者謂閘壩無所用，此運河之大變革也。淮既入湖，而湖遂險。

《郡國利病書》云：「邵伯湖故無越河，其險如高、寶湖隄。萬歷初，督河科臣請之業，有旨允行，而分導工大，此舉未遑。二十八年，總河漕尚書劉公東星申前畫；明年，邵伯越河亦成。自唐、宋通運以來，沿河策凡屢變，然蓄水惟恐不足。至國初，猶未甚遠，故于瓜、儀則復攔潮、通江諸閘，于通、泰、泰興、海門則修江海諸堰，于高、寶則倣平津之法。而興化爲秔稻區，乃百餘年獨苦水害，環三百里巨浸以漫衍于腹心，其受無涯，其歸無所。遏上流而無所洄潴，導下流而無所輸寫，若病蠱然。失今不治，勢將日深，昔害一而利什，今利什而害百，不可同年語矣。」顧氏在明季時已爲此論，則是邵伯一帶水勢已常患衝決矣。

張鵬翮《河防志》：康熙三十八年十月，總河于成龍奏，「邵伯更樓決口一工，其隄舊有涵洞，隄内原有河形。在平日，隄工完整。每歲水發之時，西岸一片汪洋，東岸甚屬危險。是以今歲水漲，卽致漫決。卽堵築完固，亦難堅守。今臣等親詣酌量，不若就此決口之下，將舊引河疏挑寬深。至于河東，築做土隄，東水南下，以固東、西兩岸」。上可其奏。成龍復奏：「督同道、廳親勘，決口迤東，被水衝久，河底太深，難以越過，卽使水内築隄，工程亦難驟起。今議將決口西岸繞挑越河築隄，竝打攔河壩，使由月河改行。而現在之決口，日後自必挂口，另議堵築，不特省費，亦可以濟運道之急。』部臣議覆報可。」康熙四十一年，始堵邵伯更樓。

《揚州府志》：「邵伯月河在府城北四十五里。萬歷二十八年，于運河東築月隄，引水行舟，以避湖險。」此卽劉東星所築之月河也，在邵伯鎮北。《志》又云：「新月河在邵伯鎮南，舊有南壩更樓，居民稠密、商賈輻輳之所。康熙三十八年，洪水衝決更樓，官隄民屋，倐成巨浸。事聞，命都御史壽鼐、侍郎于成龍堵塞決隄。復開月河一道，自倉巷口西向，折而南，至大王廟止，築南北二壩，鎮以鐵牛。」此卽于成龍所開之月河也。

《河渠紀聞》：「乾隆七年，河督高斌面奉聖訓，將邵伯以下入江之路酌增。請于金灣滚壩下東西灣地方，建滚水壩二，壩下深挑引河，復增挑仙女廟金灣對過之越河。」《揚河廳冊〔一〕》：「金灣對過越河，長一千丈。乾隆八年，開挑寬深。河越金灣閘壩、東西灣滚壩，至八搭鋪入運河，以避開壩行船被掣之虞。」

《南河成案》：道光十一年四月，總督陶澍等奏：「前已將瓦窰鋪、東灣、西灣、金灣、鳳凰等橋壩啓放，洩水尚暢，惟溜勢橫趨，下游糧船到此，行走倍難。」五月，陶澍等奏：「揚糧廳之舊鹽河内，普賢墩至觀音庵，應俟水落後改挑河一道，卽以所挑之土另築西隄，以避瓦窰鋪至六閘七處吸溜之險。」

〔一〕道光本作「揚河廳冊」，同治本作「揚河廳聞」。同治本木頁書口標「淮南書局補刊」，當是同治本誤。今從道光本。然道光本或誤「運河廳冊」作「揚河廳冊」。

十一月，河督張井奏：「臣數年來，力主大闢歸江之説。如開瓦窰鋪新河，及去年冬展挑東西灣、鳳凰橋各路，原思多一分歸江之路，卽少一分爲害之水。無如行漕減漲，時涉兩歧，遂有顧彼失此之患。其尤可畏者，如本年三月内，正當重運盛行，忽值洪湖水勢長至一丈九尺五寸，不得不啓山盱壩河，不得不先放歸江各路。然僅開放數處，已覺軍船挽運維艱。因商爲籤樁、搭橋、設闌、加縴之法，截流横渡，辦理既爲棘手，所費亦復不貲。臣於彼時，卽與道、將、廳、營，悉心熟商，擬于揚糧廳邵伯鎮迤下運河西岸外，自普賢墩起，至觀音庵止，估挑月河一道，以備空重船隻避險趲行。曾于五月内附奏，竝聲明應候水消，分别確估在案。兹于回空事畢，臣復親至其地，察看情形，極爲便順。惟須于新估越河之西，再築縴隄一道，竝將舊西岸縴隄一律加幫寬厚，卽以挑河之土築做，亦屬一舉兩得。此道越河如得卽早辦成，則遇水小之年，各壩不放，重空兩運往還，仍令照舊行走。倘遇三溝閘誌樁長至九尺以外，不論何時，卽將歸江之金灣以下各處橋、壩，相度機宜，次第啓放，以期暢達歸江。其時軍船入境，卽由新挑越河行走，西隄儘可行縴，既不致吸溜損船，兼免繞湖行走，其便一也；下有掣消之路，而上無積漲之虞，不特高、寶等處湖身可以早爲騰讓，卽山、盱河壩，亦從此應放卽放，不必守俟重運全完，其便二也；歸江之路既已早放，運河水勢不致漲滿，則歸海之高郵四壩及揚糧之昭關壩，亦卽得守且守，以保下河田禾，而上河亦有豐收之望，其便三也；嚮放歸江各壩，水深溜激，每貽行旅之憂，今不論何項船隻，均可改由越河繞道，其便四也。臣于勘定後，卽委明幹之員，竝往查估，約需銀四萬兩。」**按，此疏雖有四便之説，其實專虞軍船掣溜耳。**

十二年三月，張井奏：「臣于上年冬底，請將該廳西岸普賢墩一帶，估挑月河一道，竝築縴隄，以利濟川，當卽確切查估，封釘信樁，派員趲辦。責成道、廳梭織查催，以杜偷底墊厓之弊。茲據各該員稟報完工。臣于查料事畢，卽自清江浦起程前往，逐段躬親查量，長、寬悉照原估，高、深每分俱比原估加挑一尺及八九寸不等。界壩腮土亦俱啓除淨盡。其挑河所出之土方，卽于越河之西估築縴隄一道，竝將西岸舊縴隄酌量加幫，一律全完。錐試堅實，尚無草率偷減。當卽啓放過水，水深七八尺不等，形勢極爲暢順。現在重運軍船，卽由越河行走，繞避各壩、橋口門吸溜之險。」

按，萬歷間劉東星所開之月河，專避湖險。康熙間所挑之月河，以東岸決口繞挑月河。至乾隆、道光所開之月河，專避軍船被掣之虞，與昔之情形又異矣。方劉東星之未開月河也，知縣張寧議曰：「昔年論漕河之險者，先高、寶，次邵伯。而今之水大者莫如邵伯，最難守者亦莫如邵伯。蓋高、寶昔固稱險，障之則有西隄，而內河成，則湖分于外，人由夾河中行，不知有湖矣。今邵伯一帶，隄與水鄰，絕無外障，以故水乘風勢，其催隄若蹴埵耳。況估舟值迅風疾雨，多蕩貲淪身，月且屢見，是不可不急爲處分也！今之議者有二：一曰障之。使北自露筋，南抵馬家渡，舊隄以東另築一隄。**此以舊東隄爲西隄，另築一東隄也。**又自馬家渡而南，至八搭鋪，舊隄以西另築一隄。**此仍以舊隄爲東隄，另築一西隄也。**各接舊隄，中作二閘，成一夾河，竝如高、寶之制，費不過六七萬金，而湖隄可保無事。一曰疏之。便今議疏漕者皆言，自高廟由揚州至瓜渚，皆開闊數十丈，**今高廟至瓜洲河道皆狹窄。**此淮水入江之正路。然高廟、瓦窯鋪，民舍多逼官河，其屋居卑朽，即拆毀不足惜。第揚州城東關折而南，闤闠聯屬，且轉運之鹽場在焉，一經遷易，不無廢業之歎。不若一意開金灣，即三四十丈不爲闊也。蓋三十餘里入江，此勢之最捷而洩水最易者也。舍此二議，而欲圖便易之説，止有每歲帶修石工一百丈。名爲帶修，而漕河西岸有露草處所，擇有心計者委之，多栽蘆葦、野樹，則可以障風破浪，而泥渣漸次淤墊，東隄亦恃以無恐矣。」

是時，邵伯南、北皆由湖運。《明史·河渠志》：邵伯湖長十八里，劉東星所築之月河亦長十八里。于是，邵伯以北不復由湖。至乾隆八年所築之月河，越金灣閘、東西灣滚壩，至八搭鋪入運，于是邵伯以南不復由湖，始符張氏之前議矣。**萬歷二十二年，金灣建閘開河，亦卒符張氏之議。**

夫運河自築重隄之後，糧船皆由内河行走，不復由湖，誠計之便者也。然有時不得已而由湖。嘉慶十一年，甘泉汛，荷花塘漫溢。總督鐵保奏：「揚州二三幫重運經臨，因口門吸溜，上水過急，由湖内沿河行走，計程十餘里，水深六七尺不等，業俱平安過竣。」道光十一年，高郵汛，馬棚灣決口。總督陶澍奏：「回空船隻，指日南來，不容稍事停待。自以循舊繞湖爲正辦。湖中水勢尚深，足資浮送，且繞湖路程僅止十二里。

先經派委革職留工之通判陶斌玉、孫厚坤、守備王拱壽等，會同漕臣委員守備牛斗南，令其專辦回空繞湖事宜，設法籖椿排船，節節維繫，雖有風暴，亦可無虞。所有由運入湖之大營房對過，及由湖入運之邵家港等處，剷隄抽溝，早經分投發辦，計空運未到之先，均可完竣無誤。」是皆因決口未堵，不得不繞湖行走矣。

卷三　高郵運河

高郵運河

《水經注》：「中瀆水，自廣陵北出武廣湖東、陸陽湖西，二湖東西相直五里，水出其間，下注樊良湖。舊道東北出，至博芝、射陽二湖，西北出夾耶，乃至山陽矣。」此邗溝運道由高郵樊良湖之始。

按，《水經·淮水篇》：淮水「又東，過淮陰縣北，中瀆水出白馬湖，東北注之」。酈道元《注》云：「淮水右岸卽淮陰也。城西二里有公路浦，昔袁術向九江，將東奔袁譚，路出斯浦，因以爲名焉。又東，逕淮陰縣故城北，北臨淮水。漢高帝六年，封韓信爲侯國。王莽之嘉信也。昔韓信去下鄉而釣于此處也。城東有兩冢，西者卽漂母冢也。周迴數百步，高十餘丈。昔漂母食信于淮陰，信王下邳，蓋投金增陵以報母矣。東一陵，卽信母冢也。縣有中瀆水，首受江于廣陵郡之江都縣。縣城臨江。應劭《地理風俗記》曰：縣爲一都之會，故曰江都也。縣有江水祠，俗謂之伍相廟也。子胥但配食耳，歲三祭，與五岳同。舊江水道也。**各本脫「江」字，今据戴本訂正，下同。**昔吳將伐齊，北霸中國，自廣陵城東南築邗城，城下掘深溝，謂之韓江，亦曰邗溟溝，自江東北通射陽湖。《地理志》所謂『渠水』也。**各本作「築水」，誤。**西北至末口入淮。**各本「西」誤作「而」，又脫「入」字。**自永和中，江都水斷。其水上承歐陽埭，引江入埭，六十里至〔一〕廣陵城。楚漢之間，爲東陽郡。高祖六年，爲荆國。十一年，爲吳城，卽吳王濞所築也。景帝四年，更名江都。武帝元狩三年，更曰廣陵。王莽改郡曰江平，縣曰定安。城東水上有梁，謂之洛橋。中瀆水，自廣陵北出武廣湖東、陸陽湖西，二湖東西相直五里，水出其間，下注樊梁湖。舊道東北出，至博芝、射陽二湖，西北出夾耶，乃至山陽矣。至永和

〔一〕「至」，道光本與同治本皆作「自」，今據《水經注》及下文改。

中，患湖道多風，陳敏因穿樊梁湖北口，下注津湖，徑渡。渡十二里，各本作「度」，又脱下「渡」字。方達北口，直至夾耶。興寧中，復以津湖多風，又自湖之南口，各本「南」下衍「北」字。沿東岸二十里，穿渠入北口。自後，行者不復由湖。各本「復」作「敢」。故蔣濟《三州論》曰『淮湖紆遠，水陸異路，山陽不通，陳登穿溝，戴本作「陳敏」，誤。更鑿馬瀨，百里渡湖』者也。自廣陵出山陽白馬湖，逕山陽城西，卽射陽縣之故城也。應劭曰在射水之陽。漢高祖六年，封楚左令尹項纏爲侯國也。王莽更之曰監淮亭。世祖建武十五年，封子荊爲山陽公，治此。十七年，爲王國。城本北中郎將庾希所鎮。中瀆水又東，謂之山陽浦；又東入淮，謂之山陽口者也。」

以上《水經》及酈《注》原文如此，中多誤字，義復踳駮。後人既不詳《水經》之時代，又不審酈《注》之訛脱，或引前略後，或襲謬踵訛。今先引原文于上，而分段釋之，從其可信者，辨其不可信者，庶古水道不至終晦耳。

其云「淮水右岸卽淮陰也」，至「東一陵卽信母冢也」一段，此因釋《經》「淮陰縣」，遂敍袁術、韓信兩事，皆淮陰故實也。云「縣有中瀆水」者，「縣」指淮陰縣。云「首受江于廣陵郡之江都縣」者，中瀆水雖出廣陵郡，而北注淮陰，故謂淮陰縣有中瀆水，首受江于廣陵郡之江都也。云「縣城臨江」至「舊江水道也」，此謂漢之江都縣縣城臨江。**漢江都城去唐時江都縣四十六里，說已見《江都運河》**。吴于邗城掘深溝，引江達淮。至晉永和中，江都水斷。于歐陽引江入埭，則非舊道矣，故於此云「舊江水道也」。

云「昔吴將伐齊，北霸中國，自廣陵城東南築邗城，城下掘深溝，謂之邗江，亦曰邗溟溝，自江東北通射陽湖。《地理志》所謂『渠水』也，西北至末口入淮」，此一段釋《經》。「中瀆水」卽《地理志》所謂「渠水」，爲吴夫差所溝通者。先是，江水不能達淮，夫差于廣陵城東南築邗城，城下掘溝，**漢廣陵城在唐江都縣北四里，在今雷塘之北。說見《江都運河》**。自江東北通射陽湖，卽《地理志》所謂「渠水」也。知中瀆卽渠水者，《地理志》「江都有江水祠，渠水首受江，北至射陽入湖」；中瀆水亦首受江于廣陵之江都縣，東北通射陽湖，故知中瀆水卽渠水也。

但《地理志》云渠水至射陽入湖；《水經注》云中瀆水北通射陽湖，西北至末口入淮；杜預亦謂邗溝水至末口入淮，其《左傳注》云：「于邗江築城、穿溝，東北通射陽湖，西北至末口入淮，通糧道也。」末口，即北神堰，在今山陽縣北五里。胡氏渭《禹貢錐指》遂謂：「班固言渠水『入湖』而不言『入淮』，頗有分刌。撰《水經》者乃云，淮水『過淮陰縣北，中瀆水出白馬湖，東北注之』。酈道元遂以爲此水直至山陽口入淮，而其説牢不可破矣。竊疑高郵、寶應地勢最卑，若釜底然，胡氏引潘季馴《兩河議》曰：「高家堰去寶應高丈八尺有奇。去高郵高二丈二尺有奇。」以是爲高、寶地勢最卑之證，不知漢、唐以前南高北下。胡氏据明季地勢證漢以前水道，誤矣。邗溝首受江水，東北流至射陽湖而止。杜預云，自射陽西北至末口入淮，此不過言江達淮之糧道耳，路可通淮而水不入淮也。《水經》殆不如《地志》之確。」胡氏泥于《漢志》言渠水「入湖」而不「入淮」，遂謂邗溝水至射陽湖而止，創爲「路可通淮、水不入淮」之説。不知《左傳》明言「溝通江淮」，既言「溝通」，則江淮之水通矣。安得謂邗溝之水不入淮乎？水既入淮，《漢志》僅言至射陽「入湖」而不言「入淮」者，如沭水入泗，泗水入淮，《地理志》僅言「術水至下邳入泗」，「術」即「沭」，見顔師古注。不言入淮，不得云「泗不入淮」也；辰水入沅，沅水入湘，《地理志》僅言「辰水入沅」，不言

「沅水入湘」，不得謂「沅不入湘」也，而又何嫌于渠水不言入淮耶？

云「自永和中，江都水斷。其水上承歐陽埭，引江入埭，六十里至廣陵城」者，江都水未斷之先，縣城臨江。迨江都水斷，去江絕遠，故改道由歐陽引江入埭，六十里乃至廣陵城。「永和」者，晉穆帝年號也。漢順帝亦號「永和」。必知此爲晉永和者：宋竟陵王誕舉兵于廣陵，沈慶之討之。慶之至歐陽，誕遣客説慶之；梁侯景之亂，南郡王正表於歐陽立柵，欲襲廣陵；陳太建五年北伐，徐敬成自歐陽引埭上泝江，由廣陵自樊良湖下淮。三事與晉永和近，前此至廣陵無由歐陽者，故知酈《注》所言爲晉永和也。

云「楚漢之間爲東陽郡」至「縣曰安定」一段，此因言廣陵城，遂敍廣陵沿革也。云「城東水上有梁，謂之洛橋」者，水卽中瀆水，洛橋在廣陵東門外，説見《江都運河》。謂中瀆水既從邗城引入，遂從廣陵城東門洛橋下出也。云「中瀆水自廣陵北出武廣湖東、陸陽湖西，二湖東西相直五里，水出其間，下注樊良湖」者，此仍言吳邗溝之舊道也。

《揚州府志》：「甘泉淥洋湖，在今府城東北六十五里，西南接艾陵湖，東北半屬高郵州界。」淥洋，卽陸陽。唐張薦《答權載之書》云：「寶應中，相國丈被褐營道，寓居陸陽。」謂權載之寓居陸陽湖也。《府志》又云：「高郵州淥洋湖，在州南三十里公田邨，通小涇溝，西南屬甘泉縣界。武安湖，在州西南三十里武安邨。卽武廣湖。樊良溪，在州北二十里，自天長縣石梁河流入州界。古樊良湖也。」樊良，一作「繁梁」，《陳書》「太建中，徐敬成自繁梁湖下淮北伐」，一作「樊梁」；《太平寰宇記》云：「樊梁溪，在高郵縣北二十里。」宋時高郵爲縣。

又案，《元和郡縣志》：「合瀆渠在江都縣東二里。」此据唐江都縣言。合瀆，卽中瀆。《寰宇記》謂「縣東二百里」，誤衍「百」字。《太平寰宇記》云：「廣陵縣有邵伯埭，有斗門，在縣東北四十里，臨合瀆渠。」蓋中瀆水由廣陵城北出，至邵伯，皆是渠水，不由湖。邵伯以北有武廣、陸陽二湖，中瀆水出二湖之間，亦是由渠不由湖也。邵伯以北長十八里之月河，明萬歷二十六年始開。未開之前，由湖不由渠，與邗溝舊道異。至樊良，則下注湖矣。酈《注》于「中瀆水自廣陵北出」之後詳言邵伯以北，不言邵伯以南，以邵伯以南皆由渠不由湖，故略之也。

云「舊道東北出，至博芝、射陽二湖，西北出夾耶，乃至山陽」者，此謂中瀆水既注樊良湖之後，乃分二道：舊道由博支至射陽，是爲東道；改道由津湖至白馬，是爲西道。二道雖殊，而皆先由樊良湖，故于注樊良湖後始言舊道。見舊道由樊良出博芝，始與建安後由樊良出白馬湖異，其必由樊梁湖則同。云「東北出博芝、射陽二湖」者，謂舊道從樊良湖東北至博芝後，又至射陽也。云「西北出夾耶，乃至山陽」者，則中瀆水入淮之道也。上文言，吴掘邗溝，「自江東北通射陽湖」，第言其略，此則詳言所經之道。酈《注》及杜預《左傳注》皆言「東北至射陽」，《地理志》言「北至射陽入湖」。《志》言其略耳，亦不得据班《志》所云，遂謂北至射陽爲吴故道，東北至射陽非吴故道也。

胡氏《溝通江淮圖》以邗水入樊良湖，又由樊良湖入博芝湖，是矣。焦氏循以胡説爲非，其《廣陵考》云：「《水經注》：『自永和中，江都水斷。其水上承歐陽，引江入埭，六十里至廣陵城。中瀆水自廣陵北出武廣湖東、陸陽湖西，二湖東西相直五里，水出其間，下注樊梁湖。』此一段謂永和所改之邗溝道也。《注》又云：『舊道東北出，至博芝、射陽二湖，西北出夾耶，乃至山陽矣。』此所云『舊道』，卽永和前吴所溝通之故道。《漢志》云：『江都縣，渠水首受江，北至射陽入湖。』蓋博支與射陽南北相連，中瀆水自廣陵東南直北入博芝、射陽二湖，不注樊梁也。博支、射陽在東，樊梁在西，既至樊良，不得又繞於博芝。胡氏作圖，以邗水入樊湖，又由樊湖入博芝湖，竟合吳之舊道與永和改道爲一。于酈氏之文未細審。」

按，胡氏未誤，而焦氏于酈氏之文有未審也。酈《注》言永和中歐陽引江之後，有楚漢沿革一段，下乃復述中瀆水下注樊良事。焦氏引酈《注》删去中一段，遂謂下注樊良一段㒸上永和，此則焦氏之疏〔一〕也。酈《注》上述江水改道，中述廣陵沿革，下始詳敍中瀆舊道由武廣、陸陽之間下注樊良，不㒸上永和也。其「舊道」二字，不屬之上文，而必屬于「注樊梁」之下，前已釋訖。焦氏見酈《注》上文言「中瀆水自廣陵北出武廣湖東、陸陽湖西，二湖相直五里，水出其間，下注樊良湖」，下云「舊道東北出，至博芝、射陽二湖」，遂以下注樊良湖爲永和改道，誤矣。且焦氏之意，謂博支、射陽在東，樊良在西，既至樊良，不得更繞博支，不知未設隄岸之先，東西本可通行，既至樊良，又繞博支

〔一〕「疏」，道光本與同治本皆作「踈」，今據上下文改。

者，正與蔣濟《三州論》「淮湖紆遠」之言合。況博支湖在今寶應東南九十里，射陽湖在今寶應東六十里，去廣陵邗水甚遠。焦氏謂舊道不由樊良湖，自廣陵直北入博芝、射陽，則越去高郵一邑。中瀆水自廣陵北出之後，果由何道至博支耶？焦氏豈得謂寶應博支湖竟遠接邵伯以北之合瀆渠也？酈氏以舊道至博芝必先由樊良，故詳言中瀆水出武廣、陸陽二湖之間，下注樊良湖，始得東北出博芝、射陽也。且博芝、射陽本不相連。《府志》「博支湖西北通廣洋湖，北接馬長汀」，亦不能徑入射陽湖。焦氏謂博芝與射陽南北相連，亦非也。蓋由樊良至博芝、由博芝至射陽，皆不能直達，中間必有小支渠相通。酈《注》言其大綱，其所經之地不能一一縷析者，勢也。是在讀者細審之耳。

酈《注》釋吳溝通舊道，自廣陵北出，注樊良，入博支、射陽，出末口，入淮，皆不誤；以下敍改道，則有訛脱矣。云「至永和中，患湖道多風，陳敏因穿樊良湖北口，下注津湖，徑渡。渡十二里，方達北口，直至夾耶。興寧中，復以津湖多風，又自湖之南口，沿東岸二十里，穿渠入北口。自後，行者不復由湖。故蔣濟《三州論》曰『淮湖紆遠，水陸異路，山陽不通，陳登穿溝，更鑿馬瀨，百里渡湖』者也」。此一段皆敍改道事。

按，《晉書》陳敏本傳：「趙王倫篡逆，三王起，義兵久屯不散，京師倉廩空虛。敏建議曰：『南方米穀皆積數十年，時將欲腐敗，而不漕運以濟中州，非所以救患周急也。』朝廷從之。以敏爲合肥度支，遷廣陵度支。後以討石冰功爲廣陵相。」則陳敏在廣陵或可穿樊良湖，下注津湖。然敏於懷帝永嘉元年伏誅，不得至永和也。《晉書·惠帝紀》：「太安二年，義陽蠻張昌舉兵反，陷江南諸郡。昌別帥石冰寇揚州，刺史陳徽與戰，大敗，諸郡盡沒。臨淮人封雲舉兵應之。十一〔一〕月，揚州秀才周玘、前南平內史王矩、前吳興內史顧祕，起義兵以討石冰。冰退，自臨淮趣壽陽。征東將軍劉準遣廣陵度支陳敏擊冰。**敏本傳：「時敏統大軍在壽春。」**永興元年三月，陳敏攻石冰，破之。二年正月，帝在長安。十二月，右將軍陳敏反，自號楚公，矯被中詔，從沔漢奉迎天子，逐揚州刺史劉機、丹陽太守王曠，遣弟恢南略江州，刺史應邈奔弋陽。」《懷帝紀》：「永嘉元年，平東將軍周馥斬送陳敏首。」綜核陳敏生平：惠帝太安二年，爲廣陵度支；次年，永

〔一〕「一」，道光本與同治本皆脱漏，今據《晉書》補。

興改元，敏以破石冰功爲廣陵相，旋以父喪去職；二年，帝幸長安，東海王越承制，起敏爲右將軍；**俱見本傳**。是年十二月，敏據歷陽反；懷帝永嘉元年，伏誅。永嘉元年下距穆帝永和凡三十九年，時敏誅已久，則永和中不得有陳敏穿樊良湖事。

又案，酈《注》云：「興寧中，復以津湖多風，又自湖之南口，沿東岸二十里，穿渠入北口。自後，行者不復由湖。」「興寧」爲晉哀帝年號。此謂「津湖多風」，興寧中又自津湖之南口，沿津湖之東岸二十里，别穿爲渠，入津湖之北口。其所以傍湖穿渠者，以津湖多風故也。此處文義明白，惟酈《注》於穿樊梁注津湖事，上下文多踳駁。上云「至永和中，患湖道多風」，按尋文義，似當有傍湖穿渠事，乃下接陳敏因「穿樊良湖北口，下注津湖」，則仍是由湖，與上「患湖道多風」句不相應。云「下注津湖」，「徑度十二里，方達北口」，此謂達津湖之北口，謂由樊良湖之北口穿渠，入津湖之南口，徑度十二里，方達津湖之北口也。云「直至夾耶」，似由津湖之北口，即直至夾耶矣。夾耶雖未詳所在，然按酈《注》敍邗溝舊道，謂「東北出，至博芝、射陽二湖，西北出夾耶」，則夾耶必在射陽湖西北。津湖，即界首湖，在寶應縣南六十里。度津湖十二里，何能直至夾耶也？

此條文義，其誤有三：永和中無陳敏，一誤也；上云患湖多風，下述陳敏穿樊良注津湖，仍是由湖，二誤也；既至津湖，必由白馬湖、射陽湖，而後可達夾耶，詳見下文。津湖不能直達，三誤也。云「故蔣濟《三州論》曰『淮湖紆遠，水陸異路，山陽不通，陳登穿溝，更鑿馬瀨，百里渡湖』」，「故」者，承上之辭，今引蔣濟《論》于陳敏穿樊良及興寧穿渠二事，下與陳登鑿馬瀨事毫不相涉。以意測之，酈氏敍邗溝舊道畢，卽宜敍建安中東道不通，陳登改道，鑿馬瀨及穿樊良湖事，方與下引《三州論》相應。後人既以《三州論》中「陳登穿溝」誤爲「陳敏」，遂以穿樊良湖亦爲陳敏事；因上文江水改道，又有永和年號，因改建安爲永和；又見下文「津湖多風」句，妄意穿樊良湖、下注津湖，亦是患湖道多風，一誤再誤，酈《注》遂不可讀。

今按，《三州論》所謂「淮湖紆遠」者，謂舊道由樊良至博芝，復由博芝至射陽，水道紆遠也。云「水陸異路」者，水路遠、陸路近，故云「異路」。水陸之所以異路者，以「淮湖紆遠」故也。云「山陽不通」者，山陽卽高、寶之山陽河，此指射陽湖以南之水路不通。是時，由樊良至博芝、由博芝至射陽，中間支渠不通，又以舊道紆遠，故必須改道也。云「陳登穿溝」者，此穿溝卽指穿樊良湖、下注津湖也。云「更鑿馬瀨」者，津湖以南，既穿樊良以通之；津湖以北，更鑿馬瀨以通之。津湖與白馬亦本不相連，故須鑿之使通。言「百里渡湖」者，白馬湖在寶應縣北十五里，津湖在寶應縣南六十里，樊良湖在高郵州北二十里，**高郵界首去寶應六十里**。由寶應白馬湖至高郵樊良湖百十五里，言「百里渡湖」者，舉大數也。蔣濟於津湖以南言穿溝，於津湖以北言鑿瀨；津湖以南引樊良湖之水，津湖以北引白馬湖之水。只此數句，而建安改道之事已包舉無遺矣。

夫白馬未鑿之先，中瀆水由東道出博支，至射陽；陳登既鑿之後，乃改由西道出津湖，至白馬。《水經》爲三國時人所作。《經》言淮水「過淮陰縣北，中瀆水出白馬湖，東北注之」，則已在陳登鑿白馬之後。酈《注》言登「鑿馬瀨」，正釋《經》中「出白馬湖」之所自來也。《注》與《經》正相應。《水經》所云「中瀆水出白馬湖」，是建安改道，與班固《地理志》所云「出博芝、射陽」者不同，二道不能合爲一也。但陳登改道之後，中瀆水自廣陵城北出武廣、陸陽二湖之間，下注樊良湖，由樊良湖北口下注津湖，出津湖北口，穿渠入白馬湖，又東北貫射陽湖，始出夾耶而入淮也。必知旣鑿白馬之後，又東貫射陽者。謝靈運《西征賦》云：「發津潭而迴邁，逗白馬以憩舲，貫射陽而望邗溝，濟通淮而薄甬城。」「津潭」卽津湖，「白馬」卽白馬湖，靈運由江適淮，旣至白馬，又貫射陽，是旣至白馬之後，又必貫射陽，而後達淮也。**由白馬而貫射陽，陳登鑿白馬之後已然。非由靈運時始然也。**南宋時，由淮至揚州者，道猶如此。楊萬里有《順風過射陽湖》詩云：「都梁三日雪沒屋，**盱眙縣有都梁山。**小船行水如行陸。山陽一朝帆遇風，大船行水如行空。昨來牽夫凍得泣，買蘆燎火蘆自濕。朝來牽夫皆上船，收纜脫巾篷底眠。樓船忽然生兩翼，横飛直過陽侯國。千邨一抹片子時，四岸人家眼中失。似聞咫尺是揚州，更數寶應兼高郵。青天萬里當竟渡，不堪回首都梁路。」是南宋時由淮至寶應者，猶過射陽湖也。

或又謂：陳登之鑿馬瀨，第注津湖而止。其穿樊梁湖北口、下注津湖者，非陳登事，乃陳敏所鑿。陳敏雖不得至永和，然永和年號或爲太安及永興之誤，子何以必知穿樊良、注津湖爲陳登事乎？曰：揆諸情勢，攷諸史傳，陳登穿溝，必不至津湖而止。《三州論》曰「山陽不通，陳登穿溝，更鑿馬瀨，百里渡湖」，陳登以東道不通，改由西道，若鑿馬瀨通津湖而止，津湖去樊良湖四十里，則是西道仍不得通，陳登又何必爲是無益之舉乎？此揆諸情勢可知者也。

又案，《魏志・張遼傳》：「孫權復叛，帝遣遼乘舟，與曹休至海陵臨江。」《通鑑》記此事于黃初三年。《太平寰宇記》：「海陵縣，東至通州三百里，西至揚州廣陵界二十里，南至大江七十五里，北至楚州界四百里，東南至如皋赤岸鄉界一百三十里，西北至高郵故縣城邨界一百里，東北至鹽城縣丁溪界二百里。」既云乘舟至海陵，必由津湖以南過高郵，由今裏河至海陵矣。《通鑑》：黃初五年，「帝欲大興軍伐吳。八月，爲水軍，親御龍舟，循蔡、潁浮淮，如壽春。九月，至廣陵。吳安東將軍徐盛建計，植木衣葦爲疑城假樓，自石頭至于江乘，聯緜相接數百里，一夕而成。又大浮舟艦于江。時江水盛長，帝臨望歎曰：『魏雖有武騎千羣，無所用之，未可圖也。』帝御龍舟，會暴風漂蕩，幾至覆沒。」上云「爲水軍，親御龍舟」，浮淮至壽春，及至廣陵之後，亦云「帝御龍舟」，則是由淮至廣陵皆御龍舟也。若津湖以南不通，魏之水軍龍舟何由至乎？《魏志・滿寵傳》：「大軍南征，到精湖，精湖即津湖，説見前。寵帥諸軍在前，與賊隔水相對。寵敕諸將曰：『今夕風甚猛，賊必來燒，軍宜爲其備。』諸軍皆警。夜半，賊果遣伏十部夜來燒，寵掩擊破之。」《魏志》敍此事于黄初三年。前按《文帝紀》建安廿五年「六月辛亥，治兵于東郊；庚午，遂南征」。《寵傳》云「大軍南征」，當在是年。云「到精湖」，「與賊隔水相對」，津湖徑度十二里。是魏兵在津湖以北，吴兵陳津湖以南，夜半吴襲寵軍，必渡湖矣。若南道不通，吴船何以得至津湖耶？

《通鑑》又云：黄初六年，「帝以舟師復征吴，羣臣大議。宫正鮑勛諫曰：『王師屢征而未有所克者，蓋以吴、蜀脣齒相依，憑阻山水，有難拔之勢故也。往年，龍舟飄蕩南岸，事見上。聖躬蹈危，臣下破膽，此時宗廟幾至傾覆，爲百世之戒。今又勞兵襲遠，日費千金，中國虚耗，令黠虜玩威。臣竊以爲不可。』帝怒，左遷勛爲治書執法」。「八月，帝以舟師自譙循渦入淮。尚書蔣濟表言水道難通。《蔣濟傳》：「表言水道難通，作《三州論》以諷帝。」此年，帝以舟師至廣陵，而濟云水道難通者，謂邗溝經冬易涸，故云難通也。帝不從。冬十月，如廣陵故城，臨江觀兵，戎卒十餘萬，旌旗數百里，有渡江之志。吳人嚴兵固守。時天寒，冰，舟不得入江。帝見波濤洶涌，歎曰：『嗟乎！固天所以限南北也。』遂歸。孫韶遣將高壽等率敢死之士五百人，于逕路夜要帝。帝大驚。壽等獲副車、羽蓋以還。于是戰船數千，皆滯不得行。議者欲就畱兵屯田。蔣濟以爲東近湖，北臨淮，若水盛時，賊易爲寇，不可安屯。帝從之，車駕卽發。還到精湖，水稍〔一〕盡，盡畱船付濟。船連延在數百里中。濟本傳作「船本歷適數百里中」。濟更鑿地作四五道，蹴船令聚，豫作土豚，遏斷湖水，皆引後船，一時開遏入淮中，乃得還。七年春正月壬子，帝還洛陽，謂蔣濟曰：『事不可不曉。吾前決謂分半燒船于山陽湖中，《蔣濟傳》作「山陽池」。卿于後致之，略與吾至譙。又每得所陳，實入吾意，自今討賊計畫，善思論之。』」

詳味《通鑑》原文，上云「帝以舟師征吳。冬十月，如廣陵故城，臨江觀兵，有渡江之志。時天寒，冰，舟不得入江」，是帝以舟師至廣陵也。云「戰船數千，皆滯不得行」，謂

〔一〕「稍」，道光本與同治本皆作「消」，今據《通鑑》及《三国志・蔣濟傳》改。

滯于廣陵也。云「議者欲就留兵屯田，蔣濟言賊易爲寇，不可安屯。帝從之，車駕卽發。還到津湖」者，謂帝車駕卽發，還到寶應精湖也。云「水稍盡，留船付濟。船連延在數百里中」者，津湖以南，渠水稍盡，帝車駕先發，而盡留船付濟，故船連延在數百里中也。云「濟更鑿地作四五道，蹴船令聚，豫作土豚，遏斷湖水，皆引後船，一時開遏入淮中，乃得還」，此如後世開挑引河之法。凡挑引河，必先穿地鑿四五道，而後引水注之，便得通利，所謂「川字溝」是也。云「吾前決謂分半燒船于山陽湖中」者，謂前車駕將發，留船付濟之時，與濟計議，若船不能盡致，或有一半仍滯不得行，卽須燒之，不必留船資敵也。山陽池，統謂津湖以南。帝到精湖，水始稍盡，謂津湖以南之渠水稍盡，不謂湖水盡也。若湖水亦盡，濟又何能遏斷湖水以通船耶？足知「水稍盡」者，謂渠水盡也。然則渠水未盡之時，津湖以南固通舟楫矣。若樊良湖下注津湖之渠非陳登所穿，文帝征吳亦何能以舟師直至廣陵、臨江觀兵耶？又按《吳志·孫亮傳》：「太平元年，**吴太平元年爲魏甘露元年，上距黄初六年凡三十一年。**孫峻用文欽計，將征魏。八月，先遣欽及驃騎呂據、車騎劉纂、鎮南朱異、前將軍唐咨軍自江都入淮、泗。」《**孫峻傳**》同。云「自江都入淮、泗」，則由江達淮之路固通，尤爲切證。此皆按諸史傳可稽者也。

酈《注》又云：「自廣陵出山陽白馬湖，白馬湖在今寶應縣北十五里。寶應劉寶楠云：「晉時白馬湖或屬山陽，故《水經注》云『山陽白馬湖』。自隋以後，湖屬寶應，故《隋志》安宜有白馬湖。」逕山陽城西，即射陽縣之故城也。射陽故城，詳《寶應運河》。應劭曰在射水之陽。漢高祖六年，封楚左令尹項纏爲侯國也。王莽更之曰監淮亭。世祖建武十五年，封子荆爲山陽公，治此。十七年，爲王國。城本北中郎將庾希所鎮。中瀆水〔一〕又東，謂之山陽浦，又東入淮，謂之山陽口者也。」此一段敘中瀆水出山陽口入淮，因敘山陽在漢爲王國。按，山陽郡、縣，晉義熙始立。荆之所封，在今之兗州。閻氏若璩、錢氏大昕等皆以酈《注》爲誤，是也。

總核《水經》此條，敘建安後中瀆改道由白馬湖，本與班固《地理志》不同。胡氏渭以《水經》爲誤，謂《水經》不如《地志》之確，故其《溝通江淮圖》誤合《地志》、《水

〔一〕「水」，道光本與同治本皆脱漏，今據《水經注》補。

經》而一之，不知《水經》所云中瀆出白馬湖，專論建安改道事。酈《注》先敘邗溝故道，後敘陳登改道，至敘興寧穿渠事，但傍津湖穿渠仍是由西道也。焦氏循以出武安、淥洋二湖之間，下注樊良湖，爲永和改道，於酈《注》原文未經細審。又胡氏、焦氏引《水經注》，皆不述《三州論》陳登穿溝事，遺却建安一大沿革，尤爲疏〔二〕略！《歸震川文集・壬戌紀行》云：「古廣陵「古」當作「自」。北出武廣湖東、陸陽湖西，二湖相直五里，水出其間，下注樊良湖。舊道東北出至博芝、射陽二湖，西北出夾耶，至山陽。永和中，陳敏因湖道多風，自湖之南北口，沿東岸二十里，穿渠二十里以避湖風。」此亦約舉《水經注》之文，惟以興寧所穿之渠爲永和中陳敏所穿，則又誤矣。

顧氏炎武《郡國利病書》引《水經》云：「淮陰縣有中瀆水，謂之邗江，亦曰韓溟溝，自江東北通射陽。《地理志》所謂渠水也。西北至末口，一曰北口。晉永和中，自廣陵北出武廣湖之東、陸陽湖之西，相距五里，下注樊良湖，東北出博支、射陽湖，西北出夾

〔二〕「疏」，道光本與同治本皆作「踈」，今據上下文改。

耶，乃至山陽。是時，陳敏患湖多風，乃穿樊良，下注津湖，徑度十二里，達北口，直至夾耶。興寧中，復以津湖多風，又自湖之南北口，緣東岸二十里，穿湖入北口。自後，行者不復由湖。」顧氏以「注樊良湖」爲晉永和事，其失與焦氏同。又删去「舊道」二字，以出博支、射陽亦蒙「永和」之文，尤爲繆誤。

蓋自「建安」誤爲「永和」，「陳登」誤爲「陳敏」，後人遂以訛傳訛，而《水經》之義益晦矣。幸酈《注》引蔣濟《三州論》，有「陳登穿溝」數語，而《蔣濟傳》又有作《三州論》事，濟與陳登同時，登於建安二年爲廣陵太守，濟於黄初六年作《三州論》，相距二十八年。其言足信，故据以爲本。復旁稽史傳，以證酈《注》之訛，辨諸家之失，俾讀《水經》者有所考焉。如曰不然，請俟來哲。

《新唐書・地理志》：「廣陵郡，高郵。上有隄塘，溉田數千頃。元和中，節度使李吉甫築。」此高郵築塘以溉田，非築湖隄也。

按，《新唐書・地理志》第言高郵有隄塘，爲李吉甫所築，不言何塘。《李吉甫傳》：「爲淮南節度使，居三歲，築富人、固本二塘，溉田且萬頃。」雖不言在高郵界，然《吉甫傳》與《地理志》所言實是一事，則富人、固本二塘在高郵可知。《玉海》引《唐書・李吉甫傳》「築富人、固本二塘」，卽引《地理志》揚州「高郵有隄塘」以爲注，則王應麟固以富人、固本二塘在高郵矣。二塘久廢，今不知其處。然按《高郵州志》，高郵有白馬塘，阻三阿溪，**三阿鎮在州西八十里**。茅塘在州西南二十里，裴公塘在州西南六十里，盤塘在州西三十里，柘塘在州西五十里，萬家塘在州城西北，通新開河，卞塘在州城西一百里。諸塘皆在州西。蓋高郵之水皆受自天長以西諸山，吉甫所築之塘亦必在西，可知塘曰富人、曰固本，皆取義于溉田，非築湖隄以濟運也。

又按，吉甫本傳：「爲淮南節度使，居三歲，築富人、固本二塘，溉田且萬頃。漕渠庳下，不能居水，乃築隄閼，以防不足、洩有餘，名曰平津堰。」後人見富人、固本二塘在高郵，平津堰之文承築塘之下，因謂平津堰亦在高郵。又不知「平津」之名，專以堰水，置在河中，而以平津堰爲運河隄，則誤甚矣。吉甫本傳平津堰雖承築塘下，實另是一事。《新唐書·食貨志》：「初，揚州疏太子港、陳登塘凡三十四陂，以益漕河，輒復堙塞。淮南節度使杜亞乃濬渠蜀岡，疏勾城湖、愛敬陂，起隄貫城，以通大舟。河益庳，水下走淮，夏則舟不得前。節度使李吉甫築平津堰，以洩有餘、防不足，漕流遂通。然漕益少，江淮米至渭橋者纔二十萬斛。」此《志》上文云「河益庳，水下走淮，夏則舟不得前」，下云「築平津堰以洩有餘、防不足」，則是慮渠水之下走淮，非慮湖水之溢也。堰當置在水中。《宋史·河渠志》向子諲曰：「運河高江淮數丈，自江至淮凡數百里，人力難濬。昔唐李吉甫廢牐置堰，治陂塘，洩有餘、防不足。」子諲，宋人，去唐未遠，所云「廢牐置堰」，當得其實。蓋吉甫所置之堰亦非一處，置堰之意，恐渠水之走淮，故攔河置之，必非今之運河隄也。

萬歷庚辰，高郵修東隄成，李春芳作《記》曰：「東隄者，高郵之東河塘也。其河曰運鹽河，而其西則爲官河隄，亦曰運河隄，卽唐刺史李吉甫所築平津堰。宋陳損之議築隄堰，其云自揚州江都縣至楚州淮陰縣，謂今官河隄，又自高郵至興化，則東河塘實自平津始焉。」按，李文定既誤以運河隄爲平津堰；又以東河塘實自平津始，是又誤以吉甫所築之塘爲卽東河塘矣。不知高郵諸塘受天長以西諸水，皆在州西，去東河塘絕遠，不得謂吉甫所築之塘爲東河塘也。《利病書》云「唐憲宗元和三年，節度使李吉甫于高郵築平津堰，灌田千頃」，亦誤合築塘、堰水爲一。總由見《李吉甫傳》二事連敍，致有斯誤。《食貨志》則以「築平津堰」，承「河益庳，水下走淮」，則平津堰專爲節水，非以溉田也，明矣！自李文定誤以運河隄爲平津堰，後來《志》、《書》皆承其謬。前于《江都運河》既辨平津堰非運隄，茲又推諸書致誤之由，而引《食貨志》以正之。

《輿地紀勝》引《元和郡縣志》云：「高郵縣是秦之高郵亭。」《太平寰宇記》云：「高郵縣，本漢舊縣，秦之高郵亭，因以立名。三國時荒廢。晉太康中，復立。隋大業中，移于樊良鎭。至永徽二年，復舊所。運河在縣郭下，通邵伯堰。」此高郵之運河也。

按，《元豐九域志》：廣陵郡高郵縣有運河。《通鑑》：唐咸通九年，楚州戍卒龐勛等叛，還徐州，道經淮南。淮南將李湘言于節度使令狐綯，曰：「高郵岸峽而水深狹，請將奇兵伏於其側，焚荻舟以塞其前，而以勁兵圍其後，可盡擒也。不然，縱之，使得度淮至徐州，與怨憤之衆合，爲患必大。」絢素懦怯，且以無勅書，乃曰：「彼在淮南不爲暴，聽其自過，餘非吾事也。」《文獻通考》云：「高郵軍，地形皆低，爲沮洳蒲葦之澤。城基特高，狀如覆盂。」李湘所謂「岸峽水深」，當指近城運河而言。自唐永徽移復舊所，而樊良之故城廢，今猶名其地曰「故縣邨」。今州治，仍唐縣治也。歷代雖有增築，不離舊址。《高郵州志》云：宋「開寶四年，知軍事高凝祐始築。《嘉慶揚州志》云，開寶四年所築之城，仍舊址而築，非別創也。紹興初，韓世忠命郡守董旼營繕之。乾道間，郡守陳敏重修。淳熙乙巳，郡守范嗣蠡于南北開二水門，通市河。開禧三年，增重濠。」《州志》又云：「繞城有濠塹，西臨運河。」《玉海》：運河二十一堰。高郵有新河、樊良二堰。樊良堰必在樊良湖，新河堰未詳其處。宋人名新開湖爲新開河，新河堰或即在新開湖歟？《太平寰宇記》云：「運河在縣郭下，通邵伯堰。」蓋自中瀆水出武廣、陸陽二湖之間，下注樊良湖，宋人于樊良湖置堰，恐運河之洩入湖也。《宋史・高宗紀》：紹興四年十月，「金人攻承州，建炎二年，升高郵軍爲承州。韓世忠遣將成閔、解元合兵擊于北門，敗之」。《繫年要錄》：「初，金人至近郊。元料翼日必至城下，乃伏百人于路，又伏百人于城北東〔一〕岳廟下，《州志》：東岳廟在州新城小東門外。自引四百人伏路隅。令曰：『金人以高郵無兵，必輕易而進。俟金人過，我當先出掩之，伏要路者見我麾旗，則立幟以待。金人進退無路，必取嶽廟走，則伏者出。』衆皆諾。又密使人伏樊良，決河岸以遏其歸路。」卽決樊良堰也。「紹興三十一年，劉錡檄淮東副總管張榮，以所部人、船盡赴淮陰。榮被檄，卽發泰州。至楚州，則大軍已退，其所統民、兵皆驚潰。榮收散亾僅千人，至邵伯埭，決運河水入湖以自保焉。」此皆決運河水以入湖也。

《宋史·李溥傳》：「景德中，任制置江淮等路竝發運使。漕舟東下，令載石輸

〔一〕「北東」，道光本與同治本皆作「東北」，以下文「東岳廟」改。另《嘉慶高郵州志·卷一·廟宇》「泰山廟，卽東岳行宮，在州城外東北隅。宋太平興國年間道士李守堅建」，又同書《卷一·古跡》「文遊臺，在城東二里東岳廟後」，《州志》诸书皆未详载高邮城内有北岳廟，且東岳廟地望與解元所述部署合，故從下文改。

高郵新開湖，積爲長隄。」此高郵新開湖東有長隄之始。

按，《行水金鑑》：「新開湖在高郵州，長三十五里。」《方輿紀要》：「新開湖，州西北三里，其水東、南俱通運河，長闊各百五十里，天長以東之水，俱匯此湖而入于淮。湖中突起一洲，可百餘畝〔一〕。水雖盛漲，終不能沒。其洲去城十里，州境自昔恃湖爲險。」《山堂考索》云：「淮東，川澤之國。凡小洲、大渚，水勢環遶，人所不到處，皆水寨也。自老鸛、新開諸湖而言，凡四十餘處，而相通之寨九，一寨一將主之。南宋所爲守淮者，皆新開湖以爲之險耳。」

按，新開湖爲高郵絕險要處，李溥雖積石爲隄，然時有衝決。州治北二十里，有清水潭，《州志》：「清水潭，在州北二十里，故縣邨新開湖隄旁。」上有五龍王廟。宋寧宗嘉泰間，郡守吳鑄重建。曹叔遠宋人。《五龍王廟記》曰：「高郵，古望縣。皇朝重兵宿

〔一〕「畝」，道光本與同治本皆誤作「杴」，今據《讀史方輿紀要》改。

京師，倚東南六路賦入。于是東淮轉漕之責最天下，高郵始爲郡矣。建炎中，高郵升爲承州。故云始爲郡。漕河自眞、揚道江，北趨楚盱眙入淮，沿河而隄，延袤六百餘里。自光宗紹熙間，陳損之建議，興築自揚州江都縣至楚州淮陰縣三百六十里隄堰，于是運河東岸始有長隄。曹氏連眞州、盱眙言之，故言延袤六百餘里耳。高郵治當其中，運輸淹速、係隄修廢，郡重事無先焉。郡西界天長，凡濠、滁上流諸水，至天長合聚演迤，浸爲巨濼，所謂三十六湖者，往往皆繇郡左右入漕河。清水潭，在郡北二十里，尤爲受水要害處。雨潦時至，湖流自西出，蕩衝激奔，隄不能支，始縱水所嚙，匯爲潭。隄因潭爲偃月，回曲盤礴，流賴少緩。然潭以東，地勢益傾陊，里俗號稱下河。儻隄稍弱，又不支，則潭潰東注，湍怒愈甚，舟冒而過之，或漂淪莫測也。潭之左，舊有五龍祠，歲時牲祭惟謹。當承平時，舳艫相銜。郡嚴視隄，既不容一日有潰決，猶必乞靈于神以鎮之。其畏重固如此。中興以後，漕事重在江浙，南北講解，邊柝靜寧，東淮糧餉征發之令久息。惟北使歲一再至，餘卽販商農畯所由，歷郡于隄，因不復經意。間遇潭衝齧，始調民徒，畚土舉薄，當作「簿」。隨塞隨敗。或役未就，遇使命期會，急不可須，卽于潭口繩聯數舟，設平板橫絕湍流，權以濟事。然常必請于轉運、常平二使，繕其力乃辦。而五龍祠亦浸廢矣。嘉泰三年，直祕閣吳侯鑄守郡，既再期。冬十月，大雨，潭復決，郡寮摭舊事諗侯。侯曰：『是奚可苟也！隄在境，其修廢，正吾職。郡計雖僅足，無羨贏，敢不自力，而又重浼二部使乎？』乃定規要，商工力，先設三壩，截河流南北，而後授役。始潭之決，其徑才十有七丈，至是益廣。偃月以殺勢，其徑爲丈三十，圍三徑一，環潭之隄，加徑之大三倍，隄址厚廣以丈計者六，其顛眂址三殺一焉。築功緻嚴，屹崇而堅，水波順靜，檣桅奠輯，歡誦藹如也。」

又新開湖中，有康澤侯廟。《州志》云：「在州城西北十里新開湖中。嘉靖壬寅重修。工部邵南撰《記》云：高郵西北隅，距城十里有耿七公廟，肇建于宋哲宗，屹然于湖之中洲。生而神異，沒而靈顯。歷乾道、淳熙、景定年間，救灾捍患，耳目所睹聞，載在紀傳，累封康澤侯。迨東南之漕，自揚達淮，必由于湖。湖寰帀百里，水漫湠洶湧，烈風怒濤，覆舟決隄，漕〔一〕恆患之，民瀕危者亦屢。公精神上下于虛空、水波之间〔二〕，燈熾炳揚，隨患隨救，若有形見，事亦甚奇。宣德間，平江伯陳公埴奏聞于朝，命秩祀典，春秋二仲，州守率僚屬祭惟謹。往來之舟必禱焉。」

合二記觀之，可以見新開湖之險矣。宋始有新開湖，楊萬里有《過新開湖》詩，新開湖之名著而樊良湖之名晦。《太平寰宇記》：「高郵有樊良溪，在縣北二十里。」《州志》以爲卽古樊良湖，是樊良湖之名久晦矣！新開湖在城北三里，長三十五里，樊良湖在州北二十里，則是新開湖已竝樊良湖爲一矣。其湖絶險，此明宏治間所以于新開湖旁開月河也。

《宋史·河渠志》：光宗紹熙〔三〕五年，陳損之興築隄堰，「自揚州江都縣至楚州

〔一〕「漕」，道光本與同治本皆脱漏，今據《高郵州志》補。
〔二〕「间」，道光本與同治本皆脱漏，今據《高郵州志》補。
〔三〕「熙」，道光本與同治本皆誤作「興」，今據《宋史·河渠志》改。

淮陰縣三百六十里」。此高郵新開湖隄南北接築長隄之始。

按，李溥于新開湖築石隄三十五里。《李溥傳》未言里數，新開湖長三十五里，《溥傳》言「積爲長隄」，知溥所築亦三十五里也。《宋史・張綸傳》：「拜江淮制置發運副使，築漕河隄二百里于高郵北，旁錮鉅石爲十礎，以洩橫流。」是綸又于李溥所築隄之北，又接築至淮陰也。明陳應芳《敬止集》言：「自宋天禧中，江淮轉運使張綸因漢陳登故迹經畫，就中築隄界水，俾隄以西，匯而爲湖。」據此，則陳氏亦知運河改由西道始于陳登矣。《宋史・河渠志》：光宗紹熙五年，淮東提舉陳損之言：「高郵、楚州之間，陂湖渺漫，茭葑彌滿，宜創隄堰以爲瀦洩，庶幾水不至于泛溢，旱不至于乾涸。乞興築自揚州江都縣至楚州淮陰縣三百六十里。此謂運河隄。又自高郵、興化至鹽城縣三百四十里，其隄岸傍開一新河，此謂鹽河隄。以通舟船，仍存舊隄，以捍風浪。栽柳十餘萬株，數年後，隄岸亦牢，其木亦可備修補之用。兼揚州墟鎮，舊有隄牐，乃泰州洩水之處。其牐塘久廢，亦于此創立斗門，此謂泰州入江之隄牐也。西引盱眙、天長以來衆湖之水，起自揚州江都，經由高郵及楚州寶應、山陽，北至淮陰而入于淮，此謂築隄引水入淮，仍申言運河也。又自高郵入興化，東至鹽城而入于海，此申〔一〕言運鹽河。又泰州、海陵南至揚州、泰興而徹于江，此申言泰州入江之路。共爲石磋十三、斗門七，乞以紹熙堰〔二〕爲名，鑱諸堅石。」其所云「興築自揚州江都縣至楚州淮陰縣三百六十里」，專指湖東運河之長隄。

高郵有運河，又有鹽河；運河又謂之官河，鹽河又謂之運河。《方輿紀要》云：「官河在州城西，自州南三十里江都縣界露筋廟起，至州北六十里界首鎮止，其西七十二澗之水，由甓社等湖，經城南北金門閘及城西窯港閘而入官河。今漕運所經也。」是謂運河爲官河矣。《紀要》又云：「運河，其故址卽唐李吉甫所築平津堰，溉田數十頃者也。」此亦沿李文定之誤。宋時，修爲運隄。謂運鹽河隄。大中祥符間，轉運使吳遵路請于

〔一〕「申」，道光本作「申」，同治本誤作「由」，今據道光本及上下文改。

〔二〕「堰」，道光本與同治本皆脫漏，今據《宋史·河渠志》補。

高郵等處置斗門九十，以蓄洩水利。天聖中，轉運方仲開言，淮南漕河宜作木閘、石窗，分水溉田。宣和初，柳廷俊復請修高郵運河隄岸、斗門、水閘。」是又謂運鹽河爲運河矣。

高郵有運河，又有運鹽河。南宋以前，運河與運鹽河竝重；中興之後，糧餉不經運河，故運鹽河獨重。曹叔遠〔一〕《五龍王廟記》謂「中興以後，東淮糧餉征發之令久息，惟北使歲一再至，餘卽販商農畯所由，歷郡于隄，因不復經意」，亦可見運河之廢墜矣。又按，陳造《江湖長翁集·與奉使袁大夫論救荒書》曰：「自江而淮，爲南北之運河。自高郵而鹽城，爲東西之鹽河。兩河湮廢不修，而聽其自爾者，六七十年矣。此不惟使客往來、鹽漕之所資，而一路征商利源之要，實藉此也。資此以灌溉者，皆膏腴之田，平日規模不復見矣。雖近者稍置斗門、石䃮、函管等，民微得其利，然始興倉猝，未究其極。兩河兵革之前，其隄固、其流深者，月有培，歲有浚，而時開闔其洩水處。兵革而來，河

〔一〕「遠」，道光本與同治本皆誤作「達」，今據前文及《宋史》改。

之泥淤積已數尺，隄崳于河而日薄，河不濬，則隄不固，不濬不固，則斗門、石磋等庸足恃乎？」又云：「運河以淤淺，故一遇使客，釘閘壩流無所不至，興役之民蟻集，而民勞功少，商旅阻滯，玆未足論。而鹽河淺淀，雨足水漫，猶苦重舟膠澀。今舟斷不通，承鹽之虧，「承」卽承州。其課以袋計之，蓋四萬八千。」造又《與王提舉論水利書》曰：「自本軍至鹽城鹽河二百五十里，其左有隄，則以民田之在右者卜于左數尺故也。隄所以障水，古人之計，不惟通漕運，亦以灌民田。隄介高下之間，其或水浸。高郵八十里間爲函管三十三，其數多，其制小，則欲分洩之。分洩之者，爲其隄之薄，而防其水勢猛戾，將決吾隄且害稼也。分洩之有不暨，于是有斗門之立，所以佐函管之不及。八十里之間爲斗門二，其一曰東河口，其一曰三垛。一斗門所洩，可竝十餘管之水。然必東河口，必三垛，他處無之者。二處地甚闊，水雖湍猛，不壞也。又，東河口其下，則海陵、大溪；三垛其下，有山陽河，皆所以受湍猛之水。捨此不可爲矣。古法三四尺通漕運之外，容民取水溉田，則兼公與私利之，此元祐間毛公法也。」據陳造所云，則宋人視鹽河重而視運河輕也，明矣！

《元世祖本紀》：端宗景炎元年六月，「姜才夜率步騎數千，趨丁邨堡。守將史弼、苦〔二〕徹出戰，斬首百餘級，獲馬四十匹。詰旦，阿里、都督陳巖以灣頭堡兵邀其後，大破之，獲米五千餘石。阿术又以高郵水路不通，必由陸路餽運，以千騎邀之。米運果來，殺負米卒數千，獲米三千石」。蓋宋至南渡後，糧運不由淮東，湖隄久不修，聽其衝決，即至走洩。之後高郵一帶運河，遂不能通舟楫矣。此亦運河之大變革也。

《明史·河渠志》：陳瑄「築高郵河隄，隄内鑿渠四十里」。此高郵新開湖傍湖爲渠之始。

按，《陳瑄傳》：瑄「開泰州白塔河」，「又築高郵湖隄，於隄内鑿渠四十里，避風濤之險」，與《河渠志》同。瑄開白塔河，在宣德七年。《傳》於開白塔河之後言鑿渠事，則亦

〔二〕「苦」，道光本與同治本皆誤作「苦」，今據《元史》改。

在宣德七年也。云「於隄内鑿渠」，則是在老隄之西，傍湖爲渠。此渠不久卽廢。後又開康濟河。此亦如洪武九年，用老人柏叢桂言，開寶應直渠，不久卽廢，故後又開宏濟河也。蓋叢桂與瑄所開之渠，倚湖爲渠，皆在隄内，湖水漫溢，渠與湖連。其所以不久卽廢者，以未隔隄爲之也。後此，高郵所開之康濟河，寶應所開之宏濟河，皆隔隄爲之矣。《憲宗實錄》：成化十四年三月，「太監汪直言，邵伯、高郵、寶應、白馬四湖，每遇西北風作，則糧運、官、民等船，多被隄石、樁木衝破漂沒，官築重隄於隄之東，積水行船，以避風浪。部議遣官相度，從之」。《明史·河渠志》亦言：「成化時，遣官築重隄于高郵、邵伯、寶應、白馬四湖老隄之東。」按，劉健作《白昂康濟河記》謂：「前此董河事者，嘗議修湖東、鑿複河，以避風濤、便往來，不果行。」則是成化議築之重隄，亦未果成。若重隄成，月河卽成矣。劉健云「不果行」，是未成也。

《明會典》：「高郵、邵伯等湖，皆有石隄，運船觸隄，往往敗溺。宏治三年，命官于高郵河迤東開新河，以避其險，曰康濟河。中爲圈田，南北置閘，以時啓閉，兩岸俱甃以石。」此高郵新開湖東繞田開康濟河之始。

按，《明太祖實録》：洪武二十年春正月癸酉，命工部主事楊德禮往高郵，督有司修築竝湖隄岸。因揚州府同知任祥上言隄岸圮壞，故有是命。《太宗實録》：永樂二年正月戊申，揚州府高郵州耆民言：「州北門至張家溝湖岸，兩京之要路，民田之巨防。湖納天長、盱眙諸水，雨潦漲溢，風波衝決，隄岸每歲修築，旋復旋圮，阻絶驛路，傷損民田。乞遣人相度，重爲修理。」從之。永樂十九年九月丙寅，修直隸高郵州新開湖塘岸。此皆修築新開湖旁湖隄也。宋陳損之于高、寶創立隄堰，則高郵湖已築有長隄矣。《南河全考》：「宣德七年，平江伯陳瑄築高郵、寶應、氾光、白馬諸湖長隄，以度牽道。」不過因舊址增築之耳。《利病書》云「永樂七年，平江伯陳瑄修築高郵、寶應、氾光、白馬諸湖長隄」，與《南河全考》所載當是一事。惟《利病書》作「永樂七年」，誤。

《孝宗實録》：宏治七年當作三年。「七月乙丑，高郵康濟河成」。大學士劉健

《高郵州新開康濟河記》略曰：「白公昂視運道，自山東抵揚州，議所以濬治。時監察御史孫君衍、工部郎中吴君瑞董河事，與巡撫右副都御史李公鼎、漕帥署都督僉事都公勝、署都督指揮同知郭君鋐合議：『高郵州運道九十里，南至露筋，北至界首，計九十里。入新開河。即新開湖，宋人亦名曰「新開河」，其實湖也。湖東直南北爲隄，舟行其下。自國初以來，障以樁木，固以碎石，決而復修者，不知其幾。其西北則與七里、張良、甓社、石臼、平阿諸湖通，瀠洄數百里。每西風大作，波濤洶湧，舟與沿隄故樁、石遇，輒壞，多沈溺。前此董河事者嘗議修湖東、鑿複河，以避風濤、便往來，不果行。今欲舉運河便利，宜莫先于此者。』白公議允。遂相地興工開鑿，起州北三里之杭家嘴，至張家溝而止。《州志》云：「按，始濬河時，白公議自車邏鎮迤東，北至九里，環繞城郭，西隄緜厚，湖水不至拍城，漕水安流，而風氣完固。時有勢家，以不便于己之所居，夤緣阻撓，自西門直去，以至水道衝城破郭，反跳無情，而郵郡形勢破壞矣。近年水患頻仍，西門渡之外，田地皆化爲湖陂，而越河圈子，久不得耕種，西門城腳，水齧去過半，其爲害當未有涯也。」長竟湖，廣十丈，深一丈有奇。而兩岸皆擁土爲隄，椿木、甎石之固如河岸。南北有閘，與湖通。岸之東，又爲閘四、涵洞一，每湖水盛時，使從減殺焉。以三年三月始事，凡四閱月而成。自是，舟經高郵者，人獲康濟。白因采衆議開之，名曰康濟河。」吴寬作《白公傳》云：「白公昂見高郵之甓社湖，風浪時作，多覆舟，或舟觸岸輒壞。議卽其東開複河，以避其患。河成，舟安行無險，名其河曰康濟。人思公惠，名白公隄。」按，《明會典》及劉健《記》俱謂于新開湖旁作複河，而吴寬謂于甓社湖之東開複河者，蓋新開湖西北與甓社湖連，故吴寬謂于甓社湖東開複河也。

白昂之開康濟河，越民田爲之，故謂其田爲「圈子田」。《利病書》云：「圈子田，乃開康濟河時，于民田中鑿渠，其田越在河外，遂爲越河圈子田，中皆膏壤，額糧四百餘石。若隄岸弗治，久之，將復爲湖，而新開河之險惡如故矣。」又《孝宗實錄》：「宏治九年四月庚子，巡按直隸監察御史鄧章言，高郵湖爲運河喉襟之地，而自杭家閘迄于張家溝，凡三十餘里，其隄面故甎爲風濤所齧，屢修輒壞，營費無算，宜易以石，庶幾可久。**此謂新開湖老隄也。**而新修康濟河，兩岸亦須預爲甃築，以免衝決之虞。河之北閘，仍宜北遷五里許，庶舟行可以盡避湖面之險。事下工部，請如所擬。」

萬恭《治水筌蹄》云：「高郵湖，宏治三年，白公以七十餘萬金成康濟河，商誠便也。第不當東繞圍民田，康濟與湖通，水如城，田如盂。不得已，于月河之底沈三涵洞，穿月河而東洩〔一〕，船行洞之上方。未七十年，松板洞室，不復能穿，月河水匯田中。是老隄之東又益一萬八千畝之田湖也。左哉！左哉！老隄如綫，浸萬頃中，八面受敵，而大隄壞。「大隄」，卽老隄。中隄故卑薄，大湖擁田，湖濤擊之而中隄壞。「中隄」，卽康濟河之西隄。二隄俱壞，則康濟東隄，直弱緍當萬石之弩耳，豈不危哉？今議，固老隄、塞金門、決康濟、涸湖田，乃循老隄之東長十丈爲之東隄，一護老隄，一成月河，歲加修築，則運與民與商舶，萬世之利也。」

《南河全考》：「萬歷四年五月，漕撫吴桂芳題請委郎中陳詔、殷建中、兵備陳學

〔一〕「洩」，道光本與同治本皆作「拽」，今从《行水金鑑》改作「洩」。

博、知州吴顯修復高郵西湖老隄，繇圈田改挑康濟越河，竝築中隄，糧運賴之至今。」此高郵新開湖靠老隄改挑月河之始，卽今高郵以北之運河也。

按，白昂所開之康濟河，未六七十年，而隄輒壞。《明會典》：「嘉靖五年，題准于汜光湖東，旁舊隄開新河，長三十里，遂棄康濟河。」謂于寶應汜光湖東開河，而高郵則由湖行走，遂棄康濟河不用。《河防榷》云：「萬歷四年正月，高郵州清水潭隄口衝決。時督漕侍郎張翀以修復老隄工力浩大，數年始可成功，恐新運已臨，決口未就，且令糧船暫由田圈裏行。而御史陳功則稱，圈田淺澀，不便牽挽，外湖水面闊四十餘里，風有不順，必至稽阻。工科給事中侯於趙，亦以兩臣持議未決，恐致過淮後期，乞敕所司速議，竝欲以淮南運道專責漕臣，而以淮北運道命河臣傅希摯一意經理，務時加挑濬，**謂挑濬圈田淺澀處**。以圖萬全。從之。」

《神宗實錄》：「萬歷四年三月，漕運侍郎吴桂芳言：『高郵南河隄，「**南**」**字誤，當作**「**老**」。乃永樂中陳瑄所建，運艑俱行湖内，波濤爲患。至宏治中，侍郎白昂議開越河，中爲土隄，東爲石隄，兩頭建閘，名爲康濟河。其中隄之西、老隄之東，約圈民田數萬，所謂圈子田是也。彼時未傍西隄爲河，而别作越河于數里内，舳艫安流，軍民稱便。但河去老湖太遠，瞻顧不及，缺壞不修，遂致水入圈田，又成一湖，而中土隄遂潰壞，東隄遂受數百里湖濤，故有昨歲清水潭之決。蓋勢所必至也。今若盡復白昂舊迹，策非不善，但据估銀二十七萬有奇，比之白昂所費尚不及半，誠恐修築不堅，數年後復壞。不如照宏治中侍郎王恕議，就老隄爲越河，祇修築東、西二隄，爲費既省，而濬隄牽挽，亦可隨壞隨修。高郵既完，徐及寶應。』事下所司。萬歷五年，漕運侍郎吳桂芳言：『高郵石隄功將底績，宜及時挑越河。查先年侍郎白昂開康濟越河，去老隄太遠，河成之後，人心狃于目前越河之安，而忘老隄外捍之力。年復一年，不加省視，遂致老隄與中隄俱壞，而東隄不能獨存。今宜倣侍郎王恕之議，傍老隄數十丈取土成河，使隄上往來，共由人得照管，不致蹈前頹圮。』事下所司。十一月，漕運侍郎吳桂芳奏：『高郵湖土、石二隄，新開越河南、北二牐，及老隄加高石層，增設護隄木城，各工竣事。』報聞。」云「傍老隄數十丈取土成河」，是改挑之月河，雖傍老隄，實則去老隄數十丈，不緊靠隄也。云

「土、石二隄，新開越河南、北二牐，及老隄加高石層，各工竣事」，土、石二隄，謂新開越河之東、西隄也。東隄以石，西隄以土。老隄本係石工，但加層數耳。

《南河全考》云：「高郵捍湖老隄長亘四十里，永樂年建。至宏治間，白昂于境内越民田三里，鑿康濟越河通餉。近河者爲東隄，其捍隔民田者爲中隄。中隄之西有田數十萬畝，則圈田也。嗣後，圈田淹没，老隄傾圮。萬歷三年，泗水南下，衝決清水潭等處。故塞决後，即議修老隄、甃砌甎石，改越河，廢東隄，改築中隄，以便牽挽。湖隄即今堅固，越河利涉。」云「廢東隄，改築中隄」，則是改築白昂之中隄以爲東隄矣，後仍名之曰中隄。《高郵州志》：「濱湖有捍湖隄，曰西隄；傍城曰中隄。」原注：「自城東古漕河廢，東隄圮壞，今亦概名東隄，謂名中隄爲東隄也。」《南河全考》：萬歷二十一年，淮水大漲，湖水泛溢，高郵南、北中隄衝決魏家舍等處大小二十八口，共長五百餘丈。又西老石隄洪水漫過，衝決東隄。天啓三年，築高郵中隄及露筋湖口石隄。高郵中隄，長亘四十五里，歲久不修，每遇夏秋漲，隄力不支，農田被潦。先惟塞南北金門二閘以爲障，而船由外湖以行，時遭覆溺，且以築壩擾民。天啓三年，徐國盛蒞任，清出揚屬曠夫銀八百兩，因會揚州海道郭士望，呈詳總河房公壯麗、漕撫呂公兆熊修築之，計長六百四十四丈，前銀不足，佐以公帑，酌其緩急，分年砌之。其工已完，隄下田産亦可恃以無恐矣。

又按，萬歷八年，尚書吳桂芳《復政府書》言：「淮河不可入江者二：《書》云『淮、泗入江』之説，《孟子》原屬誤筆。考《禹貢》『沿于江、海，達于淮、泗』，謂時江、淮未通，浮江沿海，始與淮、泗達。蓋三江入海，淮、泗亦入海，故江、淮各入海，始相會合，豈嘗内地相通哉？近日淮水南至，轉爲高、寶，則其去江密邇矣。但揚州、儀徵地形甚高，故高、寶五湖嚮來蓄而不洩。至明朝，迺匯之以通運，常年湖水泛濫。如近年淮水南注，水甚加增，則揚州、儀眞之間亦可開閘、開壩，稍洩逾額之水。若洩至二尺以上，則揚、儀河道逐漸就乾涸，而高、寶之水涓滴不南。昨者，高郵告急，大闢揚、儀通江諸途，可謂無餘力矣。迺高郵湖僅減二三尺之濤，而揚州灣頭、鈔關遂涸，回空及官民船隻阻塞者三十里。遂復亟行閉閘、塞港、築汊，而後膠舟且入通。此其明驗矣。故淮河入江之途，不可于揚、儀求之也。必欲于揚、儀求之，則必將掘深揚、儀五七尺，盡廢閘、壩，縱湖、淮大水，大與江合。顧萬一江水復溢，且引之入，則揚之患又烏有極哉？此關二百年運道成規，且亦誰敢爲盡廢閘、壩之議者？此淮水不可入江者一也。考導淮入江，漢、魏、唐、宋時，皆有此舉。如魏黄初元年，造龍舟，從潁至淮，入廣陵江口；廢帝時，司馬宣王伐吴，使鄧艾通天長漕；隋煬帝幸揚州，度淮水，今洪澤河尚其改名；唐魏景倩引淮水至天長，通揚州；劉晏于揚州造船，轉江南粟，自淮、泗入汴，抵河陰；宋漕河自眞、揚導江，北趨盱眙入淮。訪其跡，淮自盱眙、天長達六合縣瓜埠，與江水合，今其遺址見多存者。翁見海總河時，已嘗差官備探，謂爲可行。但鳳陽皇陵正南對淮、海，全以黄、淮入海爲水會天心、萬水朝宗，眞萬世帝王風水。若引淮從六合入江，是抱身之水乃反挑去而不朝入，大爲堪輿所忌。誰敢任之？此淮之不可入江者二也。前所稱引淮入江之説，非惟不可行，而亦不必行矣！但當俟秋冬水落之後，議大修高家堰，以堵淮之匆南。理所當爲，勢所得爲，不過如此。」

內閣李文定公《復塘初議》：「治水之法，濬海口，要矣；固高、寶漕隄，要矣；築高堰，要之要矣。築高堰者，使西水之不入；固漕隄者，使中水之不洩；濬海口者，使東水之不畱。雖然，十四塘不復，終非十全之利，而所謂三要者，不能久也！何也？蓋高堰者，本于山陽之高阜爲堰，以排黄、淮之水而入海也。自堰之既廢，北水注而南走，勢不可遏。連年堰成，北水之害稍息矣。然邇者，萬歷八年，堰成之後，水復漲而入湖，漕隄潰決，高堰之功何在哉？則由堰而南，自葉城而下也。葉城者，寶應之西塘，乃十四塘之首地也。儀眞之塘四，江都之塘五，高郵之塘三，寶應之塘二。而其中五塘爲大，在江都者，曰上雷、下雷、小新，凡三也；在儀眞者，曰勾城、陳公，凡二也。故舉其大者，但曰五焉。」「塘之始制，起于漢唐之年，其間興廢利弊，備諸維揚乘志，今不繁敍。至我國初，陳恭襄公瑄洞悉水利，稽倣古法，造爲十四塘壩、閘，上濟漕運而下利民田。蓋地之形勢，自壽州、盱眙、天長、六合一帶，其地高，高則水注而東之，使衆河爲之壑也。故于界水之處，爲塘閘以防之。各塘之東，爲甓社、珠瑚、新開、邵伯、白馬、黄子、朱家、赤岸等湖，其勢中，中則易洩而東下，使興、鹽爲之壑也。故于湖畔之東，築漕隄以蓄之。方其水年，則西山之水高不過閘而南浮于江；及其旱也，塘水不洩，山澗俱通，而西田得熟；至于大旱，漕輓不通，乃東塞茱萸灣，閉漕隄閘、磋，決塘水而灌，則水道不阻，而國運以濟。古人之制，善矣！每塘甃石以爲斗門，而塘長、塘夫是設，故洪武、永樂間，軍器、商鹽、皇木三資放塘之便。及宏治以來，日漸倒塌；正、嘉之際，奸民盗種之矣。屬被告訐，屬罪不悛。先有薛釗，繼有仇鸞，用財仗勢，佃官承領。時值倭寇之變，築造瓜城，管工官高守一受私議，將各塘之石移運修城，而塘之故址不復存矣。遂有衙門猾吏、土豪勢家，蠭起效尤，佃塘爲田，官派其租，民獲其利，而不復再議興復之計。是以連年以來，西山之水無塘可蓄，稍遇天旱則赤地千里，水漲則泛濫盈河，不得已，乃增隄以防之。不知隄愈高則水愈漲，隄高則中空而下危，水漲則勢湧而易決。且新培客土，日洗于河，隄崖日高，河底日積，一朝決潰，無不上阻運道、下沒民田者，豈爲政者經遠之計哉？故計求十全，以復塘爲本。一時錢糧浩大，不能甃石，姑于塘口去處，倣其舊迹，仍于閘基暫取兩崖之土，實而築之，以觀有益與否。又不然，如小新、二雷由淮子河而洩，則塞淮子之上流；勾城、陳公由烏塔灣、帯子灣而洩，則塞烏塔灣之上流；他如北山水櫃、茅家、劉塘、茅柘、白水、羡塘、東塘、柳塘、横塘、鴨塘，亦皆如是。尋其水口，以便築塞；相其隘阜，易于成功。俟有盈財，加石制閘如舊，是成功之序也。」

《興化闔縣士大夫條陳水利總論》略云：「夫欲興水利，先究水〔二〕源。水自高來者，勢必趨卑。古人急治諸塘以蓄之，平時用之以溉田，水涸決之通運。江都則有五塘，曰勾城、曰小新、曰大雷、曰小雷、曰鴛鴦；儀眞則有四塘，曰陳公、曰北山水櫃、曰茅家山塘、曰劉塘；高郵則有三塘，曰茅塘、柘塘、麻塘；寶應則有二塘，曰白水、曰羨塘。當夫山水時發，則盱眙破釜，山陽諸水由雲山、衡陽諸澗洩于寶應，而寶應以二塘蓄之；天長、銅城諸水東洩高郵，而高郵以三塘蓄之；西連大儀、甘泉、盤古山澗諸水，又盡洩於東南，而江都以五塘，儀眞以四塘蓄之。此諸塘者，明興百八十年，名卿碩輔留心經濟，未有不謀繕治者。自蟲夷東犯，諸塘閘磋甎石，取城瓜洲，塘無蓄水，于是始有私耕、公佃、投獻、鬻賣。豪鄰貴族，各售己私，專爲世業。遂使國家大計、經略遠猷，蕩焉不存。于是上游山澗之水，盡以諸湖爲壑矣。」

〔二〕「水」，道光本與同治本均作「大」，《天下郡國利病書》作「水」，今據《天下郡國利病書》改。

《河渠紀聞》論揚州五塘宜復云：「世皆知五塘水無來源，瀦水爲利。然聚西山萬派之水，自高而下，立閘、堰以束之。西山之水高不過閘，南浮於江，此卽保高堰、固漕隄、濟運舟之根源。諸議皆未及此。五塘地廣水闊，蓄水而不虞泛濫者，大江爲之尾閭也。當水大之年，西水盛下，閘洞隨地宣洩，不逆走高郵、邵伯諸湖，而運隄常安。洪湖洩下之水騰空，湖面足以容納，併分洪湖之勢，塘水亦得瀦蓄。洩有餘以濟不足，民田灌溉之益，沾利無窮，是皆行之有效者也。潘季馴言：『五塘不可卒復。』年遠，故蹟久湮，民田佔種，轉相授受，固有難復之勢。然謂古制不宜於今，猶未深原古人立法之意，窺其分湖、濟運之妙用也。」

《明史・河渠志》：「劉東星開界首越河，長千八百餘丈，建金門石閘二座，漕舟利焉。」此高郵迤北界首有越河之始。

按，《劉東星傳》：「萬歷二十六年，河決單之黄堌，運道堙阻。起東星爲工部左侍郎兼右僉都御史，總理河漕。計五閱月，工竣。明年，渠邵伯、界首二湖。」則是東星之築界首越河，在萬歷二十七年也。《明史·河渠志》：「萬歷二十一年，舒應龍爲總河尚書。高堰及高郵隄數決，應龍罷去。楊一魁遷總河尚書，請改湖水以疏漕渠。言：『高、寶諸湖，本沃壤也。自淮、黄逆壅，遂成昏墊。幸入江、入海之路既濬，請于涇河、子嬰溝、分灣河諸閘，及瓜、儀二閘，竝爲開治。大放湖水，就湖疏渠，與高、寶月河相接，既避運道風波之險，而水涸成田，給民耕種，漸議起科，可充河費。』二十六年，劉東星繼之，守一魁舊議。東星在事，開邵伯越河，長十八里，闊十八丈有奇，以避湖險。又開界首越河，長千八百餘丈，各建金門石閘二座，漕舟利焉。」《南河全考》：「萬歷廿八年正月，總督河漕尚書劉東星檄郎中顧云鳳、署道事揚州府知府楊洵，督夫開挑邵伯越河，長一十八里，闊一十餘丈。十一月，又挑界首鎮越河，長一千八百八十九丈七尺，各建南、北金門石閘二座。其邵伯越河，又建減水石閘一座，迄今官民船隻，永避湖險。」云「界首鎮越河」，界首鎮，屬高郵。《南河全考》又云：「天啓元年，界首鎮南淤三百二十二丈，郎中徐待聘嚴督挑濬。」云「界首鎮南淤三百二十二丈」，謂界首鎮南之越河淤也。是界首鎮南已有越河矣。《南河全考》又云：「天啓四年，界首迤北一帶當高郵接界處，河身淤涸，市猾擅剝淺之利，故屢濬無功。是年，淤淺澀處，先築草壩，束水衝刷，復加撈濬。」蓋東星所築界首之越河，連高郵、寶應築之，楊一魁所謂「就湖疏渠，與高、寶月河相接」者，是也。

《揚州府志》：「康熙十七年，築江都漕隄。以高郵清水潭決口，深不可築，更于湖中繞回開河一道，改築東、西隄，與舊隄相屬，名曰永安河。」又云：「康熙二十年，增置高郵南北滚水壩，凡八座。壩口二三十丈不等。對壩皆開月河，以防舟行之險。」此高郵運河因清水潭決口難築，繞湖開河，及壩口水湍急，對壩皆開月河之始。

按，高郵運河，新開湖爲最險。《揚州府志》「清水潭，在州北二十里故縣邨新開湖隄旁，上有龍王廟，地勢低窪，當河、淮下流之衝，屢築屢決」，是其地最險也。宋人《五龍王廟記》見前。已述新開湖之險。明代因清水潭決口，乃開康濟河。《南河全考》：

「萬歷三年，高郵西隄清水潭、丁志等口决，工部郎中屠元沭、陳治督塞之。」《神宗實録》：「萬歷四年正月，高郵清水潭衝决。時督漕侍郎張翀以修復老隄工力浩大，數年始可成功，恐新運正臨，决口未就，且令漕船暫由圈内行走。御史陳功則稱，田圈淺澀，不便牽挽，外湖水面闊四十餘里，風有不順，必致稽沮。給事中侯于趙以兩人持議不决，恐致過淮後期，乞飭所司速議。三月，漕運侍郎吴桂芳改挑康濟月河。」

《高郵州志》：「康熙八年，周橋未閉，清水潭决，民田仍被淹沒。九年，决高郵運河之茶庵、清水潭，江都縣運河之東隄四淺。是年，淮水大漲，由翟壩入高郵湖，民田淹沒殆盡。十年，淮漲十餘日，清水潭隄决。十一年四月，清水潭復决。十二年，大水，清水潭西隄將竣，復决。」《寶應縣志》：「十三年，清水潭决口塞。」《揚州府志》：「十五年，水侵揚屬漕隄，殆不能支，高郵之清水潭、陸漫溝，江都之大潭灣等處，共决三百餘丈，殘缺不可勝數，深及四五丈不等。罷總河王光裕，移安徽巡撫靳輔爲總河都御史。」《高郵州志》：「是年夏五月，水發，清水潭西隄再决，及城南東隄，上下河俱淹。」靳輔《治河書》：「清水潭之决，深洞異常，下埽填土，隨下隨溜。竊計决口不患其闊，而患其深。決口雖深，而決口之上下五六十丈未必加深。其法當避深就淺，於決口上下退離五六十丈爲偃月形，抱決口兩端而築之。計所築之隄，其長必數倍於決口，然較其淺深，必減七八九倍不止。因命於決口之上測之，果深不過六七尺。然老土難得，因命回空漕船每船載老土數千方，計方給價。大抵皆梁王城之土，土性膠凝，絶勝他土。于是立標授工，就湖中越築之，每下埽箇，内釘排樁，外塡坦陂，築成西隄一道，長九百二十一丈五尺；東隄一道，長六百五丈。更挑繞西越河〔一〕一道，長八百四十丈。凡一百八十五日而工竣，改清水潭曰永安新河。原估銀五十七萬兩，止費九萬兩有奇。十八年四月，清水潭決口工竣。」《行水金鑑》：「清水潭隄内有深潭，不能幫築。康熙四十年，創築裏月隄，長九十六丈。」

《續南河成案》：道光十一年六月，張井奏「臣于二十日亥刻在山盱工次，接据揚河廳營稟稱，永安汛東岸之馬棚灣，竝趙家門首、浦家門首、郭家門首及兵三堡北首等處，

〔一〕「河」，道光本與同治本皆脱漏，今據上下文之意補。

于十七日風勢大作，波濤洶湧，潰及隄身，當卽竭力搶護。至十八日午刻，風雨交加，浪勢益猛，人力難施。卽時平漫過水」等語。又奏稱：「臣于本月廿日，接據揚河廳營呈報馬棚灣等處過水之信，初係狂風湧浪，各處普漫過隄，尚無定處所。當卽一面据稟馳奏，一面親詣查勘。途次續据該廳營稟稱，十七、八日，陡起西風暴雨，異常狂猛，致將永安汛馬棚灣迤南及十四堡下首無工處所，于十八日午刻，漫成缺口。臣于二十三日行抵該工，查明馬棚灣迤南漫口一處，寬一百八十餘丈；十四堡下首漫口一處，寬六十餘丈。兩處相距約計五里，現在尚未塌定。」是月，陶澍等奏：「查馬棚灣逼近清水潭，前于康熙年間漫缺，工歷數載，經靳輔另築長隄，東西各數百丈，此時四顧汪洋，竝無勺土可以壓埽，施工尤屬不易。」七月，又奏：「查得馬棚灣在高郵州北三十里，其漫口迤南逮北已有二百五十六丈，十四堡下首卽張家溝，相距馬棚灣五里，其漫塌之處已有五六十丈，兩處裹頭，一時尚未能堅築。」

八月，張井奏：「臣于八月十三日，由清江浦前赴揚河，其時高郵湖河水勢遞消。察看永安汛十四堡漫口一處，溜已平緩，口寬六十八丈，水深一丈內外。對岸西隄漸見涸露，兩壩頭所積正雜料土約足敷用，情形已與前奏不同。自應趕緊堵合，以免河水過消。臣即親駐該工，督同文武員弁，土埽竝進，晝夜趕築。復至馬棚灣緝量缺口，仍寬二百六十餘丈，兩頭稍淺，金門水深三四丈不等，溜尚湍急。若就該處興堵，約估需正料二千餘堆，繩、纜、椿、橛及一切雜料費，幾與正料相埒。而清水犀利，口門一經收窄，必致愈刷愈深，不特時日躭延，抑且辦理非易。復勘對岸西隄石工，亦有涸露，形如城堞，殘缺甚多。緊對東口處，因經大溜衝跌透底，寬至一百三十餘丈，雖水勢尚不過深，而水下全係塌卸石塊，高下不平，斷難進埽。又探量西隄五十丈外湖水，深八、九尺至一丈餘尺不等，湖底尚屬平正。臣與在工文武相度形勢，再四籌商，擬就西隄兩頭石工作爲壩基，向湖中越堵，較有把握。仍于正河内兩頭，各築攔壩一道，則馬棚灣口門已包在河湖之外，再爲補還東隄，于錢糧大可節省。惟西隄甫經涸出，隄身本窄，殘缺復多，必須趕緊一律填平，竝將兩壩頭酌量幫寬，以爲堆料積土之地。所需正雜各料，早經發辦，不日可齊。如能趕于空運之前堵閉全完，則軍船便可照常行走。倘船來而工尚未畢，自應循舊繞湖，計程不過三十餘里，所有由運入湖之大營房對過，由湖入運之邵家港、越河港等處，竝湖中行走之路，經臣親坐小船，節節探量，毫無阻礙，均插標記認，臨時或籖樁繫纜，或多雇大船拋錨排泊，以便安設絞關。至官民船隻，來往南北，皆可繞湖，亦無阻礙。」道光六年九月，琦善等奏：「揚河、揚糧境內各壩，尚未堵閉，恐致吸掣。現飭廳、營、州、縣查照舊案，察看現在情形，自高郵州境之越河港，卽畚子營地方由運入湖，至邵伯湖鰍魚港由湖入運，越過各壩口門，計長五十餘里，均屬水深七、八尺至一丈餘尺不等，足資浮送。」是亦因各壩未閉，糧船繞湖行走也。

九月，張井奏：「承准〔一〕軍機大臣字寄八月二十三日奉上諭：『据林則徐奏，經過馬棚灣、十四堡潰口之處，目睹溜勢，十四堡已覺平緩，易于堵合；馬棚灣一處，訪之輿論，多稱先堵西岸，則回空漕船可不必走湖；而東岸溜亦漸弱，較易集事等語。究竟該處工程係如何籌辦？該藩司所稱先堵西岸，是否必應如此辦理？于漕船行船是否有益？著陶澍、張井會同熟商，體察情形，妥爲辦理，竝將現在籌辦情形，据實具奏。欽

〔一〕「准」，道光本作「准」，同治本誤作「准」，今據道光本改。

此！』臣查馬棚灣形勢，原以先堵西岸爲正辦，但現在雖已集料籌備，非可旦夕竣工。且西岸堵後，湖水既無路入河，而運河北來之水又全從馬棚灣缺口東注，則缺口以南水無來源，難通舟楫。若俟正河上下築壩攔截，補還東隄，再行啓除攔壩，至速已在仲冬。軍船歸次最急，豈容曠日躭延？況馬棚灣迤南、高郵城迤北，運河多有間段淺澀之處，林則徐過時，存水四五尺，今止消存一二尺及數寸不等，現在官民船隻已不能通行無阻，何況軍船？總由先後情形不同，辦理卽難膠執。爲今之計，惟有趕將入湖、入運各港口，折展疏濬，一律深暢，俾往來船隻得以繞湖通行。回空軍船到時，亦倣照行走，不過三十餘里，儘可無誤歸次。一面將高郵城迤上淺澀之處，趕緊煞壩興挑，勒限半月完工；再將馬棚灣迤下邵家溝地方，剛通西隄，軍船由湖入運，又可少行二十里，更爲徑捷。」是月，陶澍奏：「現在十四堡缺口，已于八月二十四日合龍。馬棚灣亦定于九月初九日興工。」

十一月，張井奏：「馬棚灣漫口，先由西岸越堵，尅日合龍。臣于回空軍船全數渡黄後，卽馳赴揚河查勘。壩工業已閉氣穩固，後戧亦澆有過半。其時，因值洪湖水復驟長，又放山盱、義禮兩河減水匯注，高、寶湖亦疊見加長，壩埽出水卑矮，深恐風浪撞擊，卽令酌量加鑲，以資抵禦。其該處東岸正隄，逼近清水潭，係康熙年間前河臣靳輔避溜圍築，向東繞成大灣，故有馬棚灣之名。每遇水勢異漲，湖河一片涌連，奫浪犯風，最爲著名險要之地。查量舊隄缺口，共長二百餘丈，水淤深至四五丈。若仍照舊施工，不特需費過大，且形勢過灣，終屬隱患。因督同道、將、廳、營，節節探量，隨于舊隄之西，擇其水淤較淺處所，就舊隄兩頭作爲壩基，順勢取直，補築東隄，埽土竝進，已于本月二十日完工，量長一百六十六丈，水深二丈三四尺，較舊隄計短一百餘丈。河勢既順，隱患亦除。現仍趕澆後戧。一俟兩處戧工全完，再行補還西岸縴隄，拆啓兩頭攔壩，挽河歸正，以備重運經行。」

十二年四月，陶澍等奏：「竊照上年馬棚灣漫口，勘由西岸越堵，因于運河南北兩頭，各築柴土攔壩一道，將漫口包在河湖之外，先就西岸興築，尅日合龍，隨卽補還東正隄，竝改建西縴隄，并力施工，疊經奏明在案。特派河營參將張兆會同廳、營專司其事。旋据稟稱，工已堅定，擇于本月初十日起放正河。臣陶澍自省前赴清江，是日行抵馬棚灣，卽親飭啓除兩頭攔壩，刨乞深通，挽河歸正，溜勢直趨，卽提漕船由故道行走，極爲暢順。其大營房對岸及邵家溝兩處通湖缺口，竝已暫行用料堵塞，俟過大汛後再爲補砌石工。現在重運後船暨往來船隻，均接續由正河行走，諸復舊規。」

按，馬棚灣逼近清水潭，素稱極險。而馬棚灣決口，廳、營稟報云，無工處所。茲故詳敍清水潭之險，俾爲前車之鑒焉。

又按，《利病書》云：「永樂十三年，平江伯陳瑄疏邗溝，引舟自大江，歷揚州至淮安以通漕運。運河雖用湖水，而湖水或多。又于淮揚運河東岸爲減水閘、減水洞，限則水勢：七尺以下，蓄以濟漕；七尺以上，減入諸湖，會于射陽湖以入海。用水有節，漕運旣便，岸東西之田皆利焉。其法在淮，則有高家堰、有西長隄、有五壩，以隔黃、淮之水于外，而泛舟其間；在揚，則有陳公塘，以收三十六水之利；在山陽、寶應、盱眙、天長之界，則有塘堰，以節四縣之流。湖水苟多，則自運隄之減水閘、洞以下于溪，東至于射陽湖，又東入于海。揚之海口，去黃、淮也遠，故皆通利。是時，黃未入淮，運河東岸之減水閘，專爲減湖水也。」

《明史·河渠志》：萬歷元年，「萬恭請復淮南平水諸閘，上言：『高、寶諸湖，周遭數百里，西受天長七十餘河，秋水灌湖，徒恃百里長隄。若障之使無疏洩，是潰隄也。以故祖宗之法，徧置數十小閘于長隄之間。又爲令曰，但許深湖，不許高隄。故以淺船、淺夫取河之淤，厚湖之隄。夫閘多則水易落而隄堅，濬勤則湖愈深而隄厚，意至深遠也。比年，畏修閘之勞，每壞一閘卽堙一閘。歲月既久，諸閘盡堙，而長隄爲死障矣；畏濬淺之苦，每湖淺一尺則加隄一尺。歲月已久，湖水捧起，而高、寶爲盂城矣。且湖漕勿隄與無漕同，湖隄勿閘與無隄同。陳瑄大置減水閘數十，湖水溢則瀉以利隄，落則閉以利漕，最爲完計。積久，而減水故迹不可復得，湖騣騣且沈隄矣。今建復平水閘，閘欲密，密則水疏，無脹潓患；閘欲狹，狹則勢緩，無齧決虞。』尚書朱衡覆奏，從其請。于是儀眞、江都、高郵、寶應、山陽設閘二十三，濬淺凡五十一處，各設撈淺小船二、淺夫十。」**恭上此疏，在白昂所開康濟河既廢之後，吳桂芳改挑月河之前。則高郵所設之閘，仍在老隄也。**

《河渠志》又云：「高郵州計牐九、壩一。康濟河南、北二牐，萬歷四年建；城南河隄三減水牐，嘉靖中建；新中隄四減水牐，萬歷五年建；蛤蜊壩舊有觀橋上下二牐，車邏、王琴二減水壩，俱廢。」

《孝宗實錄》：宏治十八年正月，管河郎中張瑋奏：「高郵等州縣原設石牐、石橋、涵洞，蓋專爲湖河之計。比年以來，爲近隄人家私立洞口，遇水則竊自閉塞，水消又輒挖隄岸，以致衝決貽患。乞將涵洞築塞，每五里改建減水石牐一座，以絕盜決之弊。」《穆宗實錄》：隆慶二年十月，御史蒙詔奏：「高郵康濟河，故有木牐、涵洞，相旱澇爲啓閉。今歲久浸廢，加之節年大水衝齧，内外隄僅如一綫。宜及其未敗經理。」工部復奏，議行。已而，給事中孫枝言：「比年，江淮蕭然，不任修作，當俟國用稍裕，徐爲之圖。」上是之。《河防一覽》：萬歷八年，潘季馴《題河工未盡事宜疏》云：「除高、寶、江都新舊增置牐座可以宣洩者無庸别議外，高郵南門舊橋口，應改建減水壩一座。」

靳輔《治河書》：康熙二十年，創建寶應子嬰溝，高郵永平港，南關、八里鋪、柏家墩，江都鰍魚口減水壩共六座，改建高郵五里鋪、車邏港減水牐二座。二十四年，靳輔奏：「減水壩之最大而多者，莫過高郵城南。今應將高郵城北，並車邏以南、邵伯以北之零星牐壩，俱行閉塞，拆取石料，移于高郵城南、邵伯鎮南，改建深底大石牐二座，使洪澤湖減下之水，竝天長、盱眙各山澗之水，由高郵城南之南關、大壩、五里、八里、柏家墩、車邏等壩，并新建之大石牐內洩去十分之八；邵伯鎮南已建之減水壩，并新議建之大石牐內，洩去十分之二。」按，是時，靳輔建議挑下河，故先塞零星閘、壩也。旋奉旨：「止將高郵州大、小壩，及高家堰牐、壩，照靳輔等所奏，定限堵塞。」

張鵬翮《河防志》：康熙三十一年二月，侍郎博濟等疏稱：「高郵州等處減水壩九座，內有八里鋪、車邏鎮二壩，底石被水衝損。其古溝東壩底竝北二壩底衝損之處，均應令堅固修理。高郵以南五壩，應仍照原定限期開放。」三十七年，上命歲貢馬泰傳諭于成龍曰：「朕自淮安，一路詳閱河道。高郵東岸之滾水壩、涵洞，俱不必畱用，將湖水、河水俱由芒稻河、人字河引出歸江。入江之河口，如有淺澀處，責令挑深。如此，則湖水、河水俱歸大江，各河之水俱不歸下河，下河不必挑深。」又諭于成龍：「此運河東岸著再加寬，不必開減水壩。其涵洞與金灣滾壩，舊有河身，民間用水灌田，仍照例開放減水壩，著河官堵築堅固，用心防守。」是年五月初一等日，陸起西風，將高郵城北陸漫牐西隄一帶土工打通，以致東隄新工浪汕殘缺。奉旨：「今年運河滾水壩既經堵塞，水勢浩大，勢所必然。該督著遵前旨，不時謹慎防備，務使隄岸堅固。」九月，于成龍奏：「高郵河身與山陽、寶應河身相等，驟受高、寶諸湖滔天之水，開牐則有害于民田，閉牐則有傷于隄岸，欲兩相保護，難已。臣往來查看，再四思維，惟將洩水減壩盡改爲滾水石壩。水長，聽其自漫而保隄；水小，聽其涵蓄而濟運，則運道、民生兩有裨益。」三十九年，河道總督張鵬翮題：「高郵自攩軍樓起，至東西灣止，因高堰洪澤之水滔滔東下，西隄淹沒，漫入運河東隄，一望汪洋。水由城南大壩而出，洶湧泛溢。當伏秋水漲，恐東隄單薄，難以捍禦，致有不虞。宜將見閉三壩，相機酌開，以保城池隄岸等。」因九卿、科道會議，覆准。張鵬翮尋奏：「宜于秋盡水落，照前河臣所估，將五壩改爲四滾水壩，壩下相度情形開引河，使水有去路。」**此「五壩」，謂靳輔于高郵南北建設大小減水壩五座也。**

《南河成案》：乾隆四年十月，大理寺卿汪漋等奏：「以淮揚運河東岸隄工，實爲數州縣之保障。嚮因設有洩水大壩，以致下河被淹，民罹水患。所最甚者，高郵南關、五里、車邏三壩，其次邵伯之昭關壩、寶應之子嬰壩，一經開放，則泰州、興、鹽等屬，盡被淹沒。今年，將洪澤湖之天然壩堅閉不開，高、寶東隄等壩俱加謹不許開放，所以水患頓除。請將壩基全行平撤，俾東隄一律相平。擬于子嬰、五里中壩、車邏三處壩下原有河渠之路，各建洩水牐一座。」事下大學士、九卿議，奏：「尋議，前項舊壩寧可閉而不用，俾遺址尚存，以防患于未然。不應全行拆毀，將前功盡廢，致難補救于事後。應責令該管河道，加意防護，謹閉不開，至子嬰等壩，三處壩下各添建洩水牐一座，應准其添建。」

八年正月，大學士等陳奏：「高郵南關等壩，一經開放，則運河之水全勢傾注，下河難受，必應永閉，與天然壩同。第恐高、寶水盛，入江之路尚屬不足，則入海之路亦宜分籌。臣等酌議，除高郵三壩仍照舊永閉外，另于三壩之上下添建石閘四座，竝于昭關壩之上添建石閘三座，金門止寬一丈二尺，較之各壩口門闊至六七十丈者，寬狹懸絕，兼之逐層開版，量水勢之大小抽版開放，節制由人，不致徹底傾瀉。」王大臣議，俱准行。

未幾，河道總督白鍾山奏：「高郵三壩，請復舊制。從前設立高郵三壩，分注下河，原與山盱滚壩上下相應，是以山盱三壩共寬一百八十丈。束水既多，則洩水之路宜廣。廷議請建石牐七座，但七牐金門止議寬各一丈二尺，計共止有八丈四尺，較之三壩舊制，寬狹懸殊。且山盱地方，現議建滚壩二座，口門共寬一百二十丈，連舊有之三壩二百丈，已共有三百二十丈之寬。而尾閭之石牐，僅止八丈四尺，下游去水之路較上游進水之處不及十分之一。設或諸水畢集，高、寶兩湖不能容納，不獨上河萬頃民田盡遭淹沒，高、寶之城池、倉庫、民舍、田廬，均爲可慮，而運道亦因之阻梗。查三壩之所以永閉者，原爲從前開放之時，徹底傾瀉，竝無抵禦，則水勢建瓴而下，興、鹽窪下地方，勢難容受，必瀰漫爲患。臣等量爲更改，除洩水過多之五里中壩，仍行堅閉，不得輕開外，查南關大壩原寬六十四丈，其壩脊高河底自八尺餘寸以至九尺不等，每遇汛水漲發之時，始與壩脊相平。今擬請盡改爲滚水石壩，再將壩脊加高五尺，則嚮之河底高八尺餘寸以至九尺者，今則高至一丈三尺餘寸及一丈四尺矣。如平常水發之時，則新建之七牐，自可隨時啓放。如遇湖、河異漲，七牐不足宣洩之時，始從壩面過水一二尺，亦屬有限。水一平壩，便已斷流，與舊有之壩徹底傾瀉者大不相同。況運河水少之時，不過六七尺；即水長之時，亦不過一丈一二尺。今滚水壩面已高河底一丈四尺，是必河水異漲至一丈四尺有餘，始行過水。若僅止一丈四尺，猶無水可過。況壩面所過之水，又係循序漸下，水勢平緩，分注下河，湖港、溝港，陸續消洩，必不致有奔騰漫溢之患。」經廷議，准行。

九年七月，尚書訥親奏：「南關、車邏二壩，督、河二臣奏請將壩面加高五尺。臣將壩脊、河底量驗，與督、河二臣面加詳酌，應于所加五尺之内去石二塊，共減二尺四寸，今新加壩脊之河底，合計總不出一丈之内。運河水深一丈以上，即令過水，則蓄洩多寡適宜，而兩壩俱歸實用矣。」

十一年七月，運河汛，水盛漲。協辦大學士高斌馳驛察看，尋奏：「南關、車邏二滚壩，今年開放，宣洩通暢。唯壩下西岸束水隄堰，尚應展寬加高。」十五年，高斌進呈《河工圖説》二十條，内《高、寶各壩下河圖説》云：「查高、寶一帶，牐、壩口門俱寬四、五、六尺不等，節宣有制，唯五里、車邏、南關等壩，俱各寬八十餘丈，洩水過多。今來源既減，則此三壩毋庸輕放。其五里等壩，俱用柴草堵築。設遇洪澤湖異漲，三滚壩洩水過多，請酌量將南關、車邏二壩啓放，以減水勢。其五里中壩，地卑下，洩水過大，一經啓放，則下河不能容受，應請常行堵閉。經臣高斌奏明，遵照。」

十八年，侍郎嵇璜奏：「南河關鍵，尤在五壩，蓄洩合宜。前河臣張鵬翮將車邏、五里、南關三壩改爲石滾壩，使有過水節制。是運河之三滾壩，原與高堰之三滾壩上下相應也。今高堰增二滾壩，共有五壩，已覺來路多而去路少。若遇大水，堅閉不開，固爲保全下河起見，但湖、河之水同時壅漲，不特上河田廬淹沒，迨至波濤衝激，隄岸潰決，則下河之受害更甚。此中緩急機宜，甚有關係。高斌于乾隆四年曾經奏明，若遇洪湖異漲，三滾壩洩水過多，請將南關、車邏啓放，以減水勢。然不立一界限，則開放過早與開放過遲，均有受病之處。查高堰各壩于十六年，欽奉聖訓指示：『仁、義、禮三壩過水三尺五寸，始將智、信二壩次第開放。』實爲不易之良規。今擬倣效此法，于運河各壩亦宜定以水誌，以便遵守。查水勢異漲之年，高于車邏壩脊四五尺以上。今酌中定議，應以水高壩脊三尺爲準，先將車邏壩開放，至三尺以外，再將五里、南關等壩次第開放，未至三尺以上，不許輕開。」

二十二年，大學士公傅恆等奏：「洪湖五壩過水既多，而下游承受，僅高郵之車邏等三壩，未免來多去少。應于昭關地方復設滚壩，滚壩之下開一支河，更將南關舊壩改建滚水石壩，便與高堰五壩相應。」十一月，嵇璜奏：「高郵運河東隄添建石壩，已經完竣，竝請酌定水則。如上游五壩過水漸多，車邏、南關五壩過水三尺五寸，開放五里中壩；若車邏、南關二壩過水至五尺，再開放新建石壩。視水勢之大小以爲啓閉，自無壅積之虞。」旋奉旨：「著照嵇璜所奏。過水尺寸立誌壩旁，以垂久遠。」《揚州府志》：南關大壩，卽舊五里滚水壩，長六十六丈，係石壩，康熙四十一年建。南關新壩，長六十六丈，係石壩，乾隆廿二年建。五里中壩，卽舊八里鋪滚水壩，康熙四十七年建，牆高石脊一丈二尺，此壩地勢最卑，壩底較諸壩亦爲獨深，尤不可輕易開放。車邏大壩，長六十四丈，係石壩，康熙四十一年建。昭關壩，在邵伯鎮北五里，乾隆廿二年，與高郵州南關新壩同時建，合南關大壩、五里中壩、車邏大壩定爲運河五壩。上與高堰五壩較準尺寸，相爲表裏。《續南河成案》：道光八年二月，英和等奏：「揚糧廳昭關壩，因四年、六年洩放洪湖漲水，壩底損壞，跌塘甚深。張井等奏請移地改建。原擬于舊壩迤南柏家墩之上照舊制建造。以邵伯士民呈稱，此壩若改移往南，相距更近，懇請移建舊壩迤北之四棚灣地方。當即親詣各該處履勘，審其形勢。柏家墩之上原議築壩處所，逼近通湖港口，藉資宣洩。惟究在舊壩以南，相距七十丈，與邵伯地方較近，不無關礙。四棚灣則西有石隄間隔，須于隄上開通口門，使湖水先入運河，再行折流而東，方能歸壩下注，其勢又覺紆緩，且該處民人亦復以有礙田廬、墓舍，紛紛環籲。竊思湖、河水勢漲發，築壩疏宣，原爲保護民生而設，若能將舊壩修復，或再就近往北移建，則該二處民人均不致懷疑畏懼。臣英和回浦後，與蔣攸銛悉心籌議，一面咨會河臣張井等再行詳慎查復，旋准。張井等以『勘得昭關壩舊基跌塘極深，實不能修復，請于舊壩之北、三元宮之南，剷隄移建。該處土性堅凝，洩水形勢甚便，且下有舊通芧絲湖河形，即可就作引河』等因，咨覆前來。臣查，既据河臣確勘，應即照辦，但此項壩工與林家西所建石壩相爲表裏，均係備豫不虞，一經洩放，湖水建瓴而下，于下游地畝總不免有被淹之處。應令河臣嚴飭廳員，平時堅守，倘遇異常盛漲，萬分喫重，廳員會同州、縣，相度機宜，方准啓放。非此，則斷不准率行宣洩，違者嚴參治罪。所有移建昭關壩，連築柴壩，計口寬二十四丈，共估銀九萬兩。嗣于九年完工。」按，昭關壩，本在甘泉汛，因與高郵四壩同稱「運河五壩」，故附載于此。

廿五年九月，督臣尹繼善、河臣白鍾山言：「洪澤一湖，潴蓄全淮之水，每當盛漲，即由五滚壩減洩，盡入高、寶各湖。將欲南流歸江，而去江尚遠；欲東流歸海，而爲道甚紆。唯有下河各州、縣，地勢甚窪，湖水由各場建瓴而下，先及高郵，次至寶應，次至興化、泰州以及鹽城，節次被淹，皆由車邏、南關等壩竝無限制故也。前高斌任總河時，曾奏明，堵閉高郵諸壩，截攔湖水而注之江，不使流入下河。後因東水大緊，東隄不能完固，致有二牐之潰。臣等悉心講論，高斌之誤，在于不能因時變通，謂之事非全美則可；而泥于一時之成敗，謂其所辦全非則不可也。乾隆十八年，臣尹繼善同劉統勳奏明，將南關、車邏等壩封土三尺，伏、秋水漲，次第開放。後于二十二年，又經改議，不必封土，聽其過水。以爲由漸而去，下河可以容納。但漫無節制，一遇水長，即易受淹。臣等從前所議，原未合宜，不可不亟圖變計。今欲使下河減灾，唯有節其來水；欲節來水，唯有將南關、車邏等壩，仍封土三尺，俟水勢長至三尺以外，方許啓壩；再不能容，方啓五里、昭關等壩，次第宣洩。如在三尺以内，則謹嚴防守，不得擅啓。俾湖、河之水專注歸江。」《南河成案》：乾隆四十年閏十月，撫臣薩載奏江省被旱情形。命軍機大臣傳諭高晉、吴嗣爵曰：「高郵、寶應等處，地屬濱湖，易資灌溉，何亦一例被旱歉收？前因下河地方低窪，易致淹浸，是以令將五壩堵閉，不輕宣洩，勿致有礙民田。若當夏、秋缺雨之時，稍減洪湖之有餘，以濟下游之不足，于事實爲兩便。與其令湖水暢出清口，滔滔歸海；何如酌計尺寸，分潤下河之爲愈乎？高晉等平日但視洪湖爲畝黄之資，而不知其可爲濟旱之用，故未嘗計及于此，自屬缺略。著傳諭高晉，會同吴嗣爵、薩載，留心籌核，嗣後或遇下河高、寶等州縣稍旱之年，如何酌計分寸，開放牐、壩以資灌溉之處，悉心妥議，預定章程以聞。」尋奏：「嗣後，高堰誌樁，如長至九尺以上，仁、義、禮三壩應聽其過水，下注高、寶諸湖，以爲瀦備。遇稍旱之年，洪湖水小，誌樁在九尺以下，石脊不能過水，而高、寶諸湖之水充裕，沿湖西鄉地畝足敷沾溉，卽先將西岸各港口酌開數處，灌注入運河。東岸除南關、車邏等大壩，非遇異漲之年仍不輕易開放，其餘各牐、壩、涵洞，均須相機啓放，分潤下河，總以存水五尺爲度，以濟漕運，多餘之水，則儘歸下河，以資灌溉。」

《南河成案續編》：道光八年五月，張井等奏：「高郵汛東岸，設有車邏，南關，五里中、新四壩，以資分洩，歸入下河。從前原定有啓閉水則，嗣因黄水倒灌，運道受淤，不能以時啓閉，下游田廬，動輒被淹。臣等飭道、廳妥議具稟。旋据覆稱『遵照乾隆二十二年奏定水則，車邏、南關二壩，地勢較高，原係常行啓放，俾河水得以隨時減洩，如車、南二壩石脊過水五尺，再開放新壩。查南關壩石脊高七尺五寸，若過水三尺五寸，則運河水止存一丈一尺；過水五尺，則運河水止存一丈二尺五寸。今昔情形互異，應請酌中定制。以運河之水長至一丈二尺八寸，方可開放車邏壩；長至一丈三尺二寸，再開放南關大壩；長至一丈三尺六寸，再開五里中壩；長至一丈四尺，再開南關新壩。俟河水長符定則，卽由該廳、州等，隨時啓放。或雖符尺寸而勢已平定，仍當堅守不放。竝以中、新二壩地勢較低，請俟水勢平定，首先堵合』等語。臣等復與督臣蔣攸銛悉心商酌，所議均屬允協，卽應如稟辦理，竝飭令較准水則尺寸，勒石各壩，許官民共見共聞，永遠遵守。」《續南河成案》：道光六年八月，琦善等奏：「六月卅日，參將張兆前往揚糧廳啓放昭關壩一事，蒙飭令：『查明，据實具奏，欽此！』查臣張井等前奏，昭關壩不准開放，原就歷年盛漲情形，比較彼時水勢，計開放車、南、中、新四壩，似已足資減洩。不料來源旺盛，湖漲日增，爲近年所未有。下游先有雨水頂托，四壩之外，復將沿河大小閘、壩、涵洞悉行啓放，運河水勢仍復日有增加。兩岸隄工，處處著重。節經常鎮道劉名載以運河隄岸單薄，恐有疏〔一〕虞，再三稟請，俟三溝閘水誌長至一丈七尺，卽將昭關壩啓放。臣張井、臣潘錫恩溯查舊案：嘉慶十一年，湖水盛漲，因未啓昭關壩，致荷花塘、蔡家潭、甓家營等處，仍各有漫溢之事。彼時，荷花塘口門寬至七十余丈，蔡家潭寬至六十餘丈，衝跌阬塘深至八丈有餘，荷花塘一處，至次年始行堵合，是以糜帑甚鉅。再四籌畫，運河工段緜長，隄埽疊報危險，與其他處失事不若。昭關壩尚係洩水舊地，批令俟三溝誌樁長至一丈八尺再行啓放，一面委令參將張兆前往，會同常鎮道劉名載辦理。及該參將到壩，水誌已及一丈八尺，因卽啓放過水。復會同臣琦善于七月

〔一〕「疏」，道光本與同治本皆作「踈」，今據上下文意改。

初六日奏明在案，並非該參將敢于自作主張。」按，是時，昭關壩尚未移建三元宮，所放之壩，仍邵伯以北五里之舊壩也。据此奏知，昭關放壩之長水尺寸尚未奏定也。其金灣以下橋、壩開放之制，道光十二年張井奏，三溝閘誌樁長至九尺以外，不論何時，即將歸江之金灣以下各橋、壩相度機宜，次第啓放，以期暢達歸江。

道光九年正月，蔣攸銛等奏：「高郵四壩雖爲減漲，實宜守而不宜放。第水漲靡常，若專事固守而不知變通，恐遇非常異漲，揚河東堤不能抵禦，是欲收守壩之功，仍須廣籌疏消之路。前經河臣看工時，週歷查勘，見車邏壩旁，乾隆五年間建有耳閘一座，金門僅寬一丈二尺，視河水之消長隨時啓閉，最爲靈便。若南、中、新三壩旁，亦倣照建造，四、五月，河水漸長，重運漕船，足資浮送，即啓板宣放，由各壩下河道循序下注，不致驟漲。且維時農田正當插蒔秧苗，有此閘水接濟，縱遇旱年，無虞乾涸。而河水預行宣放，汛水長發可期，不致十分猛驟。四壩雖未必遂能永守，亦不致倉猝並啓，致釀出槽泛溢之患。當飭淮揚道鄒錫淳，督同揚州府、高郵州分別勘估，臣等覆加查覈，新、南、中三壩耳閘，每座各約需銀一萬三千餘兩，共銀四萬九百餘兩。擬本年先辦新壩耳閘；其南、中二壩之閘，分年次第辦理。至壩下河道七處，共估銀十萬五千餘兩。于道光十一年奏報完工。」

此歷來建立牐、壩及放壩洩水之成案也。夫滚水閘、壩之設，原以洩有餘之水，使循序漸進，無妨民田。至水勢盛漲，放壩洩水，而壩下之引河久淤，各場之海口全塞，水無去路，壩放而民田未有不被淹者。故列聖諭旨皆以放壩爲萬不得已之計焉。

卷四　寶應運河

寶應運河

《水經》：淮水「又東，過淮陰縣北，中瀆水出白馬湖，東北注之」。酈道元《注》：「自廣陵出山陽白馬湖，逕山陽城西，即射陽縣之故城也。」此邗溝水改道由白馬湖之始。

案，建安以前，邗溝水由東道博芝湖至射陽入淮。建安以後，改由西道白馬湖，亦至射陽入淮。詳見《江都、高郵運河》。白馬湖屬寶應，而酈《注》言「山陽白馬湖」者，道元北魏人，時白馬湖屬山陽，故言「山陽白馬湖」也。寶應在兩漢爲平安縣地。《舊唐書·地理志》「寶應，漢平安縣」是也。在梁爲安宜縣。《南齊書·州郡志》：陽平郡領縣四：泰清、永陽、安宜、豐國，寄治山陽。《隋書・地理志》云：江都郡安宜縣，「梁置陽平郡及東莞郡。開皇初，郡廢，又廢石鼈縣入焉，有白馬湖」。《新唐書・地理志》：楚州寶應縣，「本安宜。上元三年，以獲定國寶更名」。《通典》亦云：安宜縣，本「漢平安縣地」。《方輿紀要》：「安宜故城在縣西南，謂今寶應縣之西南也。漢縣治此。」《一統志》：「安宜，舊在寶應西南。漢置平安縣。晉廢。」《太平寰宇記》云：「安宜溪在縣界，古安宜邑因此溪爲名。」《郡國利病書》、《方輿紀要》竝云：「安宜溪在縣西南六十里。」《紀要》又云：「唐初始遷今治。」劉寶楠《寶應圖經》云：「平安故城在今縣治西南六十里。梁安宜縣亦治此。《新唐書・杜伏威傳》：『大業十二年，伏威轉剽淮南，攻安宜，屠之。』安宜舊治自伏威屠後，城邑邱墟，故唐初遷今治。今治卽漢白田，爲安宜勝地。唐李嘉祐《送皇甫冉往安宜》詩：『江皋盡日惟煙水，君向白田何日歸？楚地蒹葭連海迴，隋朝楊柳映隄稀。津樓故肆生荒草，山館空城閉落暉。若問行人與征戰，使君雙淚自沾衣。』『故肆』、『空城』，卽指安宜舊治。兵燹之後，滿目淒涼，不勝禾黍秋風之感。」唐初遷今治，信矣。據諸書言之，寶應在漢爲平安縣，南齊安宜寄治山陽，蕭梁安宜移治漢之平安城，唐初始徙今治。肅宗上元改名寶應，隸于楚州。此寶應沿革之大較也。

惟寶應與射陽、山陽犬牙相錯，省立不常，兼或僑置，易于淆惑。今博稽史志，細爲分析，俾讀史者有所考焉。

《前漢·地理志》：廣陵國領縣四，廣陵、江都、高郵、平安；而臨淮郡領縣二十九，淮浦、盱眙、射陽、鹽瀆、淮陰等縣屬焉。是平安屬廣陵國，射陽屬臨淮郡，不相雜也。《後漢·郡國志》：廣陵郡領十一城，射陽「故屬臨淮」，今改屬廣陵，與前漢異。而廣陵、江都、平安、高郵四縣，仍屬廣陵，與前漢同。《後漢書·臧洪傳》：「廣陵射陽人也。」唐章懷太子注云：「射陽故城，在今楚州安宜縣東。」卽今縣治，據已徙之安宜言也。《江南通志》、《揚州府志》竝云：「寶應縣東七十里射陽鎮，漢射陽故城是也。其北齊所置之射陽，在鹽城縣，非此地。」《方輿紀要》：「射陽城，在鹽城西九十里。」劉寶楠《寶應圖經》云：「《隋志》：鹽城，後齊置射陽郡，陳改曰鹽城。《唐志》：本漢鹽瀆縣地。隋末韋徹据其地，置射州、安樂、新安三縣。武德七年廢。是鹽城之射陽故城，始置于齊，復置于隋。其非漢射陽，審矣。」劉昭《後漢書·郡國志》注于「射陽」下云「有梁湖」，又引《地道記》曰「有博支湖」。《嘉靖維揚志》云「梁湖在射陽湖北，博支湖在寶應縣東南九十里」，是今寶應縣東南及東北境皆漢射陽地也。而安宜故城，即漢之平安城，在今縣西南六十里，則今寶應西境爲漢之平安縣也。《前漢書·地理志》：江都「渠水首受江，北至射陽入湖」。射陽即射陽縣也，以縣統湖。射陽在前漢屬臨淮，不屬廣陵；博支湖亦屬射陽，不屬平安；則射陽湖亦屬射陽，不屬平安矣。《廣陵厲王胥傳》：「相〔一〕勝之奏奪射陂草田，以賦貧民。奏可。」閻氏若璩以射陽陂即白水塘，固非。《太平寰宇記》、《通鑑地理通釋》竝云：「射陽湖卽射陂。」案，射陂若卽射陽湖，當屬臨淮，不屬廣陵，非勝之所得奏奪也。射陂或别是一地，闕疑可耳。

兩漢廣陵郡俱治廣陵。後漢建安二年，陳登爲廣陵太守。五年，登移治射陽。魏、吴交爭之際，徐、泗、江、淮之地，不居者各數百里。見《吴志·孫韶傳》。又，《宋書·

〔一〕「相」字前，道光本與同治本皆衍訛「傳」字，今據《汉書》改。

州郡志》云：江、淮爲爭戰之地，其間不居者各數百里。射陽、海陵、高郵、江都，三國時廢。晉武帝太康元年，既平吳後，立廣陵郡，統淮陰、射陽、輿、海陵、廣陵、鹽瀆、淮浦、江都八縣。又立臨淮郡，統縣十，盱眙、高郵等縣屬焉，而無平安。故《一統志》謂平安爲晉廢也。《宋書·州郡志》云：太康三年，廣陵太守「治淮陰故城，後又治射陽，江左治廣陵」。廣陵郡徙治淮陰，在太康三年。《方輿紀要》謂魏時徙治淮陰，非也。

案，太康元年立廣陵郡，已有淮陰縣，而《宋書·州郡志》云廣陵太守「治淮陰故城」者，沈約作《宋書》在蕭齊時，淮陰已無實土，故謂太康時廣陵所治之淮陰爲故城也。《晉書·地理志》：元康七年，分臨淮置淮陵郡。永嘉之亂，臨淮、淮陵竝淪沒石氏。元帝渡江之後，分武進，立臨淮、淮陵、南彭城等郡。義熙七年，又分廣陵界，置海陵、山陽二郡。《宋書·州郡志》云：「海陵太守，晉安帝分廣陵立。」海陵本屬廣陵，安帝于廣陵分出，立爲郡，統建陵、寧海、如皋、臨江、蒲濤、臨澤等六縣，而海陵舊縣仍屬廣陵。「山陽太守，晉安帝義熙中土斷，分廣陵立。」云「土斷」者，山陽本屬兗州，安帝時，兗州久陷，至是土斷，分廣陵立山陽郡。領縣四：山陽令，射陽縣境，地名山陽，與郡俱立；鹽城令，舊曰鹽瀆，晉安帝更名；東城令，晉安帝立；左鄉令，晉安帝立。」《太平寰宇記》：「山陽縣，晉義熙元年，省射陽縣置山陽郡，屬徐州。又立山陽縣以隸焉。以境内有地名山陽，因名郡。」《寰宇記》又云：「楚州淮陰郡，今理山陽縣。」《宋書·郡國志》竝記云：「安帝義熙元年，省射陽縣，分廣陵之鹽城地，立山陽、東城、左鄉三縣爲山陽郡。」沈約《宋書》無此文。沈書每引何徐《州郡志》，《寰宇記》所引，或何徐書也。云《郡國志》者，謂齊永明《郡國志》也，沈書亦嘗引之。則是義熙之時，已省射陽而別立山陽，自是，山陽著而射陽微。

或疑劉宋猶有射陽，至南齊始僑立江南。案，《宋書·州郡志》：「臨淮太守領縣七：海西、射陽、廣陵、誤增「廣」字，「陵」當作「淩」。《志》云：「前漢屬泗水，後漢屬廣陵。」案，《前漢志》泗水國有淩縣，《南齊書》正作「淩」。淮浦、淮陰、東陽、長樂。《志》又云：「晉武帝太康元年，分下邳之淮南爲臨淮郡，治盱眙，江左僑立。」《晉書·地理志》：元帝渡江之後，「分武進，立臨淮、淮陵、南彭城等郡」。是臨淮郡于元帝時已僑立江南。臨淮郡屬南徐州，時南徐州治京口，去京都水二百四十，陸二百。京都，指建康。則臨淮郡所屬之七縣，亦僑寄可知。其南沛、廣陵、海陵、山陽、盱眙、鍾離割屬南兗。廣陵爲南兗州刺史治，去京都水二百五十，陸一百八十。廣陵太守亦治廣陵，領縣四，卽廣陵、海陵、高郵、江都是也。而射陽則無實土，故與淮陰、淮浦僑寄江南。《南齊書·州郡志》：南徐州鎮京口，有南東海郡、晉陵郡、義興郡、南琅琊郡。晉陵、義興皆舊郡，南東海僑治丹徒，南琅琊〔一〕徙置白下，二郡雖僑置而尚有實土。又有臨淮、淮陵等十二郡。《志》於「臨淮郡」下云「自此以下，郡無實土」，臨淮郡所領之六縣：海西、射陽、淩、淮陰、東陽、淮浦，與《宋書》同，唯省去長樂耳。《宋書》于「臨淮太守」下明云「江左僑立」，則臨淮郡所屬之射陽，亦僑寄而無實土可知。不得謂宋時尚有射陽縣也。蓋自義熙立山陽郡、縣，而射陽之舊縣遂廢矣。山陽本義熙置，故《南齊·州郡志》云：晉「明帝太寧三年，郗鑒爲兗州，鎮廣陵，後還京口。是後兗州或治盱眙，或治山陽。桓元以桓宏爲青州，鎮廣陵。義熙二年，諸葛長民爲青州，徙山陽。時鮮卑接

〔一〕「琊」，道光本與同治本皆誤作「邪」，今據《南齊書》及上下文改。

境，長民表云：『此番十載，舋故相襲，城池崩毁，荒舊散伏，邊疆諸戍，不聞雞犬，且犬羊侵暴，抄掠滋甚。』乃還鎮京口」。長民之鎮山陽，在義熙二年，時山陽已立。而孔衍爲王敦所惡，太興二年，敦出衍爲廣陵太守。時人爲之寒心，而衍不形于色。雖郡鄰接西賊，猶教誘後進，不以戎務廢業。石勒嘗騎至山陽，勑其黨，以衍儒雅之士，不得妄入郡境。《孔衍傳》。海西公太和四年九月，桓温軍敗于枋頭。十一月，自山陽及會稽王昱會于涂中。《桓温傳》。安帝元興二年，桓元入京師，劉敬宣渡江奔廣陵，與廣陵相高雅之等俱奔洛陽。還据山陽，又與雅之及江都令張誕等奔南燕。《劉牢之傳》。此皆在義熙未立山陽前。以山陽本射陽境内地名，郡、縣未立之前，已有此名也。《宋書》及永明《郡國志》云：「省射陽縣，分廣陵之鹽城地，立山陽、東城、左鄉三縣爲山陽郡。」謂既省射陽縣，又分鹽城地，于射陽、鹽城二縣地，立山陽、東城、左鄉三縣。其射陽縣遂廢。其鹽城，本漢鹽瀆舊縣，不廢，特較舊縣削小耳。故《宋書・州郡志》：山陽太守領縣四，卽山陽、鹽城、東城、左鄉是也。

山陽、東城、左鄉爲安帝立，鹽城乃安帝更名，山陽卽今之山陽縣城。《宋書》云「山陽令，射陽縣境，地名山陽」，謂山陽乃射陽縣境内之地，安帝于此立郡、縣，非改射陽爲山陽也。《宋書》又云：「山陽去州水三百，陸同。」州，謂南兗州治廣陵。《太平御覽》云「楚州理山陽縣，南至揚州三百里」，與《宋書》合。則是義熙所立之山陽縣卽今之山陽城無疑。射陽故城在今寶應縣東七十里，俱與山陽無涉。而《通典》、《舊唐書》俱謂山陽爲漢射陽縣地，晉置山陽郡，改爲山陽縣，非也。劉寶楠《寶應圖經》云：「所以謂山陽爲射陽地者，《宋志》『山陽令，射陽縣境，地名山陽，與郡俱立』，謂于射陽境内之地舊名山陽者，立山陽郡、令。猶今分泰州置東臺，分鹽城置阜寧，作地志者不得不曰『東臺，泰州地；阜寧，鹽城地』，而遂謂『泰州城在東臺，鹽城城在阜寧』，可乎？且《宋志》曰『射陽縣境』，『境』者，疆界之名，言山陽爲射陽界上地。《通典》諸書去『境』字，直曰『射陽縣地』。《一統志》諸書去『地』字，直曰『射陽縣』。屢變失眞，巧于傅會，于是晉之山陽指爲漢之射陽，以流爲源而棄其源，以末爲本而遺其本，自唐以來皆蒙此誤。」

義熙既立山陽之後，歷宋至齊，皆無所改。梁初亦有山陽，後入于魏。魏收《魏書·地形志》云，山陽郡，治山陽城，領縣二，卽山陽、左鄉是也。山陽爲郡治。酈道元，魏人，《水經注》云「出山陽白馬湖，逕山陽城西」者，即指此山陽城。時白馬湖屬山陽，故道元謂「山陽白馬湖」。《宋書・索虜傳》：「初，太祖聞虜寇逆，焚〔一〕燒廣陵城府船乘，使廣陵、南沛二郡太守劉懷之率人民一時渡江。虜以海陵多陂澤，不敢往。山陽太守蕭僧珍亦斂居民及流奔百姓，悉入城。臺送糧仗給盱眙。賊逼，分留山陽。又有數萬人攻具，當往滑臺，亦留付郡。**謂山陽郡。**城内垂萬家，戰士五千餘人。有白米陂，去郡數里，僧珍逆下諸處水，注令滿，須賊至，決以灌之。虜既至，不敢停，引去。自廣陵還，因攻盱眙。」或謂「白米」當作「白水」。白水陂即白水塘，在寶應縣西南八十里。白水陂去山陽郡數里，似宋之山陽城逼近白水陂矣。

案，劉宋之山陽城即晉所置，至今不改，未聞其移置也。《郡國利病書》云：「淮安府舊城，晉時所築，宋金交争，此爲重鎮，周一十一里。新城去舊城北五里，山陽縣北辰鎮也。元末，張士誠將史文炳守此，時築土城臨淮。洪武十年，改築甎石，周七里二十

〔一〕「焚」，道光本與同治本皆脱漏，今據《宋書》補。

丈。聯城，在兩城之間。嘉靖三十九年，倭寇犯境，時漕運都御史章煥建，聯貫新舊二城，故名。」是山陽止有三城也。白米陂，未詳所在。《通鑑》載此事云：「初，上聞魏將入寇，命廣陵太守劉懷之逆燒城府船乘，盡帥其民渡江。山陽太守蕭僧珍悉斂其民入城。臺送糧仗詣盱眙及滑臺者，以路不通，皆留山陽。胡三省《注》：「義熙中土斷，分廣陵立山陽郡，今楚州卽其地。」是胡《注》固以宋山陽城卽晉義熙城矣。蓄陂水令滿，須魏人至，決以灌之。魏人過山陽，不敢留，因攻盱眙。」《通鑑》刪去「白米」及「去郡數里」，亦以山陽城未聞移置白水塘也。道元謂「中瀆水逕山陽城西」，不誤，惟以東晉所立之山陽城卽漢之射陽城，則誤甚矣。《舊唐書》、《太平御覽》皆沿其誤，實道元啓之也。道元致誤之由，又因應劭注《漢志》「射陽」云「水北曰陽」，謂射陽城在射陽湖之北，其説非也。劉寶楠《寶應圖經》云：「應氏注《漢書》，据水北曰陽之例，凡地兼水名則曰『某水之陽』。其説不通，則不注。如臨淮郡縣二十九，開陽、東陽、蘭陽皆不曰『某之陽』，惟射陽有射陽湖，因傅會爲射水之陽。夫射水，《水經》及諸史無明文，射陽縣爲射水之陽之縣，將射陽湖爲射水之陽之湖乎？竊謂郡縣有以水氏邑，有以邑氏水。

漢陽、河陽，瀨水置邑，邑遂氏水。丹陽、歷陽，邑名既立，水名隨之。《漢書志》：江都渠水『至射陽入湖』，上舉縣名，下單言湖，言射陽縣之湖，是以邑氏水也。」

酈《注》又云：「城本北中郎將庾希所鎮。」案，希爲庾冰之子。《哀帝紀》：「隆和元年二月，以輔國將軍、吳國内史庾希爲北中郎將，徐、兗二州刺史，鎮下邳。十二月，庾希自下邳退鎮山陽。」《庾冰傳》：「初，郭璞筮冰云：『子孫必有大禍，唯用三陽可以有後。』故希求鎮山陽，友爲東陽，家于暨陽。」是庾希之鎮山陽，史有明文，此事亦在義熙前，郡、縣未立而山陽已有城者。鎮守之地，必築城池，故有城也。義熙中，遂于希所鎮之地立郡、縣耳。《晉書・荀羨傳》：「穆帝時，除北中郎將、徐州刺史，監徐、兗二州，揚州之晉陵諸軍事。羨至鎮，發二州兵，謂徐、兗二州兵也。《南齊書・州郡志》云，晉元帝過江，建興四年，揚聲北討。遣宣城公裒督徐、兗二州，鎮廣陵。其後或還江南，然立鎮至此始。荀羨「至鎮」，謂至廣陵也。使參軍鄭襲戍淮陰，羨尋北鎮淮陰。」謂羨先鎮廣陵，後乃鎮淮陰也。《南齊志》：「北兗州鎮淮陰。穆帝永和中，北中郎將荀羨北討鮮卑，云『淮陰舊鎮，地形都要，水陸交通，易以觀釁，沃野有開殖之利，方舟運漕，無他屯阻』，乃營立城池。」云「淮陰舊鎮」者，元帝過江，淮陰已僑置江南，故云「舊鎮」也。兵燹之後，故城已毁，至是，羨乃營立城池。《太平寰宇記》于楚州云：「東晉爲重鎮，元帝以劉隗屯守。案，《劉隗傳》「太興初，拜鎮北將軍，都督青、徐、幽、平四州軍事，率萬人鎮泗口」，是隗之所鎮者乃泗口，非山陽也。穆帝時，中郎將荀羨北討。云『舊淮陰鎮，地形都要』，乃營立城池。」是誤以荀羨所築者爲山陽城，不知荀羨所鎮者爲淮陰城，庾希所鎮者爲山陽城也。

酈《注》又云：「中瀆又東，謂之山陽浦，又東入淮，謂之山陽口。」謂中瀆水既逕山陽城西之後，又東出山陽浦，又東入淮，謂之山陽口。《太平寰宇記》「楚州山陽縣」云：「邗溝水，南自安宜縣界流入。」於「淮陰」云：「濁水，今謂之山陽濁，東南自州郭下，西北流經縣北，流入于淮，即古之邗溝。」又云：「淮水在縣西六百步。」酈《注》所言「山陽浦」、「山陽口」，皆在淮陰縣，即今之清河縣地；而亦云「山陽」者，邗溝水自揚州至淮陰皆謂之「山陽瀆」故也。自建安改道由白馬湖之後，歷南北朝不異。宋謝靈運《西征賦》「發津潭而迴邁，逗白馬以憩舲」，是亦由西道也。隋開皇、大業，復改由東道。**説詳見《江都運河》。**唐初，復由西道，縣治亦移置今城。劉長卿《赴楚州次白田阻淺問張南史》詩云：「楚州今近遠，積靄寒塘暮。水淺舟且遲，淮湖在何處？」今城南五里有白田鋪，劉長卿赴山陽而道由白田，舟行阻淺。又唐儲嗣宗有《過范水》詩云：「行人倦遊宦，秋草宿湖邊。露溼芙蓉渡，月明漁網船。寒機深竹裏，遠浪到門前。何處思鄉甚？歌聲聞採蓮。」是唐時運河由西道也。

《宋史・張綸傳》：「除江淮制置發運副使。築漕河隄二百里于高郵北，旁錮巨石，爲十礎，以洩横流。」此寶應湖東有隄，兼設減水石礎之始。

案，《東都事略》，張綸爲江淮發運副使，在宋眞宗天禧時。《宋史・陳敏傳》：「孝宗乾道中，敏爲都統制兼知高郵軍。自寶應至高郵，案其舊，作石礎十二所，自是運河通洩，無衝突患。」《宋史・河渠志》：光宗紹熙五年，淮東提舉陳損之言「高郵、楚州之間，陂湖渺漫，茭薪彌满，宜創立隄堰，以爲豬洩，庶幾水不至于泛濫，旱不至于乾涸。

乞興築自揚州江都縣至楚州淮陰縣三百六十里」，此皆修築湖東之隄也。石𥕍，即減水閘。《萬歷寶應志》云：「減水橋，古名石𥕍，今名減水橋，俱在官河隄上。」《漕河通志》：「石𥕍，俱在河東隄上，自白馬鋪至馬家潭，而安宜閶邱溪、清水氾光湖、赤水金釵澗、衡陽濟河等衆流委之，波濤百里，故漕河隄岸惟此易壞。宋紹興中，造斗門、石𥕍十所洩水。案，紹興無作石𥕍事。天禧、乾道所作之石𥕍十所、十二所，亦不專在寶應也。嘉定六年，增修五座，年久俱壞。」

案，宋時所作之石𥕍，專以洩湖水也，與明代之減洩淮水者不同。宋、元運道皆由諸湖，其所經歷者，在寶應則射陽、白馬、范光、界首諸湖。其見于詩者，宋楊萬里有《過射陽湖》詩。見前《高郵運河》。元薩都剌《過射陽湖》詩云：「秋風吹白波，秋雨鳴敗荷。平湖三十里，過客感秋多。」元薩都剌《過白馬湖》詩：「春水滿湖蘆葦青，鯉魚吹浪水風腥。舟行未見初更月，一點漁鐙落遠汀。」氾光湖，一名寶應湖。《明會典》：「范光湖即寶應湖。」「范光」即氾光。宋呂存中《過寶應湖》詩：「半升濁酒試蓴羹，賤買魚鰕已厭烹。淺水倚蒲有船過，淡煙籠日更人行。」梅堯臣詩：「沙頭風雨來，貼水野云黑。如觀曹公營，萬弩射船側。」津湖，一名界首湖。《明會典》「界首湖，即津湖」是也。元薩都剌有《過界首湖》詩：「清氣撲人湖面水，幽聲到耳樹頭風。人家蠶老櫻桃熟，恰是淮南四月中。」

其見于史者，《宋史・趙立傳》：建炎四年，「趙立守楚州，金人攻城。承、楚間有樊梁、新開、白馬三湖，賊張敵萬窟穴其間，立絕不與通。故楚糧道愈梗，楚遂陷」。《陳敏傳》：都統制陳敏「與金人戰射陽湖，敗之，焚其舟」。**据《胡銓傳》，此事在孝宗隆興二年。**《元史・李璮[一]傳》：景定[二]元年，元已取漣、海數州。元江淮大都督李璮[三]言：「近獲生口，知宋調兵將攻漣水，且諜見許浦、射陽湖舟艦相望，請繕城塹以備。」《博羅歡傳》：元將博羅歡進軍，「拔淮安南堡，戰白馬湖及寶應，掠高郵」。《石普傳》：樞密院都事石普從守淮安，「詣丞相，陳破賊之策，丞相壯之。命權山東義兵萬戶

[一]「璮」，道光本與同治本皆作「氈」，《元史》作「璮」。今據《元史》改。

[二]「定」，道光本與同治本皆作「帝」，按《元史》作「中统元年」，即宋景定元年，故改作「定」。

[三] 同[一]。

府事，招民義萬人以行。而汝中柏者方〔一〕用事，陰阻之，減其半。普行次范水砦，縣南五十里，曰氾水鎮，舊作「范水」。日未夕，令軍中具食。夜漏三刻，下令銜枚，趨寶應。其營中更鼓如平時。抵縣，即登城樹幟，賊大驚，潰。乃水陸進兵，乘勝拔十餘砦，直抵高郵」。蓋白馬、射陽二湖，爲寶應達淮之要衝，而范水則由寶應達高郵之路也。

劉寶楠《寶應圖經》云：「唐之運河穿城過。」儲光羲詩云：「十里次舟楫，二橋通往來。」二橋卽今城中嘉定、廣惠二橋，跨宋涇河。卽市河。金王惲詩「雙橋穿寶應，一岸入高郵」是也。明代始不穿城矣。

《郡國利病書》：「洪武九年，用寶應老人柏叢桂言，發淮揚丁夫五萬，令有司督甃高、寶湖隄六十餘里，以捍風浪。」「二十八年，寶應縣老人柏叢桂建言，發丁夫五萬餘人，開寶應直渠，卽月河。初，自槐樓抵界首，槐樓抵界首四十里。沿湖一帶，

〔一〕「者方」，道光本與同治本皆脱漏，今據中华书局本《元史》補。

隄岸屢修屢圮，民甚苦之，操舟者亦甚不便。由是，就湖外直南北穿渠四十里，築一長隄，長〔一〕與渠同，期月而成，引水于内行舟。自是隄無潰決之虞，民亦休息，而舟行稱便。」此槐樓至界首倚湖爲渠之始。

案，《利病書》所言「督甃高、寶湖隄六十餘里」，合高郵、寶應言之也。《明史稾・河渠志》：「太祖時，淮揚之間築高郵湖隄二十餘里。」《明會典》：「湖東有隄長三十餘里。洪武九年，用甎修高家潭等處。」《明會典》又云：「成化二十一年，高家潭等處造石隄，漸修至二十餘里。」案，《嘉靖維揚志》：高家潭在縣南十五里，西會清水湖。是洪武時，甃高郵湖隄二十餘里，甃寶應湖隄三十餘里，合二縣計之，故云六十餘里也。《明史・河渠志》云：太祖時，「開寶應倚湖直渠四十里，築隄護之」，卽指叢桂所開者。《萬歷寶應志・人物列傳》：「柏叢桂，素以梗直服其鄉人。洪武二十八年，建言邑中水

〔一〕「長」，道光本與同治本皆脱漏，今據《天下郡国利病書》原文及下文補。

利，請築塘岸四十里，以備衝決。先是，言于有司，寢不行。乃相度，地多淤泥草莽，不可行，以牛步準程，無甚差爽，經理會計，陳説利害，畫圖奏于朝。詔許。發丁夫五萬六千餘人，令叢桂董其役，期月而成。今自槐樓至界首是矣。邑人至今以爲美談，曰柏氏舊堰也。」

案，《利病書》言「洪武九年，有司督甃寶應湖隄」，又云「沿湖一帶，隄岸屢修屢圮」，是洪武九年所甃之隄，逼近湖側。二十八年，叢桂「就湖外直南北穿渠四十里，築一長隄，長與渠同」，此東隄也。遂以洪武九年所甃者爲西隄。此渠既開，行者不復由湖，不知廢于何年。《利病書》云柏叢桂「就湖外直南北穿渠四十里」，「湖外」卽湖東，今其渠尚存。是時不漕，而且穿。**明初都南京，漕路不由此，故云「不漕」**。今漕舟甚行，屢有風險，而渠不復，何也？《利病書》雜引方志，此條未載何人之説，然必在宏濟河未開之先。

案，《英宗實錄》：景泰五年六月大風雨，湖水泛溢，決高郵、寶應隄岸。英宗天順元年十月，漕運總兵、右都督徐恭奏：「揚州一帶，寶應、汜光、邵伯、高郵等處，隄岸衝決。」《憲宗實録》：成化十四年三月，太監汪直言：「邵伯、高郵、寶應、白馬四湖，每西北風作，糧運、官、民等船，多被隄石、樁木衝破漂沒，宜築重隄于隄之東，積水行舟，以避風浪。」劉寶楠《寶應圖經》云：「洪武中所開越河，槐樓以南、界首以北四十里。嘉靖時所議越河，**卽萬歷所開之宏濟河**。城南至新鎮三十六里，槐樓至新鎮十餘里，新鎮至界首二十餘里。新鎮以南，柏叢桂所開河，未廢；新鎮以北至槐樓，柏叢桂所開河，成化時已湮。」是也。

《明史稾・河渠志》云：「陳瑄之督運也，鑿清江浦，導水由管家湖入鴨陳口，達淮。永樂十三年五月，工成。緣西湖築隄亘十里以引舟，竝築寶應、氾光、白馬諸湖隄，皆置涵洞，互相灌注。」《明會典》云：「揚州高、寶運道，自清口引淮，爲清江浦，至烏沙河，匯管家、白馬二湖，隄黄浦八淺，及寶應縣槐角樓南，諸湖相接，皆運道所經。」此寶應縣氾光、白馬諸湖有西隄之始；亦卽由白馬湖至黄浦達淮，不復由射陽湖之始。

案，明時運道，其與宋、元異者：宋、元由射陽湖達白馬湖；明陳瑄既鑿清江浦，導水由管家湖達淮，又緣西湖築隄亘十里以引舟，于是由淮安直達白馬湖，不復由射陽湖矣。寶應縣治北十里曰白馬鋪，又北五里白馬湖，又北五里黃浦鎮，是黃浦在寶應縣北二十里。而宋樓鑰《北行日錄》云：「召伯埭去揚州四十五里，三十里過露筋，三十里到高郵，三十里過塘頭，三十里過界首，二十五里過范水，**范水鎮至界首二十里，此云「二十五里」者，或范水之新鎮也。**三十五里至寶應，夜風雨，行三十里過黃浦，二十里過平河橋。」言寶應至黃浦三十里者，由白馬湖入射陽湖，乃至黃浦，繞道多十里也。《利病書》：「**山陽縣故城，河去治東南五十里，東入射陽湖，西南連黃浦。宏治中，挑浚淤塞，以達鹽城、高郵、寶應、興化等州縣。」是黃浦固與射陽湖通矣。**《太平寰宇記》「寶應射陽湖在縣東六十里」，据湖之東境而言；《方輿勝覽》「寶應射陽湖在城北十五里」，据湖之西境而言。是時，射陽湖未淤，故謂「寶應射陽湖在城北十五里」也。白馬湖亦在城北十五里，則由白馬湖至射陽湖以達于黃浦，繞道多十里，不足疑矣。陳瑄之築汜光、白馬諸湖隄，据《明史稾》在永樂十三年。《南河全考》：「宣宗宣德七年，平江伯陳瑄築高郵、寶應、汜光、白馬諸湖長隄，以度牽道。」蓋隄已圮壞，瑄復修之也。

《明史·河渠志》：「武宗末年，郎中楊最請開月河。」此爲議開城南月河之始。

案，《萬歷寶應志》云：「寶應越河之議，始于宋陳損之之疏。」考《宋史·河渠志》，光宗紹熙五年，淮東提舉陳損之言：「高郵、楚州之間，陂湖渺漫，茭薪彌滿，宜創立隄堰，以爲瀦洩。乞興築自揚州江都縣至楚州淮陰縣三百六十里。」此謂創立隄堰，非開月河也。下文云：「又自高郵、興化至鹽城縣三百四十里，其隄岸旁開一新河，以通舟船，仍存舊隄，以捍風浪。」損之議開之新河乃鹽河，非湖東之越河也。《萬歷志》謂「寶應越河之議，始于陳損之」，誤矣。

宏濟月河之議，起于楊最。《明史·楊最傳》：「授工部主事，歷郎中，治水淮揚。值世宗即位，**正德十六年，世宗已登極。**上言：『寶應汜光湖，西南高，東北下，運舟行湖中三十餘里，而東北隄岸不踰三尺，雨霪風厲，輒衝決，阻壞運舟，鹽城、興化、通、泰良田悉遭其害。宜如往年白昂修築高郵康濟河，「昂」誤「圭」，「河」誤「湖」，据《武宗實錄》改。加修内河，培舊隄爲外障，可百年無患，是爲上策。其次，于緣湖樹栰〔一〕數重，稍障風波，而增舊隄，毋使庳薄，亦足支數年，是爲中策。若但窒隙補闕，苟冀無事，一遇霪潦，蕩爲巨浸，是爲無策。』部議用其中策焉。」是越河之議實起于楊最。而《憲宗實錄》云：「成化十四年，太監汪直言：『邵伯、高郵、寶應、白馬四湖，每遇西北風作，糧運、官、民等船，多被隄石、樁木，衝破漂沒，宜築重隄于隄之東，積水行舟。』部議行。漕運總兵、巡撫等官，相度從之。」是成化時，第遣官相度，竝未聞漕運總兵等覆奏舉行。而《明史·河渠志》云「遣官築重隄于高郵、邵伯、寶應、白馬四湖隄之東」，非也。劉健《高郵康濟河記》云：「前此董河事者，嘗議循湖東鑿複河，以備風濤，便往來，不果行。」則高郵康濟河未開之前，亦未聞築重隄、積水以行舟也。或謂成化時但築重隄，而不積水以行舟。然重隄成，則越河成矣。況萬歷間，御史陳世寶請于寶應湖隄補石

〔一〕「栰」，道光本與同治本均作「栈」，今據《明史》改。

隄以固其外，而于石隄東復築一隄。是成化時未築重隄也。若果築重隄，則後此越河之築亦易爲力，何至議之數十年之久而始舉行哉？自楊最建議之後，繼此請開越河者多矣。

嘉靖二年秋，大水決湖隄，種茭汜光湖中，護隄以捍風浪，名曰「青龍港」。朱應辰《青龍港記》云：「揚州之壤有三十六湖，尤要害者，其在高郵，曰甓社；其在寶應，曰汜光。甓社之險，宏治間大司寇毘陵白公嘗〔一〕有康濟河之役。汜光自若也。而湖彌險惡，舟行往往覆溺。又夏潦作，隄防屢決，決則甚傷公私田畝、廬舍。歲時繕完，丁夫、木石、土埽糜費數萬工役。我御史大夫俞公來，聞之，卽部視狀，旁詢諸便宜，言人人殊。公徐計曰：『曷以茭？茭，水草也，性易植，又澶衍繁殖，可以制水有功。』命去〔二〕隄之西，如運渠之廣，緣之以茭，長竟湖，寬二十餘丈許。七閱月而工成，葱葱茸茸，蝣

〔一〕「嘗」，道光本與同治本皆脱漏，今據《民國寶應縣志》補。
〔二〕「去」，道光本與同治本皆作「長」，今據《民國寶應縣志》改。

蜿湖中，若蛟龍然。公便來視，喜曰：『此其狀如龍，當以青龍港名之。』而以記屬應辰。辰再拜而言曰：『難乘而易失者，時也；難建而易惑者，謀也；難就而易毀者，功也。今茲之役有三宜焉，有四節焉，有五利焉，茲可記也。夫何謂三宜？旱而涸爲易植茭，于天時宜；植茭無難爲，于人宜；植茭于湖之隈〔一〕，于物性宜。是故三宜順而有以獲乎天矣。何謂四節？無帑藏之發，節乎財；無征調之擾，節乎力；無采石伐木之費，節乎工；無畱時愒日之久，節乎時。是故四節謹而有以裕乎民矣。何謂五利？庇風捍流，其于隄防也利；遠險去害，其于商賈也利；濬渠之中，以便漕舟，其于轉運也利；多張水門，時蓄洩之，澆溉田苗，其于農功也利；罷歲繕隄防大費，其于丁也利。是故五利興而有以益于時矣。順三宜，謹四節，興五利，而智以乘之，謀以定之，果以決之，茲固其可記也夫！』」按，前楊最所建之中策，緣湖樹杙數重以護隄，此則于湖種茭，取其柔而制水，舟行其中，一若港然，故名「青龍港」也。

〔一〕「隈」，道光本與同治本皆作「隄」，今據《民國寶應縣志》改。

《世宗實錄》：嘉靖五年六月丁卯，工部郎中陳毓賢言：「揚州寶應縣范光湖爲糧運必由之路，湖四面甚廣，水勢瀰漫，僅以三尺之隄障之，一旦積雨水發，則横奔衝決，不惟阻糧運，而河隄以東田土俱成巨浸，此第一患也。臣以爲障水固所當先，洩水亦不可緩，請于河隄以東修築月河，以分水勢。如工費浩繁，財力有限，則請自淮安而下，自寶應至高郵，建平水閘數處，以洩其流，亦中策也。」得旨：「令治河都御史辛拯、督漕都御史高友璣會議相度。」果開月河有益，卽定計爲之，毋惜小費。」題准于氾光湖東，傍舊隄開新河，長三十里。《明會典》：「嘉靖五年，題准于氾光湖東，旁舊隄開新河，長三十里。」遂棄康濟河不用。」康濟河在高郵，與寶應月河無涉。《會典》誤。是年，戴金亦請開越河，不果。

劉天和《問水集》云：「淮、揚諸湖，每遇暴漲，風浪觸隄則隄壞，舟行遇之則損溺。近氾光湖議于隄外開支河，卽月河。行舟以避前患，用心仁矣。議者謂不獨范光，凡諸湖之廣而水勢盛者，皆可爲支河。「諸湖」謂白馬、界首、邵伯湖也。蓋隄外之地，本下取土爲隄，不數尺卽可通舟，費亦無多，治水者歲歲圖之，則效矣。余深有望焉。但支河至湖塘岸，須多留隙地，密栽深柳，每濬河淤泥，即以培之，塘岸永固矣。諸湖更多開滚水石壩，壩底平鋪巨石，而酌其淺深，俾湖水淺不致阻運，漲不致衝岸。壩下則開深渠，以通瀕海魚鹽之利。民田亦免浸没之害矣。」

《嘉靖維揚志》：嘉靖七年，御史王鼎言：「氾光湖，漕貢舟必經，風浪險惡，往往傾覆。請開内河行舟，以保漕運；建閘座以固隄防。」十年，御史聞人詮疏略云：「臣昔令寶應，切見本縣南臨巨河，延袤三百餘里，中經一线之隄，風浪險惡，防岸屢崩，軍、民、糧運等船，輒見覆溺。每當一決之時，動有千金之患。卷查正德年間，修壞塞潰，經費不下數萬餘兩。其没溺人、船，荒棄田土，蓋又不能以數計也。高郵地方，舊時亦多湖患。宏治年間，刑部侍郎白昂奉勅開越河一道，計用工料價銀四十餘萬兩。**萬恭《治水筌蹄》云：「白公以七十餘萬金成康濟河。」**今寶應與之接壤，受患相同，而興利之功獨異。節經管河郎中陳毓賢等相繼具題，俱奉有明旨，因撫案諸臣遷代不常，守土之官僥倖無事，遂皆因循廢閣，久而無成。臣目擊斯弊，當日即行具奏。已蒙命下該部轉行看處。臣與先任揚州府知府易瓚等經畫，估計約用工料等銀九萬七千餘兩。臣猶自度，土木工程非浪估可計其數。國家重事，或冒破不免于辜。迺鳩集百夫，試築一方，合用人工、樁木、甎石、灰料等項，俱以一起十，積算引伸，共計用銀四萬三千三百兩零三錢。蓋已減于原勘之半，而視昔日康濟河之功，僅十之一耳。猶恐多則傷財，少則病民，仍復會同先任管河郎中黄行可，逐一查覆明白，數申總理河道衙門。去訖今，又逾二年，于兹仍復未見舉行。伏望勅下該部議，將兩淮餘鹽銀兩查給前數，選差司屬官一員，前去督理，責限興工。」戶部員外郎范韶寶應人。疏略云：「寶應氾光湖與新開、白馬等湖，白水、陳公等塘，滙而爲一，周圍計五百餘里，可謂天下之要害也。白昂于高郵湖修築康濟越河，今逾四十餘年，安享猶如一日。惟寶應越河未築，湖隄屢決，糧運長阻。先任知縣聞人詮留心漕運，丈量見數，試築一工，計費若干，積算萬工，皆有定數，估計給工最爲節省。伏望亟爲開築，務在來春，乘天和水涸之時，興一勞永逸之利，則隄岸庶免衝決，糧運庶幾無虞矣。」陝西按察使仲本疏略云：「天下之事，聞之者不若見之者之眞，見之者不若身任之者之切。臣揚州府寶應縣人，今致仕家居，目見本縣湖水險惡，每歲衝決之患。節經諸臣具題，節奉聖旨修築。但聞近日勘官狃于故常，不肯任事。臣謹詳：高郵越河長四十餘里，今寶應湖用力于弓弦，計工二十餘里。比之高郵已減一半。又經聞人詮修築樣工一處。若不因時修築，則隄岸決不可保，漕運必致有傷，田地、人民之墾復，亦無期日矣。」

《明會典》「嘉靖十年，寶應湖東築月隄，長二十一里」，蓋傍舊隄爲之。是時，以地方災傷，工力重大，錢糧未敷，未暇修築月河也。**嘉靖十年，始築月隄。是知成化間未築重隄。**《世宗實錄》：嘉靖十九年九月壬寅，運糧千户李顯疏築運河三事。其一，謂揚州南自儀真，北抵淮安，俱藉寶應氾光湖諸水接濟，乃湖南北相去三百里，《寶應圖經》謂「**此統山陽、寶應、高郵、召伯諸湖言**」，**是也**。廣百二十餘里，卒有暴風，漂蕩不測。議于范光湖隄迤東開築月河，以免水患。上命工部議行。《穆宗實錄》：隆慶二年，御史蒙詔條奏：「寶應湖風濤叵測，往往沈覆，宜如高郵康濟河故事，別鑿一河。以近隄民田爲之，計畝受直，免其征稅。」《河防一覽圖說》：隆慶三年，高堰大潰，淮湖之水，洚洞東注，合白馬、氾光諸湖，決黄浦八淺。《明史·河渠志》：是年，帝令翁大立議築寶應月河。《穆宗實錄》：隆慶四年三月，工部覆御史楊家相所陳，于寶應湖議開康濟河，《寶應圖經》謂「如高郵康濟河之制」，是也。所宜亟舉。

《皇明經世文編》：萬歷元年，總河侍郎萬恭疏請開寶應越河，云：「淮北運道全賴諸河，淮南運道全賴諸湖。淮之南爲寶應湖，又南爲高郵湖，又南爲召伯湖。三湖者，故非相通，勢各東注。故前代之運，率由六合入邗溝，達淮，以入于汴河。邗溝在三湖之西，謂「由六合入邗溝」，沿《嘉靖志》之誤。至謂「邗溝在三湖之西」，尤誤。累淺膠舟，不利運。先臣陳瑄棄之，而于三湖下流，聯東隄三百里，陳瑄湖運之法，亦本前人，此謂創自陳瑄，亦誤。以西受七十二河之水，會于諸湖，血脈通貫，運乃大利。顧三湖，召伯最小，鮮風濤之患。高郵大，先臣白昂治高郵東月河三十餘里，迄今八十三年。官民舟楫由月河中，若履平地，甚利賴之。寶應最大，道經槐角樓以西，上源水勢瀰漫，不覩畔岸，東循石隄，若鐵城然。舟人晨候風色，北風則南浮達高郵，南風則北浮達山陽。然天有時，不可必也；地有險，不可避也。幸而風色按候停勻，則鼓棹揚帆，可保旦夕惴惴之命。若浮至槐角樓，風勢迅暴；又若中流西風大作，則數百里長風巨浪，擁壓舟艦，激蕩于石隄洶湧中，糜爛漂溺，民命葬魚腹，靡孑遺矣。臣于去冬行部。十月二十五日，寶應湖風濤沒千餘人；今春三月二十日，沒風濤者又八百餘人，舟楫勿問也。五閱月而漂沒若此，則一年可知，十年、百年更可知也。生齒幾何，而生棄寶應湖中者，不可勝紀，不亦傷乎？臣亟檄所司勘設寶應重隄，卽重隄爲月河，以避風濤。恭雖爲此議，重隄亦未築。臣愚以爲有九利焉：夫高郵月河，非不善也，使循西老隄爲之，一護老隄，多一重關則老隄固；一通舟楫，夾河而行則牽挽便，斯善之善者也。乃遠老隄爲之弓絃，而築月河若張弓，弓與絃之間，環民田八萬畝，費銀七十餘萬兩成之。今八十三年中，老隄不守，八萬畝灌而爲湖，是又益一湖也。豈徒傷財，又棄民膏腴？今又以二湖之勢攻中隄，中隄斷續，亦不守矣。臣斷以爲不善。臣今循寶應而爲之東隄，老隄加重關焉，有所恃而不恐，一利也；東隄成，卽引水注其中，舟楫由之，是以重隄爲月河，一舉而兩得，二利也；于平土築護隄，原不爲月河，而月河之費藏其中，費省而用博，三利也；老隄得月河牽挽之便，東西並行，孰不保惜，非若高郵棄老隄于四五里之外者，則老隄固，四利也；官民舟楫由月河中，坐視槐角樓上下之風濤，患不能及，五利也；二隄竝峙，一隄損，復有一隄，高、寶、興、山諸州縣亾決隄之虞、廩廩之危，六利也；臣爲此計，使月河成，國計民生幸甚，不成，護隄之安，費而無失，七利也；護隄之間，設平水閘三，閘下爲支河，引水入射陽湖，東注于海，取支河之土，築月河之隄，事省工集，八利也；或謂東隄成，爲月河，則老隄夾二水中不固，獨不曰高郵老隄夾二水中，西當大湖、東當八萬畝巨浸乎？高郵中隄，西當八萬畝巨浸、東挾月河乎？月河廣不踰六丈，風濤不興，但有護老隄之力，而無齧老隄之害，九利也。伏乞勑下該部覆議。了此不過兩月、數萬兩耳！」不果。

《明史・河渠志》：「萬歷五年，御史陳世寶請于寶應湖隄補石隄以固其外，而于石隄東復築一隄，以通月河，漕舟行其中。」《明史稾》「石隄」作「右隄」。《寶應圖經》云：「隄東復築一隄，舟行其中，卽所謂月河也。」「通月河」者，當謂此新月河通洪武時所開月河。《南河全考》：萬歷八年，總河都御史潘季馴上言：「據鹽城縣知縣楊瑞雲、寶應縣知縣李贄揭稱，寶應隄内重創月河，與高郵康濟河事體相同。節經部院題請勘議舉行，但工費不貲。當此勞費之餘，灾傷之日，恐有不堪，相應暫停。姑候時和年豐，再圖興舉。」

《神宗實録》：萬曆十二年八月，吏科給事中陳大科言：「氾光湖浩蕩無際，嚮爲運道梗。所司議開越河，而一主圈田，以防夾攻；一主靠隄，以省修築。昔白侍郎昂康濟河，圈田之制也。比吴尚書桂芳靠隄開越河，十餘年來未聞衝圮。臣意白侍郎治湖于宏治初年，田高于水，挑濬可施。即田有積潦，輒開涵洞以注于湖，民利賴之。至嘉、隆間，黄河南徙，水高田丈餘，昔所謂圈田萬頃，蕩爲巨浸。湖身既高，涵洞俱塞，若復圈田，徒爲貯水之窪，增老隄之殃。臣以爲靠隄開河，此已成之事也。夫定開河之議難，而經開河之費尤難，計開此三十餘里之河，非二十萬金不可。此二十萬金者，可望之天雨、鬼輸乎？請留户部改折銀兩，不可也。而南京户部歲支寄庫之銀，或可借支乎？請留淮揚撫按罰鍰，無多也。而兩淮巡鹽銀兩，或可多給乎？請加派淮、揚均徭、里甲，則灾眚頻仍之處也。而浙江、江西、湖廣俱有漕糧，干係至重，山東舊有協濟夫銀，或亦可津貼乎？夫漕糧，國家之儲積也；生靈，國家之赤子也。以國家之財用，濟國家之儲積，拯國家之赤子，何久之不決，而未有條上方略者？此則重臣不專一之故也。何者？定開河之議，與經開河之費，其責在總督漕運一人而已。頃因九列員缺數多，卿貳不得不以次遷補，故漕運撫臣代遷不常，前人擘畫，後人易盡。非假以歲月、責以底績不可。先臣堯歷任工部右侍郎，總理河道，力議開越河。時漕運河道分爲二，意見不同，不久遷去。遂抱遺忠，耿耿未竟。今氾光湖之險，迥異往年，不容一日泄泄者。」疏入，上意始決。

十月，漕運總督王廷瞻奏，寶應新開越河，分爲三工，每工司、道二員相兼總管。報可。

十一月，禮部儀制司主事陳應芳奏：「頃見漕臣開越河一疏，其稱論方取土、以丈計之，約用工銀九萬六千有奇，而木石之費十二萬，其派夫必得五萬人而後可。竊意夫以五萬，每名日工食則當一日千金矣。是所謂九萬六千者，止可供五萬人三月之費，借曰更番迭用，亦止足供六月之食，大約計之，則九萬六千者，可足一年夫役之募乎？其不足者，撫按自有處乎？抑令民自爲贍也？臣往見河工之舉，撫按下之州縣，州縣下之里甲，里甲不足，于是以家貲之上下，爲出夫之等第，籍名在官而趣之役，牌票追呼之擾，遍于閭閻，叫號怨謗之聲，盈于道路，此籍名之苦，一也。及其不可脫而爲之辦夫，一夫遠者月有一兩二錢之值，近者月有九錢之值，有稱是而計月以安家之值，以一家爲率，辦夫五名，則月幾十金之費矣，往往傾貲以償其費，不則鬻産賣子。數月之間，閭閻一空，此僱夫之苦，二也。及其以應僱之夫往卽工所，多方影射，百計索求，一不遂則撻鞭之，夫多逃去，則以逃夫呈而移檄州縣逮之，原籍名之人又僱夫以補其額，而就逮之費亦復如前，是重困也。至如官銀，卽使盡所議者給之，猶不足以償十分之一，而況所給者受值之人，非出值家也。以故不才佐貳，通同胥役，恣意侵尅，徒有募夫之名，而害歸于籍名者之家，利入于管工者之手。此赴役之苦，三也。請以三策籌之。與其使當事諸臣陽爲節省之虛名，而小民陰受賠累之害，孰若照糧起科，明爲加派，而以九年、十年拖欠錢糧蠲免，人情未有不樂從者。至于東南孔道，各省協濟之銀，揆之事理，必不可無。昨撫臣議五萬，臣以爲少，奈何不允，而使獨累淮揚赤子也？夫錢糧足，則官操其值以募人，如各驛遞等夫，非以厲民，而且養民，此理之正、策之上也。瓜、儀巨商大賈，往往建寺修橋。嚮倭夷之變，揚州外城，俱係鹽商倡築，不期月而集。今或懸旌表之令，開事例之門，授冠蓋、給旌匾，必有應者。而往來商船除鈔關外，量于湖口，抽其稅課以佐急，此事之權、策之次也。如其不責名實，加派協濟不可，事例抽稅又不可，而忍聽民自賠，此則無策。」工科右給事中馮露亦言，廷瞻之議，欲將舊隄儲用之石，加之新工，以石砌潭。原議者八，今減而六。反覆陳舊隄之石不可移，八潭之砌不可已，報可。

夫越河之議，起于正德末年，嗣是請開越河者甚多。至萬歷十一年，而議始定。見《萬歷寶應志》。蓋距楊最建議時，已九十三年。其成之之難如此。今故詳載諸公奏疏，俾覽者有所考焉。此條《請開越河諸奏疏》及後條《越河興工奏疏碑記》，《寶應圖經》已詳載，但彼書雜敘他事，此則專錄議開越河及與越河有涉者，彙爲一，則俾觀者瞭然耳。

《明史稾·河渠志》：「萬歷十三年，從總漕都御史李世達議，開寶應月河。」此寶應南門外至新鎮三官廟三十六里新開月河之始。

按，《行水金鑑》引《神宗實錄》：「萬歷十二年，總漕李世達、按臣馬允登、鹽臣蔡時鼎議于石隄之東開越河，以避其險。」而《河渠志》云「十三年」者，《萬歷寶應志》云越河以萬歷十二年九月興工，明年五月奏績，蓋世達建議于十二年，《史志》據工竣之年，故云「十三年」也。《明史稾·河渠志》又云：「寶應氾光湖，諸湖中最湍險者也。廣百二十餘里，槐角樓當其中，形曲如箕，瓦店翼其南，秤鉤灣翼其北，《寶應圖經》云：《嘉慶揚州志》「青蕩湖東爲秤鉤灣」。「青蕩湖」即清水湖。《志》又云：五淺、西隄、秤鉤灣，正清水湖東岸。西風鼓浪，往往覆舟。陳瑄築隄湖東，蓄水爲運道，上有所受，下無所宣，遂決爲八淺，匯爲六潭，興、鹽諸場皆沒。而淮水又從周家橋漫入，溺人民，害漕運。」至是，工部郎中許應逵建議，世達用其言以奏，乃決行之。《王廷瞻傳》：「前巡撫李世達等議開越河，避其險。廷瞻承之。據《李世達傳》，時世達入爲兵部尚書。鑿渠千七百七十六丈，爲石閘三、減水閘二，《寶應圖經》云：《明會典》「宏濟河南北二閘、長沙溝減水閘、朱馬灣減水閘、劉家堡減水閘」，「俱萬歷十二年建」。南北二閘即石閘。據《會典》，當云「石閘二、減水閘三」，是也。石隄三千三十六丈，子隄五千三百九十丈，費公帑二十餘萬，八月竣事。十二年九月興工，十三年五月竣事。詔旨褒嘉，賜河名宏濟。」

《行水金鑑》：是年六月初十日，漕撫王廷瞻題奏，略云：「寶應地方，澤國委流。氾光一湖，尤居窪下，東西相望，浩淼無涯，洪濤迅浪，不時常作。加以西風號起，洶湧排空，蕩擊石隄，摧殘舟楫，人人不能必命，而葬之魚腹中者，無月無之。無論其遠，如萬歷十年，一日而斃者千餘人；十二年，糧船沈溺者數十隻，漂沒漕糧至七八千石，殊爲運道之梗。遠近之民談此湖者，不寒而慄。且東南財賦轉輸，以充軍國之需，命脈所係，豈容哽噎若此？臣仰遵廟畫，殫力經營。夫役用銀募招，未嘗派擾里甲；木石差官採買，亦不干及有司。雖勿亟之令屢申，而胼胝之趨益勵。興工甫及八月，用費猶有餘銀。兩隄竝築，五閘屹然，數十里之湖患屏之藩維，千百萬之生靈盡居衽席。且舊隄有重關之險，永無潰決之虞。行旅藉之以爲安，居民恃之以無恐，萬口歡呼，咸稱不朽。先年高郵越河成，蒙欽定河名康濟。近年淮安新河成，蒙欽定河名永濟。今寶應越河尤爲緊要，自此而南，由高、儀而達于江；自此而北，由淮、浦以達于河，實爲運道咽喉第一之關。伏乞特賜嘉名，以光萬世。」

大學士沈一貫爲《宏濟河記》云：「淮揚之間有巨浸焉，曰邵伯、高郵、寶應三湖。邵伯故狹小。高郵有白康敏越河。寶應謂之汜光，值黃蕩口居湖中心，相距百餘里，勢既浤汩，加以西風之衝，槐角樓如箕如婁，不能獨拒。守吏常苦憊，方波忽濤，罷鼓不時；三老長年望雲測景而後行。如遭其平，揚帆如履地；偶逢其怒，棄柁拽如葉耳。蓋陽侯之欲無厭，而魚鼈數飽民命。如壬午秋，竝舉巫招者，纍不可計也。且湖以東，田無慮百萬頃，決輒爲沮洳，七邑生理盡矣。工部郎中許君應逵倡越河議，中格不行。都御史李公世達來督漕，許君理前語，李公語鹺使者曰：『吾欲隄寶應，而假資于君。今鹺鍰十六萬，能損其半相助乎？』鹺使報可。李公更請資于酉儲，亦報可。迺與部使者偕言于上。而陳給事大科者，揚之通州人，習知河事，上言甚切。直工部覆請，得諭〔一〕旨，將筮日鳩丁，而李公遷南京兵部尚書，都御史王公廷瞻繼之，載咨載程，宣力不勌。自三官廟抵南郭外，延袤三十六里，三分其

〔一〕「諭」，道光本與同治本皆誤作「俞」，今據上下文改。

工：許君暨海防參政舒君大猷董其北；中河郎中陳君瑛、徐州兵備副使莫君與齊董其中；理刑主事羅君用敬、漕儲參政馮君敏功董其南。即舊隄爲西隄，而别隄其東，杵薪累石，實以剛土，引水注之，舟行其中。築滚水壩三，以時疏洩。水暴長，則越河注支河，**此支河即壩下之引河也**。道射陽、廣洋入海，殺其太過，無令留害。始卒八月，亟成而堅。用鹺鍰暨南户部金各十萬。河成而舟銜艫至，若行溝涂。昔之愓號辟易者，歌謼許以若嬉。漕隄以東，所謂百萬頃者，長老言，往歲既苦澇亦苦旱，重隄防而不敢浥一勺也。今資蓄洩之利，皆膏壤矣。工既成，上甚嘉悦，賜名『宏濟』，爵賞有差。予嘗謂：舉大事，决謀難；工鉅費繁，請帑藏不可，括閭閻不可，籌貲難；重臣數易，在職者蘧廬目前，任事又難。今費省而力宏，人不勞而效捷，是策臣之計定而廟堂之聽審也。諸大夫又能家視國、私視公，駢工協勞，如手足耳目之相爲力。乃知遠猶如石，必有同心；一夫疑貳，羣策不發，使慮國事者盡如諸大夫也，庶績不成，而太平乎何有？」

李廷機《記》云：「淮揚間數百里，有召伯、高郵、寶應三湖，受天長、六合七十二河之水。運道所經，召伯故安無患；高郵自白康敏公開越河、圈田爲漕利者若干載後，因其圮壞，循老隄築重隄，河竟安流；獨寶應氾光湖延袤三十五里，「五」當作「六」，下同。瀰漫衍溢，不見涯涘。而槐角樓處湖中，如箕風之所激，洪濤巨浪，簸蕩湍悍，震撼日，幾與渤澥埒。歲漕至，則舟工舵師惕息相戒，望雲物測景而後行。風順浪平，揚帆過之，舟駛如鶩，不崇朝而達于淮；雲起膚寸，狂飆倏來，飄搖衝擊，柁不及旋，巧不暇施，敗亾覆沒，無完艘者。粟之所輓，民之膏脂，縣官、百吏、六軍之所待給，漕卒、商旅一舟數十人之生，一朝之不期，胥溺俱沈，輸于蛟龍黿鼉之宫，而下爲魚鼈食也。如往歲壬午之變，可覩矣。天子念漕計大、民命重，不愛勞費，灑沈澹灾。于是察羣言，用大司空議，責任撫臣，棄圈田之迂謀，視高郵之成事，循老隄築長隄，爲河引水注之，輓舟其中，舳艫相銜，安若衽席。蓋其便利大矣。予惟縣官，倚漕而食。寶應當淮、揚之間，咽喉之地，有如湖患爲梗，漕艘不得前。即清濟濁河，疏瀹底定。彼漕艘者，非效醯壺醬瓿，可懷挾提挈而越之；亦非效烏集烏飛、兔興馬逝，灘然而至者。如人病在咽喉，何言脾胃？故寶應之于漕，亦亟已。其議久不決者，經始之慮，衆不及睹，甲可乙否，莫執其咎，則難；役鉅費繁，所出不貲，上不得仰給于内帑，下不得搜括于外庫，減省不足以就功，而贍給又無所措，則難；重任數易，蘧廬視官，計日待遷，莫適任患，則難。幸賴天子神聖，明見萬里外，毅然獨斷，不憚一勞暫費，知人善任，以有成功。蓋非臣之力，君之德矣。昔嘗怪西門豹，魏之能臣，漳水遺利，史起興歎。及觀豹所稱『爲君治鄴，而君奪臣璽；爲左右治鄴，而君拜臣』之言，然後知文侯固不善用豹，未必漳水在其旁，而豹不知用也。語曰『君如枹，臣如鼓；事如車，技如馬』，則惟今日之謂。余故記之，以備修河渠志者採焉。河，南起新鎮三官廟，北經槐角樓，至寶應南門，長三十五里。新隄，廣若干尺，役人徒若干，費金錢若干緡。經始某年月，以某年月竣。有事于諸役者某某得竝書。」

邑人吴敏道《新開宏濟河諸公生祠記》云：「國家歲漕東南粟四百萬石于京師，率自瓜、儀閘進，歷高、寶而北出清口。高郵則有甓社湖，寶應則有氾光湖，皆險要，能害漕。宏治二年，侍郎白康敏公業已開高郵康濟河，避甓社之險。萬歷五年，工部尚書吴公重修築之。乃氾光湖，則睎甓社爲尤險。蓋其西接天長、盱眙、泗水，從雲山、白水、衡陽而下，勢若建瓴，直注氾光湖，澎湃洶湧，浮空無際。而槐角樓當湖中央，其形如箕，兩翼夾擊，不風而波。更值西風暴起，則驚濤捲雲，怒浪如山，陽侯、天吳掀舞簸蕩，天日爲之無色，萬斛巨艦，觸石立碎，舟中之人，盡魚鼈矣。此患無歲無之，其尤鉅者，壬午之變，千舟半渡，一風而盡，浮尸無算，慘不忍言。自是冤氣瀰湖，馮波爲祟。行者望氾光，如入鮓甕。艤舟恆累日，候風色、占雲氣，徘徊而不敢進。嗟乎！所爲越河者，顧可緩頰而譚哉？越河之議，蓋肇于嘉靖間工部侍郎陳公堯。**世宗卽位，楊最已議開越河，不始于堯。**其後河臣屢議屢停，未聞有奮膺而決筴者。蓋謂東地窪下，取土難；工費繁鉅，計財難；奏工非積歲不可，而競進者方蓬心蒿目，以覬速遷，則任事難；言人人殊，堅白不肯相下，則同心難。夫是數者，所由以沮格不行也。南河郎中許公力主越河之策，白于督府李公。李公以爲便，計與部使者馬公偕言于上，而所請資，則南大司農帑金十萬，鹺使者蔡公亦樂以贖鍰羨鹽十萬佐之，及撫巡贖鍰五萬。時大司空猶援康濟河圈田故蹟，持近隄、遠隄二議，以求永利。會給事中陳公，郡人也，先工部侍郎子，爲上極陳開越河之便，且言圈田之必不可留。于是徵材、徒，計河三十六里。三分其工，屬諸大夫分董之：董其北，則許公暨海防參政舒公；董其中，則中河郎中陳公、徐州兵備副使莫公；董其南，則刑部主事羅公、漕儲參政馮公。諸大夫駢力協心，宿留河上，部署丁卒，日程督之。築其東新土隄，培其西舊土隄。凡爲潭者四，皆甃以石，餘皆護以樁笆。南北建石閘二，以通舟航出入。而南閘外又築攔河壩，又築東水隄，中建滚水石壩，以疏洩水勢。而壩之東，則又開濬支河，令其水得從射陽、廣洋走而入海。河之中，夾植茭葦，亦籍之爲隄衞。而隄之上遍植柳，以蔭牽夫。蓋縷縷稱備，善矣！河肇工于萬歷甲申九月二十一日，明年四月二十六日奏成。上大嘉悅，賜名曰『宏濟河』。在事諸臣，爵賞有差。夫自宏濟河之成也，狂飇退鷁，水波不興，漕艫運舳，官舫商舶，揚帆而濟，釃酒而慶，若坐天上，若行鏡中。疇昔風凄雨迷、檣沈艫折之景，不復刺眼；歲所全活生命，不可以數計。誰之功也？譚者謂康濟河費金七十三萬，宏濟河曾不㲉三之一，姑無論已。往歲隄屢潰屢塞之，動數千金計，黄浦之費，且數萬金。今者兩隄對起，虹蜒鼇峙，卽有外浪，安能撼擊重隄而潰之？所省搴茭楗竹、沈玉之金，又不知其幾。誰之功也？隄潰則東望膴田數千萬頃，溔渺汪洋，皆爲魚鼈蛟龍之區，豈直菑寶應，即興、鹽、高、泰諸州縣，下及諸鹺場，盡爲巨浸。邇年以來，潦消田出，鴻鴈之民爭歸，而買犢牸，把銍鎛，墾萊闢蕪，塍畛綺錯，蓑笠彌野，邨舍相望。至秋，則黃雲縵縵，且數百里。轂車軋軋，社鼓之聲不絕于耳。又誰之功也？呂、泗潭上，槐角鎮前，危樓拂斗，飛閣入雲，金銀色界，昭映湖天。舊稱險惡，擬羅刹者，而一旦變爲方洲圓嶠，琳宮璇洞，璀璨壯麗，最爲江淮奇觀。而氾水諸鎮，則開廛列肆，通闤帶闠，商賈繈至而輻輳，諸方之貨，鳥集鱗萃，尤足以聚百族而興八寶之利。此又誰之功也？《祀典》：有功于民，能捍大災、禦大患者，竝得祀之。羣公有焉。于是八寶父老，醵金建祠宏濟河隄上，設羣公長生位而俎豆之。又屬余序述其事，載之貞珉，以垂示永祼云。」

《萬歷寶應志》云：「是河之開，數十年而後定，鉅工之興，若此艱矣。乃一時草創，未及經久之圖。即以南、北二閘言之：北閘門稍東，而水勢北來如矢，舟難徐轉，損壞無算。非知縣陳燧建議，改令徑直，易于出入，幾何不爲三峽、呂梁之險乎？又，頻年以來，從淮安至寶應，築西長隄一道。黃水從通濟閘入者，通濟閘，在清江浦，卽清口也。挾沙而來，河身日高，運道日窄。有如當事者，思此河經始之難，慮此河淤塞之易，咨訪濬治良策，俾流沙不積，漕渠不壅。又，三十六里之隄，盡用石砌，卽有異常風雨，不令衝決，則漕其永賴矣！」按，宏濟河兩石閘嚮置河中，閘久廢，而石基尚存一座。《南河成案》：乾隆四十二年，兩江總督高晉奏：「寶應地方，舊有宏濟石牐一座，牐門僅寬二丈四尺，水行至此，爲之一束，未免阻其暢流之勢，以致下游河底積沙，未能暢刷，兩腮淤土亦難滌除。此牐建自前明，久無啓閉。今擬照雙金牐、六漫閘拆除之法，將牐牆拆去，河面展寬，則水勢可以暢行下流，浮沙易刷矣。」

《萬歷寶應志》又載《治水或問》云：「或問寶應越河淤泥，萬歷甲申歲開挑，迨五六年後，而河墊底高，由通濟等閘，黃水內灌，沙壅之耳。節年河官急爲治標之計，東河使窄，夫亦有深意焉！蓋河寬則流緩，流緩則沙停，沙停則河塞，理固然哉！惟窄則流駛，而沙隨水刷，故束水衝河，以水治水之道也。頃當事者睬河身日高，圖爲挑濬之計，估用工費三萬餘金。及癸巳秋，六淺隄決，南閘之水北趨，北閘之水南趨，越河積淤衝刷殆盡，計塞決之費，僅七百一十餘兩。事固有因敗以爲功者。此亦見束水刷沙之一驗也。奚必議大挑，以靡費擾民爲哉？但令清口通濟閘非漕貢不啓，而官民商旅之舟復車壩，庶幾黃水不入，而河淤不至日增矣！」

《河防一覽》：「寶應月河自黃浦至三官廟前，長二十里，水多旁潰入湖，是以流緩沙停。新閘一帶，淺阻爲梗。据《方輿紀要》，此謂淮安新閘。今加築西土隄一道，以束漕水，可省挑濬之費。」此寶應南門外，北至黃浦二十里月河，新加西土隄之始。

按，此因月河易淤，水多旁潰，季馴加築西土隄。此二十里之月河，非皆季馴所開也。明初，運道由白馬湖直達淮安，不由射陽湖。白馬湖南北皆有運河。《郡國利病書》云「運道逕寶應湖而北，穿河行，過白馬湖。自白馬湖而北，穿河行，至淮城之西南」是也。蓋寶應南北舊有運河。嘉靖間，重浚宋涇河。朱曰藩《記》云：「宋涇河者，寶應之市河也，南北界運河。」則南北皆有運河明矣！城南運河亦非萬歷時始開。范韶疏云：「寶應若開越河，長僅二十餘里。」仲本疏云：「寶應湖用力于弓弦，計工二十餘里。」此除城南運河言之也。陳毓賢疏：「寶應氾光湖往來運糧等船，入湖三十餘里。」陳大科疏云「開此三十餘里之河」，連城南運河言之也。萬歷時，城南運河亦嘗淤墊，故開宏濟月河。時從縣城南門外計之，故云「三十餘里」也。《嘉靖維揚志》云「高家潭，在縣南十五里官河内」，則城南舊有官河矣。城北運河直接淮安，惟中間由白馬湖數里耳。《歸有光集・壬戌紀行下》云嘉靖四十一年。「初，同行者有數百艘，南旺分而爲二，先行六十艘，出會通河，舟皆散。是日，風阻寶應，又以百數。夜始行，牽纜如織，至瓦澱湖口。「瓦澱湖口」，卽氾光湖口也。瓦店鎮在寶應縣南三十里。《萬歷寶應志》：「龍女廟在縣治西南三十里范光湖口。」故知范光湖口在瓦澱也。十九日，風猶逆，遂至露筋廟，出邵伯湖」。又云：「淮陰六十里至黃浦口，出馬湖三四里入内隄，行至寶應。出湖四十里，内隄行至露筋廟，出邵伯十八里。」云「出馬湖三四里入内隄，行至寶應」，則出白馬湖之後，卽入内河行，與《郡國利病書》合。

《河防一覽》：「隆慶三年，高堰大潰，決黃浦、八淺湖隄十五處。」《明史·五行志》：「萬歷五年，淮河南徙。」《明會典》：「由黃浦口入，石隄多壞。」《河防一覽》：萬歷六年，潘季馴奏：「八淺決工，委水利道副使張純；黃浦決工，委南河郎中張譽，俱于九月十五日起工，七年十月告成。」季馴上疏曰：「總管官南河郎中張譽、督揚州府同知韓相等，塞完黃浦決口，先築南北攔河壩二道，共長四十五丈，根闊一十三丈，頂闊十丈，高二丈；塡築正口土隄一道，長九十四丈，自水底至頂高三丈八尺，根闊十三丈。總管官水利道副使張純、督淮安府帶銜同知劉順之等，塞八淺決口，長八十五丈六尺，內土隄根闊七八丈不等，頂闊二丈，自水底至頂高二丈至一丈四五尺不等；外包砌石隄一道，**此謂東岸決口，隄外包砌石工。**長八十五丈六尺，高一丈五六尺不等；又石隄兩頭，接築舊土隄，共長一百五十丈，俱根闊三丈，頂闊二丈，高一丈三四尺不等；南北攔河壩二道，共長五十九丈，西隄一道，長二百四十一丈，俱根闊五六丈不等，頂闊一丈三四尺不等，自水底至頂高一丈六七尺不等。」

《河防一覽》又云：「寶應縣之西十餘里，有白馬湖。其當湖心而東，即所謂八淺隄也。往歲隄決，湖水奔逸，建瓴而下。舟楫過者，少遇西風，輒沈溺不可救。其決處，闊八十餘丈，深且二丈五六尺不等。而水勢湍急，莫可名狀。雖不惜費，寧能與水角力哉？屢築無功，覆轍可鑒也。乃議從湖心淺處，先築西隄一道，以捍其外。仍于河之南北截壩二道，暫令運艘越湖而行。隄壩成，則八淺正決，瀦水不流，捧土而塞之矣。是築西隄者，正所以塞東決也。但東決正塞，西隄終不可棄，必須歲加修築，仍密種檞、柳、茭、葦之類，使其能當濤浪，則東隄不守而自固矣。」

按，季馴塞黄浦、八淺，俱築南北攔河壩。黄浦本有西隄，故但築南北攔河壩，而決口已斷流矣。《萬歷寶應志》：「寶應有九淺，八爲白馬淺。」是八淺正當白馬湖，本無西隄，故季馴築塞八淺決口，必先築西隄，而後于河之南北截壩二道。**西隄成則月河成矣，故以河言之。**若不先築西隄，則南北不能築攔河壩，此理之易知者。足明西隄未築之時，運舟經此，必由湖矣。季馴云「當湖心而東，即所謂八淺隄」者，此謂靠湖之東岸。云「議從湖心淺處，先築西隄一道，以捍其外」者，此謂于湖心築隄，水底施工。故季馴疏謂西一道，「自水底至頂，高一丈六七尺不等」也。方施工之時，南北築攔河壩，運艘自必越湖而行。若決口既塞，南北攔河壩一拆，則運舟自必由内隄行走。故季馴謂「東決正塞，西隄亦終不可棄」也。然則八淺未決之先，運道必由白馬湖；八淺既塞之後，運道始不由白馬湖矣。是白馬湖旁三四里之越河，實萬歷七年潘季馴所築也。

《河防一覽》：都給事中常居敬《欽奉敕諭查理河漕疏》《行水金鑑》引《實錄》，在萬歷十六年。略云：「据該各道會同南河郎中羅用敬等勘議，高、寶一帶由淮引黃，河渠日高，雖有湖隄、越河，足避風濤。然邵伯、寶應二隄，尚未包砌，土隄單薄，巨浪乘風，傾潰可慮。善後之計，不可不圖。謹將淮、揚應議、應舉工程欵列開呈等因到臣。臣查，寶應西隄、邵伯石隄，俱屬要害，委不容已。謹將應舉工程事宜欵列，分別上請：一築寶應西隄，以束漕流。照得固隄卽所以導河，導河卽所以利運。從來治河，試有明驗，彰彰矣！何也？水之爲性，專則急，分則緩；而河之爲勢，急則通，緩則淤，理固然也。其在寶應湖口、三官殿、米市、竹巷口一帶，《寶應圖經》：三官廟在南門外河西，與新鎮三官廟別。竹巷在南門外，米市卽在竹巷旁。歲每淤每撈，邑恆患之。究其故，該縣未築西隄，則水多肆溢，河流不束，赴下力微，以故湖口、三官殿等處淤淺殊甚。前者一歲一挑，今則一歲二挑，猶以淺澀爲慮。重運所經，不無遲滯。合應〔一〕比照山陽縣培築西隄一道，自黄浦南壩口起，至宏濟河北閘向南二三丈止，計二十里許，加築土隄，高五六尺，底闊一丈二尺，頂闊五六尺，共該銀四千一百三十一兩。則因河勢以築隄，固隄防以束水，而該縣淤淺之患漸可去矣。一砌邵伯湖隄，以免歲修。今于一淺、二淺，**此謂邵伯一淺、二淺。**隄向湖心險要一帶，除已包石外，俱應接續包砌，該銀二萬二千九十七兩。嗣經工部議，寶應土隄所以束水，邵伯石隄所以禦浪。戶部覆准，將淮庫別項銀兩先借支二萬六千二百二十八兩，趁此秋冬水涸，作速興工築砌。俟新運輕齎二升米銀解到，不必拘定年限，照數補完。」季馴題奏：**《河防一覽圖説》在萬歷十七年。**「總管官海防兵備道副使周夢暘，與原任南河郎中羅用敬、督同揚州府通判劉汝大等，築完寶應西土隄，長三千六百三十五丈，内樁笆工，長二千八百三十七丈，土長七百九十八丈，俱底闊一丈三四五尺，頂闊八九尺一丈，高五六七尺不等。」

〔一〕「應」，道光本與同治本皆作「無」，今據上下文改。

按，羅用敬等勘議，「邵伯、寶應二隄尚未包砌，土隄單薄」。「尚未包砌」者，謂邵伯湖隄未包砌石也。「土隄單薄」者，謂寶應西土隄單薄，故須加築也。常居敬謂「該縣未築西隄」者，非謂西本無隄，特西隄單薄耳。故居敬又言「比照山陽縣培築西隄一道」，於寶應加築土隄也。云「加築」，則本有隄可知。按，萬歷七年，季馴所築八淺之西隄，高一丈六七尺不等；又築寶應湖隄，自六淺起至瓦店止，長二十里，高一丈六七尺不等。見《河防一覽》。季馴所築之隄，皆高一丈六七尺不等。居敬請加築之隄，本以束水，使不旁潰。居敬所議者高五六尺，季馴所築者高五六七尺不等。若自水底施之，僅高五六七尺，何以束水？故知先有西隄，此時特加高厚。故高五六尺，卽可以束水。居敬以由于上游之水散漫，則下流易于停淤，三官殿一帶，每歲易淤，故于上游黃浦以下二十里之河，築隄束之也。《河防一覽圖說》于「黃浦」云：「此處旁溢入湖。」萬歷十七年，加築西土隄，皆謂加築以束漕流，非謂此年開月河也。《河防一覽》言《河防險要》云：「寶應月河，自黃浦至三官廟前，長二十里，水多旁潰入湖，是以流緩，沙停新閘一帶，淺阻爲梗。今加築西土隄一道，長三千六百三十五丈，以東漕水，可省挑濬之費。須責夫看守，栽植茭柳，加意培護，歲修之工，可勿緩也。」季馴謂寶應月河之水，旁潰入湖，乃加築西土隄一道，益明西隄未經加築之先，黄浦至三官二十里，已有月河矣。

《方輿紀要》：「寶應界首三里湖，稱險地。萬歷二十八年，劉東星檄郎中顧雲鳳開界首月河十餘里，避湖險。」此寶應界首湖新開之月河也。

按，洪武間柏叢桂所開之越河，起槐樓至界首，共四十里。新鎮以北至槐樓十餘里叢桂所開之河，成化時已湮；新鎮以南至界首二十餘里之河，成化時猶未湮也，至是亦廢，由界首者，復由湖矣。萬歷十七年，潘季馴包砌界首三里湖石隄八百四十丈。東星爲總河，乃築界首月河。東星所築界首之月河，在寶應者僅三里，餘皆在高郵。詳見《高郵運河》。

《明史稾·河渠志》：「宏濟南北閘，夏秋淮漲，吞吐不及，舟多覆者。神宗季年，《乾隆江南志》載此事于萬歷四十一年十一月。督漕侍郎陳荐于南北各開月河，以殺河怒，而溜始平。」此宏濟河東有南、北二月河也。

按，《南河全考》云：「陳荐檄郎中何慶元、揚州道熊尚文，開寶應宏濟河北月河一道，長一百三十丈；南月河一道，長一百五十丈；又建近湖西隄九淺、七淺滚水石壩二座。明年工完。」《方輿紀要》引《漕河考》作「八淺、九淺」。《寶應圖經》云，月河亦有東水二閘。《康熙寶應志》云，宏濟南閘越河閘一道，北閘越河閘一道，金門皆闊一丈六尺。月河今塞，自劉東星開界首越河之後，寶應由界首至黃浦八十里，皆不復由湖矣。

《南河成案續編》：嘉慶十五年九月，徐端奏：「寶應汛。東岸廟灣、王家莊地方，于九月十四日，隄身陡蟄，登時過水。臣前往查勘，該處缺口土隄頂寬一丈八九尺，底寬八丈餘尺。該處地本低窪，一經過水，分溜旁趨，口門刷寬二十七丈，其正河迤下之汜水、界首一帶，已形淺澀。」又奏：「查勘該處西岸，與寶應湖僅隔一隄，當令該道、將等，一面趲堵缺口，一面勘籌回空遶湖行走之路。據稟，缺口迤上之白田鋪地方，可以開隄挽船入湖，至迤下八里之南窰壩，仍歸運河行走，可期平順。臣飭令，先將氾水一帶河底淤墊處，先爲趕挑，以便開隄引水行船。現在督臣松筠已親駐督辦，定可無虞躭滯。」此又因東岸決口，糧船暫繞湖行走也。

又按，《南河成案》：乾隆四十二年，上命軍機大臣傳諭高晉、薩載曰：「高晉等奏『西岸寶應諸湖較低運河水面數尺，擬修閘座，以備水大時分洩入湖』，又稱『應將西隄通河港堵閉，使湖水由靠裏之二河分流入運歸江』等語，所奏殊未明晰。寶應諸湖在運河西岸，本爲瀦水之區，且高堰五壩減下之水，亦必歸入湖内。設遇盛漲之時，不能不有所宣洩，勢必由運入江，竝無徑行歸江之水。今稱寶應運河轉高于湖，水大時必須洩入湖内，竟似以寶應諸湖爲運河洩水之地。又云『湖水由靠裏之二河分流入運歸江』，則是湖水仍不得不由運入江矣。何以在寶應則河高湖低，轉藉湖以納水？又自何處復湖高于運河，水得以由運河而歸江？其故殊未深悉，或嚮日情形卽係如此，抑係近年來寶應運河獨自淤高，故爲此通融遷就之計？均未詳悉聲明。著傳諭高晉、薩載，卽將淮、揚一帶湖河高低形勢確切繪圖，竝將某處運河淺深若干丈尺，及何處洩運入湖、何處引湖入運以歸江之路，逐一詳細黏簽，据實覆奏。」

尋奏：「西岸寶應諸湖，周迴三百餘里，湖面寬闊，水勢一律相平。而運口以至瓜州，計高十四丈有奇，北高南下，勢若建瓴。是以三溝閘之下，不設隄防，下游邵伯一帶，湖河相通。嚮來形勢卽係如此，竝非近年遷變。臣等測量寶應運河，水深八九尺至一丈一二尺，河面高湖面一丈二尺；汜水汛，河水深六七八尺，河面高湖面六尺七寸；永安汛，運河水深六七尺，河面高湖面五尺五寸；迤下六漫閘至萬家塘一帶，河面高湖面四尺五寸及二尺九寸、一尺八寸不等；迨至高郵一帶，運河水深五六七尺，河面與湖面相平；唯露筋閘以下至三溝閘、通湖港一帶，則湖面高于河面，自二寸、四寸至一尺不等。此高郵以上河高湖低、高郵以下湖高河低之實在情形也。臣等前請將三溝閘迤下通湖港一道築壩堵閉，使湖水由向裏二河行走，至邵伯西岸各港入運，仍從金灣等閘下注歸江。其去路原未改易，止令湖水從靠裏二河之鰍魚各港入運，距三溝閘較遠。俾三溝牐以下，運河水勢不爲湖水横衝兜阻，則運河上游之水迅行，于湖水歸江之路仍無阻礙。至寶應西岸修建牐座之處，臣等因淮揚運河緜長三百餘里，遇有盛漲，一綫運河下注，不免壅潰。查運河東岸牐座，水大時，下河民田形如釜底，未便將河水洩入。唯有西岸寶應臨湖一帶，河高于湖面數尺，儘可宣洩。查從前原有竹絡壩、三里溝滚壩及減水牐等處，分洩運河有餘之水。近因年久損壞，是以酌請于三里溝上、下修建石牐二座，以備減洩。」

《續南河成案》：道光五年六月，兩江總督琦善奏：「運河自借黄濟運以來，**因道光四年冬，高堰不守，全淮下注，清水洩枯，故借黄濟運也。**河底高于上年。今日一丈一二三四尺不等，兩灘積淤，寬而且厚，中泓如綫，僅若寬溝。嚮來河面寬三四十丈者，今止十餘丈至五六丈不等；河底深一丈五六尺者，今止存水二三四尺；竝有水深不及一尺五寸之處。軍民船隻，在在膠淺，擁塞滿河，進固不能，退亦無策。濟運一壩所洩湖水，雖現已漸次滋長，而水頭下注不過三寸，未能建瓴暢注。復委河庫道福兆，乘坐小舟，赴淮安一帶沿河探量。據回日面稟情形，三十餘里無不皆然。在高、寶以下，有高郵、寶應各湖接濟，不至甚淺。而高、寶以上一百餘里之運河，則全賴洪湖之水，其情形大可想見。此運河淤墊之實情也。」按，寶應西岸瀕湖之地，亦多淤成灘地。《南河成案續編》：嘉慶二十五年十一月，孫玉庭奏：「竊照揚河廳屬寶應汛，西岸濱臨寶應湖面，本係官湖，嚮來水淺之處，間産茭、蘆，附近民人，領佃完納湖租。冊載湖租，每年徵銀六兩一錢九分一釐。百餘年來，竝未陞科，亦無頃畝確數。嘉慶十六七年，該處建設龍亭、南窰等閘，分洩運河漲水，挾沙入湖，將該處淤成灘地，漸生蘆葦，花利日豐。該處居民、生監，遂互相爭佔搶割，竝私相與典賣，訐控不休。節經飭，据淮揚道督同廳、縣勘明頃畝，逐一訊詳。茲据勘明，該處實係民佃官地，竝非該民人己業。如仍歸民承佃，不獨爭控無休，且恐有私築圩岸，阻遏水口之患，于運道隄工均有關礙。且蘆柴爲河防工料所必需。查葦蕩營定例：産柴之地，歸官採辦，以給工需；其不産之處，歸民人領墾，照例陞科。今既官地生蘆，卽應照葦營之例，由官採辦，以裕工用而節國帑。應請將該處新生灘地收回官管，其灘面蘆葦長發之時，旣可藉以搪護風浪，保衛隄工，秋深刈穫，又可撥工鑲埽。其應完湖租銀，卽由河庫于柴價節省項下完納。而官地歸官，該民人亦永息訟端，實屬一舉兩得。」

按，運河淤墊之後，其時有奏請挑裏揚運河者，又有請改運道由六閘至大淤尖者。《南河成案續編》：道光五年，琦善奏：「本年引黃濟運，致運河閘段淤淺，較之往年河底墊高一丈有餘。經前督臣魏元煜等估，需挑河。伏查彼時運河存水，不過三四尺，甚至一尺有餘，大小船隻膠滯壅塞，是以亟議挑濬，冀利運行。乃自禦黃壩堵閉以後，運河淤墊，既不致復有增高，而洪湖清水現蓄至一丈二尺八寸，由束清壩下注運河，漸刷漸深，測量水勢，深處至一丈有餘，淺處亦有四尺餘寸，漕糧、銅、鉛各船，尚資浮送。雖河底之淤墊未能盡除，而前後情形固自各異。如果經費充裕，時日寬閒，仍當確估挑濬，俾復舊規。原不應僅恃目前，稍有延待。而臣等審度形勢，再四熟商，實不敢冒昧興挑，轉致無益有損。查裏揚運河淤墊處，所計長一百餘里，河身俱屬窄狹。今須挑深一丈有餘，則兩岸形如壁立，直同甬道，不能容集多人。且沿河民居稠密，竝無隙地可以堆積淤泥，必得遠道運送，勢難尅期完竣。刻下，江、廣等省漕船，雖已回空南下，而運京銅船盤壩後，空船南下，須俟九月杪，方能騰空河身。如至彼時，始行煞壩，趕將河水耗乾，一面委員逐段估計，領銀興辦，在在需時，已值天寒土凍，挑穵[一]維艱。而來年二月，即屆新漕入運，此因期迫而不敢挑者，一也。挑濬工費，約計至省，亦在百萬以外，爲數甚鉅。明知於運河無益，亦復昧心從事，清夜自思，負疚何地！此因費多而不敢挑者，二也。黄水現存三丈五尺有餘，較上年此時尚大二尺餘寸，必得清水蓄至二丈，方可敵黄。正當惜水如金，不使稍有耗費，乃因挑濬積淤，先將運河存水掣乾，俟工完之後，再將洪湖清水放入運河，以爲濟漕之計，則清水消耗過多，不能及早蓄足，實爲可惜。此于運河無益，而于清水有損者，三也。更可慮者，欲濬運河，必先堵閉束清壩，阻絕來源，而後下游之水可以涸底挑辦。設運河正在挑辦，而束清壩鼓開，則挑工廢于半途，錢糧俱歸虛擲。或壩工堅守無患，而沿湖隄岸萬一水勢阻塞刷塌，旁趨無所節制，運河不能容納，于淮、揚一帶民田廬舍，受害實多，阻運誤漕，更恐不無貽患。此不但無益于運河，而竝有損于湖、運兩河者，四也」。

[一]「穵」，通「挖」，道光本與同治本皆作「穵」。

是月，張井等又奏：「湖漕受病，皆由河口淤高。如河口有地可移，則黄水無倒灌之虞，湖水卽無多蓄之患，自亦救弊良策。查黄河南岸，海阜廳屬大淤尖，可導射陽湖水入黄；北岸，海安廳龍王廟，可導北潮水入黄。如改爲漕運，出入黄河之口，該處係黄河尾閭，水性就下，不復旁趨，可期不致倒灌。瀕河兵民頗有主此議者。臣等卽經委員履勘，茲据查得『南岸由大淤尖挑通射陽湖，約長八十里；北岸由龍王廟挑通北潮河，約長一百里。一河兩隄，尚屬無難估辦。第漕船南自六閘至大淤尖，約程六百里；北自龍王廟挽出中河雙金閘，約程三百里；較現行裏揚中河運道共計遠至六百餘里。除北岸自潮河至鹽河，漕船經行尚無窒礙外，南岸六閘以内，河道經歷興化、鹽城、阜寧三縣，其間湖蕩、支河，水面相連，寬自數十丈至數千丈，水深二三尺至七八尺。兩面民田堰埂高一二三尺至七八尺，竝有平水、入水之處。水淺之處，不敷浮送漕船，埂堰低窄，亦恐難通縴挽』等語。臣查，北潮河原由灌河口入海，今導之南入黄河，則灌河口之流必須堵閉。來源旣旺，不易施工。而射陽湖爲下河各州縣溝、河、湖、蕩歸宿之區，除天妃、石䃥等閘宣洩入海外，其東岸支河、汊港，分流歸海之路甚多。每逢山盱啓壩，水入海，下河田地尚且無不被淹。今欲導該湖北入黄河，則東岸分流必須一律堵閉，所有行漕河道，雖以湖水去路較少，擡蓄較高，可以不致淺澀。而山陽、寶應、興化、鹽城、阜寗等縣田地，恐已不免被灾。況該河兩面，民田埂堰，高者十之二三，其一二三尺並平水、入水者，十之七八。其中尚有湖蕩間隔，雖欲增高培厚，亦屬難以施工。況六百里之長，斷無如許錢糧辦理。一經水勢蓄高，或值山盱壩水下注，則兩面埂堰盡入水中，漕船經行，縴挽無路。是改射陽湖爲河口，既不免于病民，抑且不能利運，其事斷不可行。」

道光六年八月，琦善等奏：「竊臣潘錫恩前在淮揚道任内，籌議戽水通船之法。擬于裏河頭壩迤東堅築攔水大壩一道，再將臨黄之鉗口壩改建草閘一座，内可容船一千餘號，安設水車，將清水戽入内塘。俟内水高于黄水一尺，即行啓閘放船。以全漕四千餘號之船，分作四次，可以全渡，共估需銀七八萬兩。臣琦善當經奏明，于盤壩漕糧竣事後，將加運銅、鉛，調集數起，如法試行。旋据前護淮揚道富爾錦稟稱，据外南河同知萬承紀具稟，估建草閘，除動用存工正料九十二堆七分零，無庸另請錢糧外，實計挑河築壩購辦木值雜料，需銀一萬五千五百三十餘兩。其車溝等工，上次估需銀一萬二千七百餘兩，係備住泊漕船千號而設。今既止以銅船試行，自應從省覈辦，以節錢糧。查西岸，蓋黄壩以上，灘面寬闊，宜圈築水櫃，車戽黄水，以高就下，先使澄清，再爲啓堰，宣放入河。較之車戽清水由下而上，實屬事半功倍。共計挑溝、築櫃，及禦黄二壩、新舊兩河應築攔水土壩，減省銀三千六百二十餘兩。又打造水車及車水夫工銀五千九百餘兩等情，當卽發銀興辦。于六月初十日一律辦竣。其加運兩起銅、鉛，亦經臣琦善先期飭調，于七月初間，全行齊集。時因立秋以後，黄水續長四尺，一經戽水開壩，恐有倒灌之虞。是以稍爲守待。茲于七月廿三日，順黄壩存水三丈五尺七寸，計高清水二尺三寸，經臣潘錫恩督同外南廳營各官，連夜加車添戽水，方于二十四日寅時啓壩。初啓之時，内水高于外水一尺有餘，跌掣甚迅。自卯至巳，已將滇員孫琚、黄中位二員領運甲申年加運兩起銅船三十九隻，竝黔員文如筠、宋璵、惠體義、徐光生四員領運丙戌年四起京鉛，業將鉛觔起卸之空船四十七隻，共八十六隻，全數渡黄北上，毫無阻滯。卽于未刻，堵閉攔堰。臣等伏思，立法貴可常行，而作事期于有備。自來通漕之法，惟以河運爲良規，而當河流漲滿，禦黄壩不開，漕船即因之中隔。可見事無一勞永逸，不可不籌備有方。如盤運、海運諸法，皆以濟河運之窮。在盤運，事較著實，而糜帑病丁，難于爲繼；海運行走甚爲迅速，而遠涉重洋，未可處常。若戽水通船一法，事屬創舉，論者咸謂水無來源，難期得力。今以銅、鉛船隻如法試行，竟能將清水擡高一尺有餘，抵禦黄流。不過三兩時間，已將八十餘船全行竣渡，竝無黄水涓滴内灌，而覈計經費，共止銀二萬五千餘兩。此直較盤運爲省事，而視海運爲易行。此項銅、鉛喫水四五尺，與漕船不相上下。臣等審度情形，設使内塘寬大，水勢充盈，雖不能濟渡全漕，而萬一當時迫勢艱，即以尾後二三十幫藉資浮送，較與借黄濟運，所勝實多。現已定開王營減壩，將河底挑空寬深，使黄河落低，清水暢出。冀復河運舊規。原可無事他圖，但河性靡常，實難保其一勞永逸。既經戽水通船試行有效，似可于海運之外，存此一法，以期有備無患。」又，片奏戽水通船之事，係由萬承紀始爲此議。按，戽水之法，即宋人車畝助運之法。

道光七年三月，琦善等奏：「前于本月初一、二日，渡黄四百三十四隻。旋因黄水倒漾，復閉禦壩。原冀黄水卽日落低，仍卽趕緊啓壩放船。乃初九日以後，又續長六寸，連前共長水四尺六寸，除長落相抵計消水九寸，仍係黄高于清，禦壩急切難啓。臣等督同道、將等，豫爲商酌，用倒塘灌放之法變通辦理。先將臨黄圈堰澆築穩實，以能抵禦黄水爲度。啓通禦壩，將幫船提進塘内，挨次排泊。復于禦壩以上，澆築土攔壩一道，使黄水不能灌進。再將臨黄堰啓除，浮送船隻。又因清黄交匯處所淤，有攔門沙埂，水深不過二尺，復于臨黄堰外，用柴圈做鉗壩一道，逼溜刷深。于十七日始得開放，軍船毫無阻滯。計塘内存船五百五十六隻，至十八日戌刻，已渡黄二百六十隻。俟挽渡完竣，仍當再依前法，源源倒塘。倘過此桃汛，新河漸次掣通，黄水得以落低，則河口照常放船，固爲萬幸。設或黄水未卽落低，或倒塘之法臨時又有窒礙，臣等擬將在後幫船全數提齊，一面先將運口上下各壩盤裹穩實，補還禦黄正壩，竝擇要添築草壩，層層鉗束，引黄通運，昕夕催趲，連檣打放。一俟軍船過竣，卽迅閉禦黄壩，使清水刷滌運河，不致大淤。查道光五年，借黄濟運，運河立致膠淺。彼時因湖水涓滴不出，黄水乘虚直入，致成大患。今則洪湖水患，勢雖不能抵黄，而尚可以注運。運河有清水擎托，較之全黄專灌，其輕重究有區别。臣等當察看水勢，相度籌辦。俾黄流操縱有制，不任淤運淤湖。而本年重運，總期在大汛前，掃數渡黄北上。」按，倒塘濟運，非揚郡事，以其爲現行之法，故詳載之。

又按，李紱《穆堂初稾·書總河齊公覆淮揚運河劄子後》云：「大臣任事，功不必獨居，害不必巧避。苟有益于國與民，毅然爲之而已。雍正二年四月，紱奉巡撫廣西之命，瀕行陛辭。蒙天語詢及淮、揚運河淤，水高于城，甚屬危險。紱因面奏，言『臣昔年典試浙江，往來其地，留心相度。若于運河之西開新河一道，即將挑河之土别築西隄，而以舊河之身作爲東隄，則東西有兩道隄工。又中間河身淤土堅實如山，可保永無潰決之患。挑河築隄土方兩算，事半而功倍，費亦不甚鉅』。當蒙恩旨褒嘉，謂『此策甚似有理，從無言及此者。爾此行路經淮、徐，有與總河齊蘇勒相近之地，務必親與商酌。如果有益民生，朕不惜費』。臣紱欽遵諭旨。以閏四月十五日，會河臣于徐州。初亦欣然以爲可行，第云『此時湖水正盛，未便量度，須至冬間水落，然後詳審覆奏』。紱既遠赴粤西，音問稀闊，後聞事未舉行，不知其覆奏云何也。十二年春，皇上刊發硃批諭旨，頒賜羣臣。凡督撫劄子留中未發者，咸布昭中外。乃得見河臣覆奏之章。反覆省觀，似于情事未合。豈其慮有未周，無亦離事自全，畏心所阻；抑或人己之見未忘，以謀非己出，遂寢而不用乎？据稱『自淮至揚，運河緜長三百餘里，上接洪澤，下通江口。由漢、唐迄今，歷年修防，底定已久。蓋千百年相仍而不易』者，斯言非也。中幹之山，自廬、鳳東行，盡于揚州。其南爲江，其北爲淮。揚州之南，水勢南流，由三岔河至瓜州，以達于江。揚州之北，水勢北流，由邵伯、高郵、寶應至淮安府，以達于淮。揚州地勢中高。漢、唐止開十數里，以通南北之流而已。自邵伯以北，竝行湖中，未有漕渠，安得謂三百餘里皆漢、唐以來千百年修防底定者哉？自明萬歷十七年，因湖水東溢，始砌東岸石隄，自邵伯至界首一千二百八十五丈五尺，餘皆土隄，直達于淮。而西岸仍因湖水，未嘗有隄。惟寶應以北白馬湖，流緩沙淤，始築西土隄，達于窰灣閘，以東湖水。按，高、寶西岸有隄，開康濟、宏濟二月河，已有萬歷十七年加築西土隄，非始創也。稍以河渠中流空缺相通，雖分仍合。以千百年本無之西隄，有明創造，逮今僅百六十餘年耳。稍與變通，無不可者。又据云『河之西岸逼臨白馬、寶應、界首、高郵、邵伯等湖，上下相連，水勢一望無際。若于河西另挑新河，改築隄于湖水之中，不但無處取土，畚鍤難施，而隄工亦無站立之基』，則尤不然。惟西臨湖水，則可挑以爲河，夏秋漲而冬春涸，天下之湖皆然。秋汛之後，湖邊涸出，畚鍤興工。桃汛未至，而河已成、隄已立矣。若湖水經冬不涸，則明之西土隄何以築哉？又謂『揚州府城西臨西岸，上下百有餘里，邨莊稠密，市鎮相望，無可躲避』，此則無庸置辨者也。河西地高，河東地低，別開新河，止自邵伯之北以至淮安。若邵伯以南至于揚州，原無開新河之理。蓋別開新河，將以保河東之低，豈有別開新河以保河西之高地者哉？又謂『運河東岸之外，高、寶、興、泰等十州縣之民田，咸資灌溉，倘河身一改，則東岸之閘、壩、涵洞必皆棄廢，而溝洫乾涸，大妨民業。若再另行創建，不惟糜費千百萬帑金，而且大工終難告就』，此亦張皇之論，未嘗切實計算。高、寶、興、泰等州縣瀕海洿地，衆水所歸，憂潦不憂旱者也。又南有芒稻、白塔二河，北有甓社、射陽大湖，縱橫穿貫，何憂無水？開河築隄，用銀不過十餘萬兩，豈有費千百萬之理哉？他年儻得身膺河責,庶幾力成此舉,以一雪斯言乎!」按,李公此議,謂漢、唐止開十數里,以通南北之流，自邵伯以北，竝行湖中，未有漕渠，且謂揚州之北水勢北流，洞悉前代運河與今形勢不同，故載于篇末焉。

受業儀徵吳養源校字。

江西省乙藜齋刊。

原書後序

原書後序

丙申之春，李蘭卿先生陞任山東都轉，留揚候代，邀余與吳君熙載至榷署，纂《揚州水道記》。余與吳君商訂凡例：先運河，次兩岸工程，次兩岸諸湖。余分任運河及兩岸工程，吳君分任兩岸諸湖。都轉盡出藏書及河工官牘，有涉于揚州河事者，皆筆記之。凡三閱月，檢書幾及萬卷，方事編輯，而都轉遽歸道山，斯事遂寢。去歲，閒居多暇，乃發篋檢舊稾閱之。時吾友劉君楚楨所著《寶應圖經》久經脱稾，其間敘邗溝變遷，至爲詳晰。因師其意，先爲《運河考》四〔一〕卷。凡八閱月而書始成。

〔一〕「四」，道光本作「四」，同治本作「八」，《儀徵劉文淇年譜》亦作「八」。

客詰余曰：「南北運河縣亘數千里，子僅記揚州，抑何陋也！且欲治揚州運河，不當於揚州求之，必黄不入運，而後揚州之運河可治。自明已來，河道屢變，河患已亟。子區區述揚州沿革，又何裨乎？自吳溝通江、淮之後，漢、晉六朝雖有變更，然漕運略不藉此。洎唐高宗後，漕事歲益增多。開元十八年，裴耀卿條上便宜，謂：『江南送租庸調物，以歲二月上道，至揚州，入斗門，卽逢水淺，已有阻礙，須留一月已上。至四月已後，始渡淮入汴，多屬汴河乾淺。請于河口置倉，使江南之舟不入黄河，黄河之舟不入洛口。』代宗廣德二年，劉晏領轉運使，自揚州遣將部送至河陰，江船不入汴，汴船不入河，河船不入渭。江南之運積揚州，汴河之運積河陰，河船之運積渭口，渭船之運入太倉。是裴耀卿、劉晏已爲轉般之法。宋人于眞、揚、楚、泗置轉般倉，殆卽效法唐人。唐李翺《來南録》謂：『二月丙辰次泗州，見刺史，假舟轉淮上河如揚州。庚申，下汴渠入淮，經盱眙至楚州。』宋樓鑰《北行日録》謂：『淮陰六十里至洪澤，前去歐家渡，極淺，借潮于瀆頭神，欲候酉潮，而申初已應，開閘。張帆三十里，過瀆頭，又三十里至龜山。以風大不可出淮。次日出淮，三十里至盱眙。渡淮至泗州。』李翺謂由泗州假舟入淮，是至泗州換船矣。樓鑰謂到洪澤候潮乃開閘，是宋人于洪澤鎮置閘矣。蓋唐、宋之時，淮與黃河絕遠，故江、淮間無河患。明永樂間，遷都燕京，平江伯陳瑄始改運道，隄管家湖，鑿通清河縣南之淮河，接黃河口，爲運道出入。然慮黃河入運不免停淤，于是倣宋洪澤牐制，于河口建新莊閘，竝福興、清江、移風、板閘爲五閘，互相啓閉。運河止許糧船、鮮船應時出口。都漕官遣官發籌，或三五日一放。船過盡，口即築塞。五牐鑰匙掌于都漕。口之出入，監之工部。其大小官民船，悉由仁、義等五壩車盤以出外河。清江、瓜、儀口子，有敢私擅出入者，罪至重。夫平江雖爲直達之法，而必嚴其啓閉之制者，蓋慮閘制不嚴，黃必敗運也。其後，官民厭車盤之艱，一皆由閘，而閘制遂隳，黃水日以浸灌。此非平江之過也。然平江自爲其巧，而欲衆人之安于拙，其勢必不可得。今淮身淤墊日甚，策治河者，能倣唐、宋轉般之法，使黃自黃而淮自淮，任拙而不任巧，河患庶有瘳乎？」

余謝之曰：「余揚人也，僅記揚事而已，他未遑論也。」客退。

余因述作書之緣起，而竝記與客問答之語，以爲後序。

道光戊戌四月朔，儀徵劉文淇識。

參考文獻

參考文獻

［一］阿克當阿等：《嘉慶重修揚州府志》，嘉慶十五年（一八一〇年）刻本。
［二］朱公純等：《甘泉縣志》，光緒十一年（一八八五年）刻本。
［三］王逢源等：《嘉慶江都縣續志》，嘉慶十六年（一八一一年）刻本。
［四］晏端書等：《同治續纂揚州府志》，同治十三年（一八七四年）刻本。
［五］馮煦：《寶應縣志》，民國二十一年（一九三二年）鉛印本。
［六］劉壽曾等：《光緒江都縣續志》，光緒十年（一八八四年）刻本。
［七］劉文淇：《楚漢諸侯疆域志》，光緒二年（一八七六年）金陵刊本。
［八］劉文淇：《青溪舊屋文集》，光緒九年（一八八三年）刻本。

［九］汪中：《廣陵通典》，《重印江都汪氏叢書》本。
［十］董醇：《江北運程》，咸豐十年（一八六〇年）刻本。
［十一］胡渭：《禹貢錐指》，《皇清經解》本。
［十二］焦循：《揚州足徵錄》，書目文獻出版社一九八八年影印本。
［十三］《漕運全書》，書目文獻出版社一九八八年影印本。
［十四］李善：《文選注》，中華書局一九七七年版。
［十五］《四庫全書總目》，上海古籍出版社一九八九年版。
［十六］《中國古籍善本書目》，上海古籍出版社一九八九年版。
［十七］趙爾巽等：《清史稿》，中華書局一九七七年版。
［十八］江藩：《國朝漢學師承記》，中華書局一九八三年版。
［十九］張舜徽：《清代揚州學記》，上海人民出版社一九六二年版。
［二十］祁龍威等：《清代揚州學術研究》，臺灣學生書局二〇〇一年版。
［二十一］張鍵：《阮元年譜》，中華書局一九九五年版。

［二十二］陳璧顯主編：《中國大運河史》，中華書局二〇〇一年版。
［二十三］顧炎武：《日知錄》，岳麓書社一九九四年版。
［二十四］顧炎武：《天下郡國利病書》，上海古籍出版社二〇一二年版。
［二十五］顧炎武：《肇域志》，上海古籍出版社二〇一二年版。
［二十六］顧祖禹：《讀史方輿紀要》，中華書局二〇〇五年版。
［二十七］趙翼：《廿二史札記》，上海古籍出版社二〇一一年版。